Günter Gläser

ERLEBTES

zwischen
SCHRAUBSTOCK, LEHRBUCH, UNTERNEHMEN
und EMAILLE

NOTschriften

Fotografien/Reproduktionen: Jens Kuhbandner
außer: Seite 7, 10, 173 und 218 (Archiv Autor)

Impressum:
1. Auflage 2015
© NOTschriften – Verlag Radebeul
Tel./Fax: 0351/8386989
info@notschriften.de
www.notschriften.com
Satz/Layout: Verlag
Druck/Bindung: durabo

ISBN 978 - 3 - 945481 - 17 - 2

Zum Geleit

Was ist das für ein Mensch und was sind das für Umstände: Ein erfolgreicher Ingenieur darf sich als Teil einer staatlichen Auszeichnung wünschen, dass seine Tochter fortan als Arbeiter- und nicht mehr als Angestelltenkind betrachtet wird? Der Autor Günter Gläser in der DDR-Wirklichkeit 1972. Seine Biografie ist keine der vordergründigen Abrechnungen mit der DDR-Vergangenheit. Sie ist ein Bekenntnis zu seinem schaffens- und ergebnisreichen Leben in einer von ihm immer kritisch betrachteten gesellschaftlichen Wirklichkeit – bis heute.

Günter Gläser, 1935 in Dresden geboren, unproletarische Herkunft, handwerklich in dritter Generation vorbelastet, ist ein begnadeter Ingenieur, der bereits ab 1967 in der DDR an einem Forschungsprojekt für Reinraumtechnik aktiv mitwirkt. Seine Arbeitsbesessenheit bringt ihm und seiner Familie durchaus beabsichtigte Vorteile im Mangelstaat DDR, aber auch unübersehbare persönliche Probleme. Gesundheit, Ehe und berufliche Entwicklung stehen ständig auf dem Prüfstand, eingebettet in den politischen Kontext eines DDR-unangepassten Wissenschaftlers und Ökonomen. Nach der Wiedervereinigung Deutschlands macht er sich selbstständig und baut ein erfolgreiches Ingenieurbüro mit bis über dreißig Beschäftigten auf. Als Rentner im »Unruhestand« arbeitet er bis zum vierundsiebzigsten Lebensjahr, widmet sich einem früheren Kunsthobby, der Emailtechnik, und verbringt seit 1998 einen Teil des Jahres mit seiner dritten Frau Karin auf dem Anwesen im spanischen Benitachell in der Comunidad Valencia.

Warum schreibt er mit knapp 80 Jahren alle Höhe- und Tiefpunkte seines Lebens auf und gibt sich damit der Öffentlichkeit preis? Günter Gläser hat Wichtiges, die Allgemeinheit Betreffendes, viele Berührendes mitzuteilen. Schonungslos in der Beurteilung seines persönlichen Werdegangs, deutlich in seinen weltanschaulichen Wertungen und konsequent in der detailreichen Darstellung der Verschmelzung privater und gesellschaftlicher Sachverhalte ist seine Biografie ein Sittengemälde vor allem des DDR-Sozialismus, aber auch der Nachwendezeit.

Als kritischer Zeitgeist setzt er seinen persönlichen Werdegang ständig mit den gesellschaftlichen und politischen Umständen in Verbindung. Dabei besticht seine außerordentlich akribische Recherche bedeutender Zeitdokumente. Der Anhang seiner Geschichte liefert dem interessierten Leser eine Fülle von markanten historischen Quellen und macht seine eigene Geschichte authentisch.

Dabei spart Günter Gläser nichts aus. Als Sohn eines Handwerkers hat er im Arbeiter-und-Bauern-Staat DDR Nachteile, da er nicht zur »herrschenden Klasse«, dem Proletariat, gehört. Aber gerade das motiviert ihn, sich zu behaupten, sich mehr anzustrengen als andere, zu beweisen, dass nicht Herkunft oder Glaube eine wichtige Grundlage für beruflichen Erfolg darstellen, sondern einzig Wissen, fachliche Kompetenz und höchste Anforderungen an sich selbst. Anspruchsvolle Feierabend-Nebentätigkeiten, Fernstudium, Promotion A und B, Patente, Lehrtätigkeit an der TU Dresden und zahlreiche auch international beachtete Artikel kennzeichnen seinen unbändigen Ehrgeiz. Dass er dabei immer wieder über seine Kräfte hinausgeht und seine Gesundheit aufs Äußerste strapaziert, verwundert nicht.

Ganz persönlich stellt er selbstkritisch fest: »Mein erster großer Fehler war …« und »Mein zweiter großer Fehler bewirkte …«, wobei nie Bedenkenlosigkeit, Leichtfertigkeit oder andere niedrige Beweggründe die Ursache waren. Der Workaholic Gläser wandelte mit Tunnelblick durch das Leben. Im Streben nach beruflichen Erfolgen und nach Geld für die Familie vereinsamt er zeitweise schmerzlich, gehört doch bis heute die Geborgenheit in einer erfüllenden Partnerschaft zu seinen Lebenselixieren.

Dass der habilitierte Dr.-Ingenieur und Hobby-Künstler dabei den Bogen von der erinnerungsträchtigen DDR-Alltagssprache bis zu wissenschaftlich authentischen Formulierungen spannt, dokumentiert sowohl seine Bodenständigkeit als auch seinen intellektuellen Anspruch. Das ist für den Leser amüsant, manchmal hintergründig und in kürzeren Passagen auch mal fordernd.

Günter Gläser hat das Glück des Tüchtigen und kann auf ein erfülltes Leben zurückblicken. Dieses Glück möchte er dankbar mitteilen, aber vor allem am eigenen Erleben zeigen, wozu ein tätiger, sich selbst immer wieder hinterfragender Mensch fähig ist. Als Gestalter seines Lebens lässt er sich weder vom DDR-Sozialismus noch vom aktuellen Turbokapitalismus aufhalten getreu der Faustschen Erkenntnis »Wer immer strebend sich bemüht, den können wir erlösen.«

Sprudelnde Lebenserfahrungen vor gesellschaftlichen Hintergründen rundet Günter Gläser mit Visionen für künftige Generationen ab, wenn er am Ende seiner Lebensbetrachtungen auffordert: »So ihr Lieben, nun macht das Richtige daraus!«

Werner Orbanz
November 2014

1 Kindheit und Jugend

Es war der Gründonnerstag des Jahres 1935 mit für die Jahreszeit durchschnittlichen Temperaturen, als mir meine Mutter mit Hilfe einer Hebamme und deren Zange als ihr erstes Kind das irdische Sonnenlicht schenkte.

In Deutschland schallte die Nazipropaganda aus allen öffentlichen Kanälen. Aus den Zeitungen war zu lesen, dass das Panzerschiff »Admiral Scheer« seine Probefahrten beendet hatte (/1.1/). In großen Lettern stand an anderer Stelle geschrieben, dass einem Runderlass des Reichsinnenministers Frick zufolge der totalitäre Anspruch der nationalsozialistischen Rassengesetzgebung modifiziert wurde. Dessen Inhalt war, dass »jeder Artfremde, soweit nicht jüdischer Herkunft, von der Rassengesetzgebung ausgenommen werden kann, wenn« … »Rücksichten dies erfordern« (/1.2/).

In den Niederlanden war an diesem Tage Wahlauswertung, wonach die National-sozialistische Bewegung NSB 7,94 Prozent der Stimmen und damit bereits vier Sitze im Parlament erhielt (/1.3/).

In US-Amerika regierte der Demokrat Franklin D. Roosevelt als 32. Präsident. In seiner Antrittsrede im März 1933 hatte er verkündet, dass das menschliche Glück nicht in bloßem Geldbesitz, sondern »im Stolz auf das Geleistete, in der Freude an kreativer Tätigkeit« besteht. Nach dieser Rede dürfen »die Freude und der Antrieb der Arbeit … nicht länger über der hektischen Jagd nach vergänglichen Gewinnen vergessen werden« (/1.4/).

Aus den amerikanischen Radios erklangen die Songs »Silent Night« und »Soon« mit der warmen, weichen und etwas belegten Baritonstimme von Bing Crosby, der später, d. h. ab dem Jahre 1947, mit dem Hit von Irving Berlin »White Christmas« als meistverkaufte Single aller Zeiten Weltberühmtheit erlangte (/1.5/, /1.6/, /1.7/).

Deutsche Künstler jüdischer Herkunft, wie beispielsweise der Komponist Kurt Weill, der musische Schöpfer der Dreigroschenoper, fanden Aufnahme in den USA (/1.8/).

Meine damals noch glücklichen Eltern hatten sich während des Studiums meines Vaters an der Ingenieurschule Aue kennengelernt und im Jahr 1933 geheiratet. Mein Vater, der bereits seinen Meisterbrief in der Tasche hatte, musste das Studium im Fachgebiet Heizungs- und Sanitärtechnik mit dem Technikerabschluss in diesem Jahr vorzeitig beenden. Der Grund war der plötzliche Tod seines Vaters, meines Gläser-Opas Eugen. Zwecks Broterwerbs für die Familie galt es, dessen Installations- und Klempnerbetrieb weiterzuführen. Meine Eltern zogen deshalb in die großelterliche Wohnung im Erdgeschoss des Mehrfamilienhauses Oehmestraße 10 in Dresden-Blasewitz.

Wohn- und Geschäftshaus von Gläsers Erben Oehmestraße 10 in Dresden-Blasewitz

Meine Erinnerungen beginnen ab dem Alter von vier Jahren, und zwar mit einem Ereignis im Sommer des Jahres 1939, das mir beachtlichen Ärger meiner Eltern beschert hatte.

Mein Bruder Eberhard war zu diesem Zeitpunkt etwa anderthalb Jahre alt und lag an diesem Tag zum Mittagsschlaf in einem Sportwagen im Hof der Oehmestraße 10. Ich fuhr auf meinem Dreirad mit der eindringlichen Order meiner Mutter, keinesfalls den Hof zu verlassen, das Hoftor geschlossen zu halten und auf meinen Bruder zu achten.

Doch mich besiegte die Neugier auf den regen Straßenverkehr auf der Tolkewitzer Straße, die – angrenzend an unser Grundstück und parallel zur etwa 100 Meter entfernten Elbe – die Oehmestraße kreuzt. Ich strampelte mit meinen kurzen Beinen durch das Tor und auf den Fußweg. Dort grabschte ich einen faustgroßen Stein und warf ihn mit meiner ganzen Kraft in die Fensterscheibe einer landwärts fahrenden Straßenbahn der Linie 16. Zum Glück kam niemand zu Schaden, doch die Scheibe überstand den Schlag nicht. Ich wunderte mich dabei, dass dies zunächst ohne Folgen blieb. Aber der Schreck fuhr mir in die Glieder, als die Straßenbahn auf ihrer Rücktour weitab von der Haltestelle Jüngststraße hielt, direkt vor unserem Haus. Der Fahrer kam auf mich zu und zerrte mich kurzerhand samt Dreirad in die Bahn. Er verfolgte dabei vermutlich das Ziel, mich seinem Vorgesetzten als lebenden Beweis für die Schandtat vorzuführen. Doch hatte er nicht mit der Empörung der Fahrgäste über die offensichtliche Kindesentführung gerechnet, denn die hatten keine Kenntnis von der Schadensverursachung. Und er hatte vermutlich auch nicht meine protestierende Schreihalsstimme einkalkuliert. So kam der Fahrer in Erklärungsnot und musste eine für ihn günstigere Lösung finden. Sie bestand in der Vorsprache bei meiner Mutter, während die wartenden Fahrgäste ungeduldig wurden. Am Ende bezahlten meine Eltern die Schadensrechnung.

Im Keller von Oehmestraße 10 befand sich auch die Werkstatt meines Vaters mit verschiedenen Blechbearbeitungsmaschinen, Lagerräumen und der mit Koks gefeuerten Zentralheizungsanlage für das Erdgeschoss und die Werkstatträume.

Zum Meisterbetrieb meines Vaters gehörten in der Vorkriegszeit etwa sechs bis acht angestellte Facharbeiter, man nannte sie damals Gesellen, und auch ein bis zwei Lehrlinge. Sie trafen sich alle morgens zum Arbeitsbeginn in der Werkstatt, packten ihre Werkzeuge und zogen dann auf die Baustellen. Tagsüber hielten sich meist nur die Lehrlinge in der Werkstatt auf.

Im zweiten Obergeschoss lebte die Familie von Tante Maria, der großen Schwester meines Vaters, unserer Tante »Miez« und ihrem Ehemann, dem einarmigen Onkel Arthur Krellner. Ihnen wurde im Jahr 1936 ihr erster Sohn geboren, mein Vetter Reimar.

Die Toiletten des ganzen Hauses hatte mein Vater bereits nach der Geschäftsübernahme vom ursprünglichen Schwerkaft-Plumsklo in moderne Wasserspülanlagen umgebaut. Sie befanden sich deshalb außerhalb der Wohnungen, jeweils auf der halben Treppe. Unsere und die Werkstatttoilette lagen ebenerdig neben der Hauseingangstür. Von dort schaute man in das tiefe finstere Kellerloch, hinter dem die Werkstatträume lagen.

Für die Lehrlinge war diese räumliche Situation oftmals ein vergnüglicher Anlass, um mit uns zwei ältesten Kindern, mit Reimar und mir, allerhand Schabernack zu treiben. Hin und wieder verstanden sie es auch, mir etwas Angst einzuflößen, insbesondere dann, wenn die Gesellen nicht anwesend waren. So steckten sie mich einmal stundenlang in eine leere, unter der Kellertreppe stehende 200-Liter-Tonne, in der normalerweise alte Blechbüchsen gesammelt wurden. Sie schoben den schweren Deckel darauf und schärften mir ein, mich mucksmäuschenstill zu verhalten.

Andernsfalls würde mich der »Mummum«, ein dunkler böser Geist, an den Haaren packen und mitnehmen. Meine Mutter suchte mich dann natürlich vergebens. Zur Belohnung für mein Stillhalten gab es dann eine schokoladenfarbige, braune Masse, die als Kitt für Abwasserleitungen diente und scheußlich schmeckte.

Der Nachwuchs meiner Eltern und der von Tante Miez und Onkel Arthur hatte sich in den Kriegsjahren vervollständigt. Im Jahr 1940 wurde mein Vetter Ingolf und 1941 mein zweiter Bruder Rüdiger geboren. So waren wir insgesamt fünf Jungen mit einem gesamten Altersunterschied von maximal sechs Jahren. Anfangs spielten wir hin und wieder miteinander, doch oftmals stritten wir uns. Später verteilten wir die häuslichen Pflichtarbeiten meist auf die Jüngeren von uns.

Während des Zweiten Weltkrieges war mein Vater Soldat in der zweiten Frontlinie. Bei den Nachrichtendiensten diente er als Kraftfahrer. Ich erinnere mich noch daran, dass wir – das war unsere Mutter mit ihren drei Kindern – unseren Vater in Neubitschow (Novy Bydzow,

Die fünf Burschen von der Oehmestraße 10 (1952)

Böhmen, /1.9/) besuchen durften. Dort gab es im dritten Kriegsjahr noch Schokolade für die Kinder zu essen. Unverständlich für mich war deshalb, dass meine Mutter äußerte, mein Vater würde lieber heute als morgen die Flinte ins Korn schmeißen, um dem Krieg zu entkommen.

Soweit es ihm möglich war, schickte er uns hungrigen Mäulern gut verpackte Lebensmittelpakete. Schwarzes Kommissbrot und Butter waren dabei. Vor Weihnachten kamen sogar mehrmals Pakete mit einer in Zinkblech eingelöteten gerupften Gans. Doch diese war meistens bereits verdorben. Ein von ihm für jedes Kind gebasteltes Spielzeug habe ich heute noch vor Augen. Es war ein auf Holz befestigter Barren aus lackiertem Stahldraht, von dessen Anfangs- zur Endmarkierung ein Clown aus bunt bemaltem Sperrholz seine Umschwünge abrollen konnte.

Trotz der väterlichen Aufbesserung unserer rationierten Ernährung in den Kriegsjahren war ich als Kind ein mäkeliger Esser. Mit diesem Hintergrundwissen wird die etwas wundersame Erziehungsmaßnahme unserer Mutter an einem Beispiel deutlich. Großonkel Edwin Gläser, ein damals noch rüstiger Bruder meines Großvaters, hatte zur Familienfeier eingeladen und sollte deshalb mit einer reich verzierten Geburtstagstorte beschenkt werden. Um ihn in seiner Mietwohnung in Dresden-Johannstadt zu besuchen, mussten wir vom Schillerplatz die stadtwärts fahrende Straßenbahn benutzen. Es regnete heftig und wir hatten dazu noch die vorherige Bahn verpasst. Deshalb suchten wir Schutz an einem Ladeneingang in der gegenüberliegenden Häuserfront. Ich hielt stolz die in einem Pappkarton verpackte Torte in den Händen, als ich meinen losen Schnürsenkel bemerkte. Da sich meine Mutter meinen ungeduldigen Brüdern widmen musste und ich meine Hände für das Schuhbinden brauchte, stemmte ich die Tortenschachtel kurzerhand mit dem Bauch auf einen

Mauersockel. Dabei erfasste ich aber nur den leichteren Deckel. Das Unterteil samt der verzierten Sahnetorte rutschte entlang meiner gebügelten Hose auf den nassen Fußsteig. Der beabsichtigte Verwandtenbesuch war damit vorzeitig beendet. Doch was war die Strafe für mein Vergehen? Ich musste zwölf Tage lang ein Stück dieser vermatschten Sahnetorte essen!

Mit noch heute anhaltender Beklemmung erinnere ich mich an meine Erlebnisse während der Zerstörung Dresdens am 13. und 14. Februar 1945. Der damals schon mehrfach durchlebte und deshalb zunächst wenig erregende Luftalarm, es soll der 175. in Dresden gewesen sein (/1.10/), setzte am Faschingsdienstag, dem 13. Februar, um 21.45 Uhr ein. Neugierde trieb uns, die wir an das nächtliche Geheul bereits gewöhnt waren, nach oben ins Freie, als gegen 22.00 Uhr die Stadt mit vorher nie gesehenen, vom Himmel fallenden »Christbäumen« (Magnesium-Licht-kaskaden) hell erleuchtet wurde. Wenige Minuten später setzten die furchtbaren Donnerschläge der ersten Sprengbomben ein, die uns Verängstigte unverzüglich wieder in den als Luftschutzkeller eingerichteten Kellerraum trieb.

Wie aus späteren Veröffentlichungen (/1.10/, /1.11/) übereinstimmend hervorgeht, warfen 244 Lancaster-Bomber der 5. Bomber Group der Royal Air Force ab 22.03 Uhr und innerhalb von weniger als einer halben Stunde 1.800 Spreng- und Brandbomben sowie über 500 Luftminen über Dresdens Innenstadt ab. Dadurch wurden vor allem die Dächer und Fenster zerstört, um den folgenden Angriffen wirksamere Nahrung zu verschaffen. Unser Haus war dabei zunächst noch verschont geblieben, obwohl bereits die Fensterscheiben geborsten und die Räume mit ihren Scherben übersät waren. Nach der Entwarnung krochen wir verängstigt zunächst wieder in die Betten, auf denen bereits der heruntergefallene Putz der

Geschossdecke lag. Doch wenige Stunden später folgte die zweite Angriffswelle der Engländer. Immer wieder waren das Zischen der Bomben und ihre ohrenbetäubenden harten Einschläge zu hören. Wir Kinder hatten furchtbare Angst. Da half keine beruhigende Stimme einiger Erwachsener. Nach den Berichten (/1.10/ und /1.12/) warfen ab 1.23 Uhr des 14. Februar 529 voll beladene britische »Lancaster« etwa 650.000 Stabbrandbomben über Dresden ab. Auf jeden der damals 630.000 Dresdner Einwohner entfiel also bereits mehr als eine Bombe. Vor allem in der Innenstadt verursachte dies infolge der Sprengwirkungen während des ersten Angriffs verheerende Flächenbrände. Für Zehntausende gab es auf dem brennenden Asphalt der innerstädtischen Straßen kein Entkommen. Völlig überraschend und ohne jede Vorwarnung kam am 14. Februar gegen Mittag die dritte Bomberwelle. Erschreckt trieb sie uns erneut in den Keller. Dieses Mal war es die 8. US-amerikanische Luftflotte mit 311 Bombern und 200 Jagdflugzeugen (/1.10/). 137.000 abgeworfene Stabbrandbomben und 1.800 Sprengbomben brachten erneut Unheil und Tod für das brennende Dresden (/1.12/).

In voller Härte traf es nun auch unsere östliche Dresdner Vorstadt, unser Blasewitz. Viele Häuser brannten in unmittelbarer Nähe. Das waren unser Nachbarhaus Oehmestraße 8 der Familie Kipping, der gegenüberliegende Rosenhof mit Haupt- und Gartenhaus und die Bäckerei an der Ecke Tolkewitzer und Oehmestraße. Lichterloh fackelte auch unser Nebengebäude, die »Cosel« ab. Bis zu diesem Tage wohnte dort die Familie Grundig, die Eltern des Kunstmalers Hans Grundig und seiner Frau Lea.

Als es etwas ruhiger wurde, verließ meine Mutter mit anderen beherzten Erwachsenen den Luftschutzkeller, um sich oben über die angerichteten Schäden zu informieren. In unserem Haus hatte eine Stabbrandbombe das Dach und die oberste Decke durchschlagen und die Wohnungstür der rechten Dachgeschosswohnung in Brand gesetzt. Es gelang meiner Mutter, die Bombe in hohem Bogen aus dem Treppenhausfenster zu werfen. Ihrem unerschrockenen und rechtzeitigen Eingreifen sowie der Wassereimer-Löschkette der übrigen Beteiligten war es zu verdanken, dass die Bedrohung rechtzeitig erkannt und der Schaden begrenzt werden konnte.

Auf diese Weise blieb unser Haus von dem völligen Abbrand verschont. Bewohnbar war es danach aber nicht mehr. Der Strom war ausgefallen, es gab kein Trinkwasser und die Toiletten waren verstopft. Durch die zerstörten Fenster mit nach innen gedrückten und gefallenen Rahmen heulte der vom Sauerstoffbedarf der Feuer verursachte Sturm. Ätzender Rauch erschwerte das Atmen und trieb uns das Wasser in die Augen. An einen Verbleib in den knöchelhoch mit Schutt verwüsteten Räumen war nicht mehr zu denken. Wir mussten unverzüglich weg.

Unsere Mutter zog deshalb mit ihren drei Söhnen Eberhard, Rüdiger und mir ebenso wie unsere Tante Miez mit Reimar und Ingolf nach Laubegast. Ich erinnere mich noch an den zweirädrigen Tafelwagen mit hohen hölzernen Speichenrädern, auf dem bisher das Werkzeug und Material für die Klempnerarbeiten der väterlichen Werkstatt transportiert wurde. Darauf befanden sich mein dreijähriger Bruder Rüdiger und ein paar Habseligkeiten, die wir eilig zusammengerafft hatten. Das war unmittelbar nach dem dritten Angriff am Mittag des 14. Februar. Da Rüdiger schrecklich weinte, schickte mich unsere Mutter nochmals in den leeren Luftschutzkeller, um seinen vergessenen Teddybär zu holen. Der orkanartige Luftzug in dem verlassenen Haus erweckte Schaudern in mir. Wieder ins Freie gelangt, musste ich aufpassen, nicht auf die überall herumliegenden Brandbomben zu treten. Auf dem Elbfußweg, flussauf und hinaus aus der brennenden Stadt, herrschten ein chaotischer Betrieb und schreckliches Leid der überlebenden und fliehenden Obdachlosen. Doch auf diesem langen Weg konnten wir zumindest mit Elbwasser getränkte Tücher vor Gesicht und Nase halten, um das Atmen zu erleichtern und die brennenden Schmerzen in den tränenden Augen zu lindern.

Am Elbufer in Laubegast fanden wir für einige Tage Unterschlupf in der Wohnung von Onkel Gerhard und seiner zehn Jahre älteren Angetrauten, Tante Hilde. Es gab zwar nur Stroh zum Schlafen im Flur, aber wir fühlten uns sicherer als in Blasewitz. Den letzten Angriff der US-Bomber am Vormittag des 15. Februar nahmen wir dort nicht wahr (/1.10/).

Onkel Gerhard, der uns so großzügig aufgenommen hatte, war einer der beiden Söhne von Großonkel Edwin, dem Bruder meines Großvaters. Seinen anderen Sohn, den Onkel Helmut, habe ich nie kennengelernt. Er war bereits im Krieg gefallen.

In Laubegast erfuhren wir, dass auch Großonkel Edwin während der Luftangriffe in der Innenstadt ums Leben gekommen war. Er war einer der 25.000 bis zu mehr als 50.000 Toten, die nach unterschiedlichen Angaben in diesen schrecklichen Tagen sinnlos ihr Leben verloren (/1.10/ bis /1.15/).

Auf die vorgenannte »niedrige« Zahl von maximal 25.000 hat sich eine von der Dresdner Stadtverwaltung eingesetzte Historikerkommission, bestehend aus zwölf namhaften Wissenschaftlern, im Jahr 2010 geeinigt, verständlicherweise wohl auch deshalb, »um einem Missbrauch der Erinnerung entgegen zu treten« und die Zukunft auf Frieden und Völkerverständigung zu orientieren (/1.16./). Diese Historikerkommission kam auch zu dem Schluss, dass die US-amerikanischen Jagdflugzeuge am 14. Februar keine Tieffliegerangriffe durchgeführt hatten, denen anderen Informationsquellen zufolge zahlreiche wehrlose Menschen im Großen Garten und an der Elbe zum Opfer gefallen sein sollen (beispielsweise /1.13/).

Diese Untersuchungsergebnisse wurden in den Medien kontrovers diskutiert. Die

Zahl der Opfer wird von vielen Zeitzeugen als zu niedrig bewertet (/1.17/). Da sich während der Angriffe auf Dresden neben den 630.000 Einwohnern noch etwa die gleiche Anzahl von nicht registrierten schlesischen Flüchtlingen, Zwangsarbeitern und Kriegsgefangenen aufgehalten hatte und eine öffentliche Aufklärung wegen des Datenschutzes nie möglich wurde, kann die tatsächliche Anzahl der Opfer wohl niemals bekannt werden.

Von dem Nachtlager auf Stroh in Onkel Gerhards Wohnung wechselten wir eine Woche nach den Angriffen in das Geburtshaus unserer Mutter in Aue in Sachsen. Ihre Eltern, unsere Auer Großeltern, besaßen früher dort das gutgehende Wäschehaus Mehlhorn in der verkehrsreichen Schneeberger Straße 8, direkt neben der Mulde. Das Mehrfamilien- und Geschäftshaus war Eigentum von Mehlhorns Erben, also auch Teileigentum unserer Mutter. Tante Hannchen, ihre geschiedene Schwester, lebte in einer Wohnung in der zweiten Etage. Sie hielt für uns eines ihrer kunsthandwerklich und geschmackvoll eingerichteten Zimmer bereit.

Die abenteuerliche Fahrt durch das zerstörte und mit Leichen übersäte Dresden nach Aue erfolgte bei Minustemperaturen auf einem offenen Lastkraftwagen. Tante Hannchens Ex-Ehemann, der Unternehmer Hans Knauer, hatte diese Fahrt organisiert. Wir fuhren bei Nacht. So wurden wir Kinder vor den Anblicken auf die schrecklichen Hinterlassenschaften der Angriffe auf Dresden abgeschirmt.

In Aue freundeten wir uns mit unseren ebenfalls im Haus wohnenden Vettern Ulrich und Dieter an, den Söhnen von Onkel Theo, Mutters jüngstem Bruder.

In Aue blieben wir bis Juni 1945. Eberhard und ich gingen dort zur Schule. Nur einmal musste ich mich bei den »Pimpfen« melden, nachdem ich das zehnte Lebensjahr vollendet hatte. In den ersten Maitagen kamen dann die Amerikaner, die vorher die Passanten aus ihren Tieffliegern beschossen und die Stadt Aue in Atem gehalten hatten. Auf den von den Volkssturm-Senioren vorher noch schnell errichteten nutzlosen Straßensperren schenkten sie uns Kindern erst einmal Schokolade und hinterließen deshalb freundliche Eindrücke bei uns.

Doch zum Sattessen hatten wir zu wenig und wir litten alle an quälendem Hunger. Die Tagesration betrug für uns Kinder je drei Scheiben Brot. Wir verschlangen sie oft schon am Morgen. Mein Bruder Rüdiger hat heute noch in Erinnerung, dass ich ihm einmal seine Ration weggenommen haben soll.

Die Wiesen an den Hängen der Umgebung gediehen prächtig in dieser Zeit. Deshalb sammelten wir allerlei Kräuter und Unkräuter. Unsere Mutter verstand es ausgezeichnet, sie zu Salaten und Suppen zu verarbeiteten. Das half uns über das Schlimmste hinweg.

Ein bleibendes Erlebnis für mich war die dreitägige Rückreise von Aue nach Dresden. Allein zwei Tage mussten wir auf dem Auer Bahnhof warten, bis der Zug mit seinen offenen Güterwagen endlich zu rollen begann. Das lag wohl an den damaligen Streitigkeiten zum Verlauf der Demarkationslinie zwischen der amerikanisch und der sowjetisch besetzten Zone, die während unserer Fahrt nach Dresden passiert werden musste. Die Spitzen der amerikanischen und sowjetischen Truppen hatten sich am 24./25.April 1945 in Torgau an der Elbe getroffen (/1.18/). Nach der Kapitulation Deutschlands am 7./8. Mai 1945 wurden »die geplanten Besatzungszonen … in wesentlichen Teilen erst im Laufe der Monate Juni/Juli von den Siegermächten festgelegt und eingenommen. Im Verlaufe dieser Aktion mussten sich die amerikanischen Streitkräfte aus Sachsen und Thüringen zurückziehen« (/1.18/).

Die Bahnfahrt endete dann auf dem Vorort-Bahnhof Freital-Bienertmühle. Eine Weiterfahrt nach Dresden war wegen der vom Angriff zerstörten Gleise nicht möglich. Beim Verlassen des Waggons fand ich ein von anderen Passagieren zurückgelassenes Netz mit drei Konservendosen. Der Fußmarsch von Freital nach Blasewitz, das sind immerhin etwa 20 Kilometer, verkürzte sich in der freudigen Erwartung, was wohl in den Büchsen sein würde. Zwei Büchsen waren mit kräftiger Jagdwurst und saftigem Corned Beef gefüllt. Doch die letzte, die wir als eiserne Reserve immer wieder hervorholten, aber dann doch wieder beiseite stellten, ernüchterte uns schließlich, denn sie enthielt Erbsen. Grünfutter hatten wir genügend, wir erhofften uns fettiges Fleisch.

In Dresden ging es uns etwas besser. Die zu uns Kindern freundlichen Russen verabreichten uns täglich ein warmes Mittagsessen. Wir empfingen es auf dem etwa einen Kilometer entfernten Schillerplatz aus ihren Gulaschkanonen. Diese Gulaschkanonen waren jene kohlegefeuerten einachsigen Kesselwagen mit ihrem zwei Meter hohen Schornstein, aus dem es schrecklich qualmte.

Unsere Mutter und Tante Miez waren aber auf die Russen gar nicht gut zu sprechen. Diese hatten nämlich ausspioniert, dass der alte Opel P4 meines Vaters in unserer Garage stand. Er wurde kurzerhand konfisziert. Weil mein Vater die Batterie ausgebaut hatte, schleppten sie ihn einfach ab, auf Nimmerwiedersehen.

Der Verlust an Wohnungsmobiliar, das während unserer Abwesenheit geplündert worden war, hielt sich dagegen in Grenzen. Ich erinnere mich lediglich eines gestohlenen Radios.

In dieser jungen Nachkriegszeit gab es noch nicht hinreichend Glas, um die defekten Fensterscheiben zu reparieren. Das Zinkblechlager und die 2-m-Blechschneidemaschine in der Werkstatt meines Vaters ermöglichten es uns aber, die Fenster mit zugeschnittenen Zinkblechen abzudichten. So wurde unser Zuhause wieder einbruchsicher. Das Licht in Säcken in die Wohnung zu tragen, wie es die Bürger von Schildau gemacht haben sollen, versuchten wir gar nicht erst. Dagegen waren von uns aufgetriebene kleine Glasscheiben, die kunstvoll in die Blechtafeln eingesetzt wurden, ein bescheidener Luxus.

Zwei der Räume in unserer Erdgeschosswohnung, die ehemalige Küche und das angrenzende Kinder-Eckzimmer, waren bereits vor unserer Rückkunft aus Aue belegt worden. Ein Ehepaar aus einem zerstörten Nachbarhaus hatte sich dort ungefragt eine Bleibe geschaffen. Diese Räume blieben dann für weitere Jahrzehnte vom Dresdner Wohnungsamt bilanzierte Untermieträume. Ich erinnere mich an das Ketten rauchende Ehepaar Schmidt, das später in den 60er- und 70er-Jahren dort wohnte.

Die 63. Grundschule eröffnete im Herbst 1945 wieder ihre Pforten. Nicht alle Lehrer waren neu, doch den Rohrstock durfte niemand mehr benutzen.

Ich war in dieser Zeit dadurch privilegiert, dass ich auf dem Schulweg eigene Holzschuhe mit Stoffbespannung tragen konnte, in denen die Füße in hellblaue wollige Fußlappen einwickelt wurden. Anderen Kindern ging es nicht so gut und viele kamen noch im Spätherbst mit nackten Füßen zur Schule.

Sehr langsam setzte die Erholung von den Kriegswunden ein. Vor allem mangelte es an einer gesunden und kräftigen Nahrung für uns heranwachsende Kinder. Damals blieb unsere Mutter oftmals hungrig, nur um uns ihren Anteil zu lassen. Unsere Familie hatte nur Lebensmittelmarken der untersten Kategorie I, die im Jahr 1946 für erwachsene Normalverbraucher ohne Schwerarbeiterzulage 1.550 Kilokalorien betrug.

Im Westen Deutschlands wurden die Lebensmittelkarten im Jahr 1950, in der ehemaligen DDR erst im Jahr 1958 abgeschafft (/1.19/).

Solange mein Vater noch in Kriegsgefangenschaft war, versuchte unsere Mutter mit alten Beständen des Wäschehauses Mehlhorn und Fahrten bis nach Sachsen-Anhalt einiges Essbare einzutauschen. Doch sie kam meist traurig und mit deprimierend geringem Erfolg zurück, weil sich die mit dieser Tauschware übersättigten Bauern auf keinen fairen Handel eingelassen hatten.

Besser wurde es erst nach Monaten seit der Entlassung meines Vaters aus der Gefangenschaft. Weil eine Entlassung in die westlichen Besatzungszonen früher als nach dem Osten möglich war, siedelte er erst einmal nach Bayern zu Großtante Käthe, einer Verwandten von unserer Gläser-Oma, Vaters Mutter. Nach kurzer Arbeit in einem Sägewerk kam er dann im Sommer 1946 über die Demarkationslinie nach Hause.

Als ehemaliges mitlaufendes Parteimitglied hatte er anfangs ein schweres Los, denn er durfte zunächst seinen Handwerkerberuf als selbstständiger Klempner- und Installateur-Meister nicht ausüben. Stattdessen musste er als »Entnazifizierungsmaßnahme« Ruinen in Blasewitz und Striesen vom Schutt entrümpeln. Dabei stieß er auf einige verbeulte »Volksbadewannen«. Das waren jene transportablen und verzinkten Stahlblech-Badewannen, in denen die ganze Familie in der Küche gebadet hatte. Zuerst stiegen nacheinander die Kinder hinein und dann im selben Wasser, dem etwas Warmwasser aus dem Kochkessel hinzugefügt wurde, die Erwachsenen.

Von den Behörden, die bald die Qualifikation meines Vaters erkannt hatten, erhielt er die Einwilligung zur Bergung und Wiederaufarbeitung solcher Wannen. Bald hatte sich im Schuppen ein kleines Lager dieses damals wertvollen Materials angehäuft.

Für mich als Zwölfjährigen, der an der Elbe viel Freizeit verbracht und mit Freunden allerhand Unfug mit gefundener Kriegsmunition getrieben hatte, weckten diese Wannen neue Begehrlichkeiten und Phantasien. Gemeinsam mit vier bis sechs Schulfreunden suchten wir während der Abwesenheit meines Vaters die schwimmtauglichen davon heraus und schleppten sie an die Elbe. Bohnenstangen aus dem Geräteschuppen mit daran befestigten Zinkblechscheiben dienten uns als Paddel. Damit ging es hinaus in die Wellen der Elbraddampfer. Hei, war das ein Spaß! Doch war eine dieser kostbaren Badewanne erst einmal gekentert, entweder in den Dampferwellen oder durch Unachtsamkeit, so gab es keine Rettung mehr für diese Wanne. Sie trieb mit der Elbströmung davon.

Es war deshalb nur eine Frage von Tagen, bis mein Vater den Verlust bemerkte. Dann gab er mir erst mal eine kräftige Kopfnuss.

Doch bald erfand unser kluger Vater sinnvollere Erziehungsmaßnahmen. Diese bestanden aus drei Einzelmaßnahmen.

Als erstes schenkte er uns drei Brüdern ein altes Zweier-Faltboot. Dazu muss ich bemerken, dass mir mein Bruder Eberhard bezüglich der angestellten Dummheiten keinesfalls nachstand, nur hatte ich als der fast drei Jahre Ältere damals die so genannte Führungsrolle von uns beiden. Rüdiger war damals sechs Jahre alt und konnte bereits schwimmen, doch für den Sport brauchte er noch etwas Zeit.

Das uns »als Zuckerbrot« geschenkte Boot hatte während des Krieges auf irgendeinem Dachboden gelegen. Die Bootshaut war über die Jahre hinweg brüchig und rissig geworden. Dennoch war dieses Geschenk eine tolle Weiterentwicklung gegenüber den bis dahin benutzten Blechwannen und einem versuchsweise abgedichteten Motorrad-Beiwagen. Der fade Beigeschmack bei den Paddelfreuden war, dass das Boot nach der Elbquerung erst einmal auf dem Loschwitzer Ufer ausgekippt und auf diese Weise entwässert werden musste, damit wir anschließend unser Blasewitzer Ufer wieder sicher erreichen konnten.

Dieses väterliche Geschenk war der eigentliche Startschuss für uns Kinder, den Kanusport näher kennen zu lernen und später aktiv zu betreiben, wenn auch in recht unterschiedlicher Weise.

Auf dieses Zuckerbrot folgte Vaters zweite Erziehungsmaßnahme für uns beide. Das war eine schmerzlose Variante einer »Peitsche«. Sie bestand in dem aus seiner Sicht klugen Einfall, Eberhard und mich zum Unterricht in einer zusätzlichen Volksschule anzumelden. Wir beide besuchten daraufhin, jeweils in unserer Klasse, vormittags die 53. Grundschule auf der Kretschmarstraße und nachmittags, während andere Kinder spielten, die 32. Grundschule in der Hofmannstraße. In modifizierter Form mussten wir uns mit demselben Stoff noch einmal berieseln lassen. Die Schularbeiten konnten wir allerdings doppelt verwenden, wenn auch manchmal mit geringen Abweichungen.

Da wir beide im Grunde genommen eine normale Auffassungsgabe hatten und keiner Wiederholung bedurften, war das ein langweiliges Unterfangen. Also war das unserer Meinung nach auch keine gute Idee. Deshalb gelang es unserem Vater mit dieser Freizeitbegrenzung auch nur teilweise, uns von weiteren Dummheiten abzuhalten.

Dieser Spuk des doppelten Grundschulbesuchs fand nach geraumer Zeit dadurch sein abruptes Ende, dass seitens der Leitung der Hofmannstraßen-Schule der Nachmittagsunterricht auf den Vormittag verlegt wurde. Wir waren erleichtert und zugleich schuldlos, denn an zwei Stellen kann man bekanntlich körperlich nicht gleichzeitig sein.

Die dritte Maßnahme bestand in Vaters Aufforderung, ihn bei der Verwandlung der alten Blechbadewannen in von der Bauernschaft begehrte Tauschobjekte zu unterstützen. Dieses väterliche Bemühen war für mich eine sehr erfolgreiche Erziehungsmaßnahme. In seiner Klempnerwerkstatt durfte ich ihm bei seiner soliden Facharbeit nicht nur helfen, sondern auch einiges allein bewerkstelligen. Unser Vater verstand es, auf diese Weise meine Freude am Klempnerberuf zu wecken. Eberhard war damals mit seinen zehn Jahren noch zu jung für diese Arbeiten.

Aus dem alten, nur gering angerosteten verzinkten Stahlblech der Badewannen entstanden Wassereimer, Saatgutmulden, Wäschekörbe und Jauchenschöpfer. Ich lernte viel bei dieser Arbeit und sie bereitete mir große Freude. Diese Erzeugnisse glänzten nach der abschließenden Oberflächenbehandlung in einer Dresdner Feuerverzinkerei so neu wie in einem Eisenwarengeschäft. Aber dort gab es zu dieser Zeit kein einziges derartiges Erzeugnis. Die begehrten Objekte schafften wir dann zu der gut genährten Bauerngilde in den Dörfern der Riesaer Umgebung.

Für diese Überlandfahrten hatte mein Vater einen einachsigen Kastenanhänger für sein Fahrrad gebaut. Darin fanden gut drei Zentner Kartoffeln Platz. Das war die übliche Gegenleistung für drei Wassereimer. Einen verzinkten Wäschekorb tauschten wir in zehn Stück Butter, eine Saatgutmulde in 30 Kilogramm ungemahlenen Weizens, einen Jauchenschöpfer in zwei Gross (je zwölf Stück) frischer Hühnereier. Wir fuhren oft zu zweit, mein Vater und ich. Zuckerlecken war das nicht, bei Gegenwind oder ansteigenden Straßen war es richtig anstrengend. Mit Ausnahme der Kartoffeln brachten wir das Tauschgut direkt nach Hause. Die Kartoffelsäcke gaben wir an der nächstgelegenen Dampferanlegestelle auf, und drei Tage später konnten wir sie am Schuppen der Anlegestelle Dresden-Blasewitz in Empfang nehmen.

Im Sommer des Jahres 1949 beendete ich die Achtklassen-Grundschule und begann eine Installateur- und Klempnerlehre beim Landesobermeister Giele. Mein ehemaliger Grundschullehrer Herr Rohde meinte zwar, ich solle die Oberschule besuchen und das Abitur ablegen. Doch mein Wunsch war, nicht zuletzt dank des Einflusses meines Vaters, diesen Lehrberuf zu wählen. Meine beiden Brüder beschritten den gleichen Weg und erlernten denselben Beruf. Doch keiner von uns dreien erfüllte den väterlichen Wunsch und fand sich später bereit, seinen Handwerksbetrieb zu übernehmen.

Während meiner Lehrzeit von 1949 bis 1952 wurde noch samstags gearbeitet. Die Gesellen arbeiteten von 7 bis 11 Uhr. Wir Lehrlinge durften die Werkstatt auf der Tiergartenstraße erst um 13 Uhr verlassen. Der vom Chef angestellte Werkstattmeister Siegert war einer vom alten Schlag. Er sorgte für Zucht und Ordnung. Maschinenputzen und Werkstattkehren seitens der Lehrlinge war von 11 bis 13 Uhr festgelegt. Für ihn war das ein langjähriges Samstagsritual.

Einmal, es war während meines ersten Lehrjahres, probierte ich bei Abwesenheit des Werkstattmeisters, aus seiner auf dem Fensterbrett liegenden Tabakspfeife zu rauchen. Just in diesem Augenblick betrat er die Werkstatt und mich traf sein finsterer Blick. Die Ohrfeige saß und ich spüre sie gedanklich noch heute. Ansonsten war er zwar etwas mürrisch, aber verträglich und meist sogar gütig.

Die Obermeisterfamilie Giele war streng katholisch orientiert. Die ortsnahen katholischen Einrichtungen, wie Kinder-, Alters- und Pflegeheime sowie Krankenhäuser, gehörten deshalb zum Kundenkreis meines Lehrmeisters.

Im Altenheim Goppeln, in dem unsere Firma Reparaturarbeiten ausführte, konnten die Handwerker auch am warmen Mittagessen teilnehmen. Das war für mich schon eine angenehme Abwechslung zu dem mitgebrachten Essen in einem von meiner Mutter gefüllten Aluminium-Kochgeschirr. Nur von außen konnte man es mit der Lötlampe erwärmen, aber innen blieb das Essen meist kalt.

Einmal hatte ich in der Heimküche eine Wasserleitung zu erneuern. Ich sah die beleibte Köchin in ihrem schwarzen Rock und darauf die verklebten Speisereste der letzten vier Wochen. Sie reichte mir auf einem Teller Erbsen mit Speck, die sie behutsam aus einem großen Kochkessel schöpfte. Wegen der vielfältigen Spuren auf ihrer Kleidung und eines markanten Geruchs aus dem Kessel ekelte es mich, deshalb kostete ich zunächst nur. Obwohl ich sehr hungrig war, brachte ich vom Essen doch nichts hinunter, deshalb schob ich den Teller beiseite. Von der Köchin wurde die Mahlzeit sodann mit den Worten beendet: »Na mei Schunge, is wo ni das Rischtsche for disch? Da hau mer de Erbsen ehm wiedr nein in d´n Topp.«

Obwohl meine freien Stunden und Wochenenden in den Lehrjahren durch den Sport geprägt waren, fand ich hin und wieder auch Zeit, in der väterlichen Werkstatt an einer elektrischen Eisenbahn, Spur 00, zu basteln.

Damals gab es nur Einzelteile im Handel, die man mit einigem Geschick und Lötarbeiten zusammenfügen und dann bemalen konnte. Von meinem Lehrgeld, es betrug monatlich zuerst 70, dann 80 und schließlich 90 DDR-Mark vom ersten bis zum dritten Lehrjahr, konnte ich einen großen Teil behalten. Meine Ersparnisse davon flossen fast vollständig in dieses Eisenbahn-Hobby.

Für das Schienenbett ließ ich mir vom Tischler Leisten anfertigen. Für den Schotter dienten Flaschenkorken, die ich zu naturgetreuen Krümeln mahlte und dann auf das Schienenbett klebte. Für das Zerkleinern der Korken nutzte ich anfangs heimlich Mutters Hand-Kaffeemühle an der Küchenwand. Meine Mutter wunderte sich über die komischen braunen Krümel im Kaffee, den sie unseren eingeladenen Gästen servieren wollte. Ich musste mir dann etwas anderes einfallen lassen.

In meiner vom Lehrgeld zusammengesparten Modellsammlung fehlte mir noch eine modellgetreue Lok, denn das von mir gebaute Gefährt fuhr zwar elektrisch vor- und rückwärts, hatte aber wenig Ähnlichkeit mit einem naturgetreuen Modell.

So kam es mir sehr gelegen, als mir mein Vater im Jahr 1951 die Erlaubnis und den Auftrag gab, für eine Woche nach Westberlin zu fahren und dort einiges einzukaufen. Eine schicke Elektrolok fiel dabei mit ab.

In Westberlin wohnte ich bei Onkel Hans, Mutters älterem Bruder, und seiner angetrauten Tante Hilde. Sie hatten in Berlin-Steglitz eine bescheidene, aber schick eingerichtete Wohnung und mich für eine Woche zu Kost und Logis eingeladen. Tante Hilde war Mitglied der Schneiderinnung und Onkel Hans dort als Kraftfahrer angestellt. Am Wochenende war Innungsball. Mich Sechzehnjährigen luden sie dazu ein, und wir fuhren etwa eine halbe Stunde mit dem Auto zu dem Vorort, in dem der Ball stattfand. In dem großen Saal war ein mächtiger Trubel und alle Leute waren mir fremd. Kurz vor Mitternacht wurde es dann lichter im Saal, doch ich fand meine Gastgeber nicht mehr. Vermutlich hatten sie allerhand Alkohol genossen, sich einfach mit dem Auto abgesetzt und mich dabei vergessen. Die öffentlichen Verkehrsmittel fuhren nicht mehr. Geld hatte ich nicht bei mir, und wo ich war, wusste ich auch nicht. Zum Glück hatte ich die Adresse der Verwandten im Kopf. Hin und wieder traf ich auch noch Passanten auf den öden Straßen. Also zog ich zu Fuß durch die Berliner Vorstädte, bis ich nach vielen Stunden am Sonntagvormittag bei meinen Verwandten eintraf. In den nächsten Tagen wurde ich von ihnen verwöhnt wie ein Prinz im Schlaraffenland.

Onkel Hans wurde leider nicht sehr alt. Sechzigjährig verstarb er an einem Hirntumor.

Während der Lehrjahre widmete ich einen großen Teil meiner Freizeit dem Kanu-sport. Bereits mit 14 Jahren lernte ich im Bootshaus Dresden-Loschwitz den Wan-derleiter Hans Koprasch kennen und bald danach auch seine Tochter, meine spätere Schwägerin Ursula, Eberhards Ehefrau. Es war sportliche Ausarbeitung und Freude zugleich, samstagnachmittags mit den Sportfreunden stromauf zu paddeln. Auf ei-ner vereinseigenen Elbwiese im Elbsandsteingebirge wurde gezeltet und am Lager-feuer geklönt. Sonntags kehrten wir in unseren Booten, mit der Elbströmung ab-wärts treibend, gemeinsam nach Loschwitz zurück.

Doch der Kanuwandersport genügte mir nicht, ich wollte Wettkämpfe bestrei-ten. Deshalb wechselte ich zum Kanusportverein in Dresden-Blasewitz. Dort konn-te ich regelmäßig an den am Bootssteg aufgehängten Toren trainieren und mein erstes eigenes Slalomboot aufbewahren. Nach dreijährigen Anstrengungen, mei-nen bei regionalen Meisterschaften gesammelten Erfahrungen und zwei Trainings-lagern während des Jahresurlaubs gelang es mir im Jahr 1952, den Kanuslalom-Jugendmeistertitel der DDR zu erringenen. Im Jahr 1953 reichte es dann nur noch für den zweiten Platz.

Gesundheitlich bekamen mir diese Wettkämpfe jedoch nicht. Der Sportarzt hatte bei mir eine Herzmuskelschwäche festgestellt. Aus heutiger Sicht war diese Schwä-che vor allem auf das unkontrollierte und unwissenschaftliche Training mit kurzen Höchstleistungsabforderungen und viel zu geringem Ausdauertraining zurückfüh-ren. In unseren damaligen Amateurkreisen wusste man davon noch nichts. Jeden-falls riet mir der Arzt vom künftigen aktiven Leistungssport ab. Doch mein Leben nahm durch mein begonnenes Ingenieurstudium in Chemnitz und den Kontakt zu meiner späteren Ehefrau Regina ohnehin eine andere Richtung.

Meine zwei Brüder, die sich ebenfalls dem Kanusport gewidmet hatten, waren auf diesem Gebiet erfolgreicher als ich.

An erster Stelle ist dabei Eberhard zu nennen. Nach seiner Lehre ging er mit seiner Freundin und späteren Ehefrau Ursula nach Leipzig. Beide absolvierten dort ein Trainerstudium an der Deutschen Hochschule für Körperkultur (DHfK) und wechselten dann zum Armeesportklub (ASK) Leipzig. Als junge Eltern ihres Sohnes, meines Neffen Ralf, erlangten sie nach ultraharten Trainingsjahren mehrmals große sportliche Erfolge und viele Medaillen im Kanuslalomsport. Siebenmal waren beide Weltmeister in verschiedenen Disziplinen dieser Extremwassersportart. Nach ihrer sportlichen Laufbahn studierte und promovierte Ursula auf dem Gebiet der Pädagogik. Eberhard qualifizierte sich zum Fachschul- und Diplomingenieur und wurde angesehener Fachmann auf dem Gebiet der Gastechnik. In Dresden-Lockwitz schufen sie sich in den 70er-Jahren ein schickes eigenes Heim.

Mein Bruder Rüdiger hatte nach seiner Installateur- und Klempnerlehre in Dresden zunächst den Meistertitel erworben. Danach widmete er sich mehrere Jahre hauptamtlich dem Kanu-Rennsport. Erst trainierte er beim ASK Leipzig, später beim ASK Potsdam. Im Zweierkajak nahm er an den Ausscheidungswettkämpfen für die Olympischen Spiele in Tokio 1964 teil. Später studierte er direkt an der Glauchauer Ingenieurschule und erlangte im Fernstudium den Diplomingenieurtitel an der Technischen Universität Dresden.

Die Bastelarbeiten an der elektrischen Eisenbahn wandelten sich zum Ende meiner Lehrzeit in kunsthandwerkliche Hobbyarbeiten mit Kupfer und Stahl, an denen ich großen Gefallen fand.

Kupfertreibarbeiten gehörten zur Berufsausbildung und waren auch Bestandteil der Facharbeiterprüfung des Installateur- und Klempnerhandwerks. Die kreativen Kupferarbeiten mit dem streckenden Treib- und dem stauchenden Holzhammer über der sich langsam verformenden Blechscheibe waren eine sehr angenehme Abwechslung zur theoretischen Ausbildung in der Berufsschule. Langweilig und ermüdend waren dort die Blechabwicklungen von Kegelabschnitten, z. B. von Wassereimern, von Dachrinnenstutzen und vierteiligen Ofenrohr-Kniestücken. Doch unser Berufsschullehrer Fritz Kühlmann, der uns Lehrlinge des dritten Lehrjahres wöchentlich einen ganzen Tag lang in Blechbearbeitung unterrichtete, hatte ein ausgezeichnetes pädagogisches Geschick. Er wusste sehr gut, wie er uns heranwachsende Jugendliche als ‚Sack voller Flöhe' packen und zu passablen Leistungen animieren konnte.

Wir waren übrigens nicht nur Burschen in dieser Berufsschulklasse, Irmgard Wiebers und Christa Therme, Töchter von Dresdner Klempnermeistern, gehörten auch dazu. Sie wurden gleich von mehreren Jünglingen umworben. Irmgard war auch einmal mein Schwarm.

In der Werkstatt meines Vaters fand ich die besten Voraussetzungen, meine Fertigkeiten auf dem Gebiet der Kupferbearbeitung zu entwickeln. Hier konnte ich kostenlos und zeitlich unbegrenzt den Amboss, den Sperrhaken, den Polierstock und die vielen Spezialtreibhämmer benutzen. Hier konnte ich den Stahl mit dem Schweißbrenner auf Schmiedetemperatur erhitzen und die sich beim Bearbeiten aushärtenden Kupferbleche mit der offenen Gasflamme immer wieder weichglühen. Das Material, immerhin war ich beim Verschnitt nicht kleinlich, hatte mir mein Vater niemals berechnet. Stattdessen gab er mir gern wohlgemeinte Ratschläge aus dem Fundus seiner reichen Berufserfahrungen. Diese frühen Erlebnisse mit meinem Vater, beginnend bereits mit der Blechverarbeitung aus den Volksbadewannen nach seiner Rückkehr aus der Kriegsgefangenschaft, sind wohl einige der Gründe, weshalb ich zu meinem Vater bis zu seinem Tode ein enges und sehr herzliches Verhältnis hatte.

Ein nachahmenswertes, aber nie erreichbares künstlerisches Vorbild war für mich in dieser Zeit der in der Ex-DDR bekannte Kunstschmied Fritz Kühn (/1.20/).

Solange ich noch in den 80er-Jahren die Werkstatt meines Vaters beziehungsweise der dort eingemieteten kommunalen Wohnungsverwaltung nutzen konnte, habe ich mich immer wieder an der Schaffung derartiger eigener Arbeiten in dieser Werkstatt probiert. Ein Zeugnis davon hängt noch heute an der Sandstein-Außenwand meines in den 90er-Jahren verkauften Wochenendhauses am Katzenloch in Radebeul-Lindenau.

Meine Eltern hatten sich nach dem Kriege auseinandergelebt. Nach zunehmendem Streit scheiterte die Ehe im Jahr 1950 endgültig. Mein Bruder Rüdiger wurde unserer Mutter zugesprochen, mein Bruder Eberhard und ich unserem Vater.

Unsere Mutter war eine sehr tapfere Frau, die sich ihr ganzes Leben um ihre Kinder sorgte. Während der Kriegsjahre hatte sie das elterliche Geschäft gemeinsam mit einigen Gesellen weitergeführt. Die oft nicht einfache alleinige Erziehung von drei Söhnen, ihre Ängste um den Ehemann im Krieg, die verzögerten und später spärlichen Nachrichten aus den Kriegsgebieten, der schreckliche Angriff auf Dresden, die harte Nachkriegszeit und nicht zuletzt die veränderten persönlichen Beziehungen als Folgen des Krieges waren für sie schwere seelische Belastungen.

Sie musste die Wohnung nach der Scheidung verlassen und ihr Leben fortan allein meistern. Dabei hatte sie es fürwahr nicht leicht. Als ausgebildete Sekretärin und langjährig erfolgreiche Geschäftsfrau war sie nun gezwungen, ihren Unterhalt mit einfachen Tätigkeiten zu verdienen. Sie arbeitete zunächst als Straßenbahn-schaffnerin, dann als Ziegeleiarbeiterin, später noch als Stenotypistin und Maschine-schreiberin, und das tat sie fast bis zur Vollendung ihres 73. Lebensjahres.

Als wir, ihre drei Söhne, selbst erwachsen und berufstätig waren, unterstützten wir sie zwar nach unseren Möglichkeiten, doch mit den eigenen Familien und Pro-blemen war diese Hilfe begrenzt. Rüdiger hatte zweifelsfrei die engste Bindung zu unserer Mutter. Immerhin hatte er in seiner Kindheit und Jugend mit ihr in einer gemeinsamen Wohnung gelebt und ihr in dieser Zeit einen Teil der Hausarbeit ab-genommen. Sie wohnten mehrere Jahre in einer mit Kohle beheizten Zweizimmer-wohnung im dritten Obergeschoss eines Mehrfamilien-Plattenbaus in der Behrisch-straße in Dresden-Striesen.

Diese Wohnung konnte unsere Mutter im Jahr 1975 in eine modernere tauschen. Das war eine zwar bescheidene, aber bequeme Einraum-Komfortwohnung in der 15. Etage des Wohnhochhauses Reitbahnstraße 36 nahe dem Dresdner Hauptbahn-hof. Statt dem lästigen Treppensteigen und dem Schleppen der Einkaufsnetze in das dritte Obergeschoss konnte sie jetzt einen der zwei Aufzüge in diesem 16-Geschos-ser benutzen. Einer der Aufzüge war allerdings oft außer Betrieb. Es gab sogar auch Fälle, in denen beide ausgefallen waren. Dann musste unsere Mutter, die auch mit ihrem Körpergewicht zu kämpfen hatte, die 15 Etagentreppen zu Fuß bewältigen.

Meinem Vater, der von seinen Eltern ein Drittel des Hauses Oehmestraße 10 geerbt hatte und dort weiterhin seinen Handwerksbetrieb führte, wurde bei der Eheschei-dung die bisherige gemeinsame Wohnung zugesprochen. Materiell hatte er dadurch einen leichteren Neustart. Doch körperlich plagte ihn zunehmend eine entzündliche Wirbelsäulenerkrankung, bekannt unter dem Namen Morbus Bechterew (/1.21/).

Sie bereitete ihm starke Schmerzen und ging im Verlaufe seines weiteren Lebens mit einer Verkrümmung des Rückens und der Versteifung der Wirbelsäule einher. Dadurch verursacht, hatte er mehrmals eine Regenbogenhaut-Entzündung der Augen, die seine Sehfähigkeit zunehmend einschränkte.

Im Jahr 1952 heiratete unser Vater seine aus Chemnitz stammende Hilde, mit der er bis zu ihrem Lebensende glücklich war. Wir nannten sie Tante Hilde, es war ihre erste Ehe. Sie war zu uns Kindern und späteren Erwachsenen stets freundlich und hilfsbereit.

Nach Abschluss meiner Lehre im Jahr 1952 entschied ich mich zwischen den beiden Varianten, Vorstudium an der Arbeiter-und-Bauern-Fakultät (ABF) oder dem Ingenieur-Direktstudium, für die letztere.

Damals war es möglich, auch nach der Achtklassenschule und einem erfolgreichen Berufsabschluss ein Ingenieurstudium aufzunehmen. Mit weiteren drei Jahren ABF-Studium hätte ich zwar die Hochschulreife erlangt, doch erst nach weiteren vier Jahren erfolgreichen Hochschulstudiums ein eigenes Einkommen.

Ich begann das Studium an der Ingenieurschule für Schwermaschinenbau in Chemnitz, im Fachgebiet Heizungs- und Gesundheitstechnik, getreu meiner Berufsausbildung. In unserer Seminargruppe war ich mit 17 Jahren einer der Jüngsten. Irmgard Wiebers, Maxe (Günter) Ritscher und mein späterer Freund Karl Hörnig, die ich alle von der Dresdner Berufsschule her kannte, gehörten auch dazu. Irmgard hatte ihr Studium nach einem Jahr zunächst erst einmal unterbrochen. Maxe wurde bei der Entgegennahme eines Versorgungspäckchens in Westberlin von Stasileuten fotografiert, und nur deshalb hat man ihn vom Studium suspendiert. Als die beiden einige Jahre später das Studium erfolgreich fortsetzten, wurden sie ein Paar.

Die meisten Kommilitonen waren drei bis zehn Jahre älter als ich. Einige hatten den Krieg bereits als Soldat erlebt.

Hubert Grothe, der Älteste von uns, schilderte uns an den langen Bierabenden im Chemnitzer Ratskeller seine Erlebnisse beim Wüstenfuchs Rommel (/1.22/) in Afrika. Hubert hatte die seltene Eigenschaft, in lebhaften Diskussionen jedes Haar einzeln und zusätzlich kreuzweise zu spalten. Viel Zeit widmete er dabei der Frage, ob das Ei oder das Huhn zuerst existierte. Werner Haase, ein überzeugter Kommunist, hatte den U-Bootkrieg überlebt. Er war zu unserer Studienzeit bereits ein gereifter und vom Krieg gezeichneter Mann, aber auch ein fanatischer Politprofi der SED.

Doch alle Älteren hatten bereits vor dem Studium in volkseigenen Betrieben gearbeitet und wurden von diesen Betrieben zum Direktstudium delegiert. Gegenüber uns Jüngeren hatten sie Vorteile in zweifacher Hinsicht. Zum einen erhielten sie ein Grundstipendium, das damals monatlich 125 Mark betrug. Zum anderen verfügten sie über einen wesentlich größeren Wortschatz mit den neuen Schlagwörtern aus der Nachkriegszeit. Vor allem im Fach Staatsbürgerkunde sammelten sie deshalb Pluspunkte ohne zusätzlichen Aufwand.

Karl Hörnig, Günter Franke und ich, alles Handwerkersöhne, somit keine Arbeiterkinder, mussten sich ihr Studium selbst finanzieren bzw. von ihren Vätern finanzieren lassen. Da meine Ersparnisse bald aufgebraucht waren, half mir mein Vater über die drei Studienjahre mit monatlich 100 Mark. Im zweiten Studienjahr kamen 50 Mark als Leistungsstipendium für meine Ergebnisse in der fachtechnischen Ausbildung hinzu. Im Fach Staatsbürgerkunde hatte ich dagegen große Probleme. Vieles erschien mir so unlogisch und die vielgebrauchten und gern gehörten Worthülsen waren mir fremd.

Mein Freund Karl Hörnig mit seiner schnellen Auffassungsgabe hatte es dagegen leichter in diesem Fach, er schloss es auf dem Ingenieurzeugnis sogar mit Note 1 ab. Das war für ihn aber kein Hinderungsgrund, wenige Monate später in den Westen zu siedeln.

Karl Hörnig und ich wohnten während der drei Studienjahre in möblierten Zimmern von Familien in der Neefestraße nahe dem Stadtzentrum, direkt am Bahndamm der Fernzüge. Für 25 Mark Monatsmiete hatte ich ein Eckzimmer mit zwei Fenstern und einem undichten, stets räuchernden Kachelofen. Mein Vermieter-Ehepaar war zugleich Inhaber einer Strumpffabrik. Von ihren Beziehungen zu schwarzem Tee und markenfreien Hühnereiern profitierte ich all diese Jahre, denn ich konnte einen dritten Teeaufguss genießen und mich an dem von ihnen verschmähten Hühnereiweiß laben.

Insgesamt trug dieses Studium sehr dazu bei, aus uns individualistischen Jünglingen sich gegenseitig helfende, kameradschaftliche Freunde zu machen, und das auch ohne den unbeliebten Armeedienst. Unser Jahrgang 1935 wurde trotz absolvierter Musterung nie zum Wehrdienst eingezogen.

Bei der Ingenieurschulleitung war unsere Seminargruppe dagegen als aufmüpfig und ungehorsam verpönt. Das lag nicht allein daran, dass wir einmal fast ausnahmslos den Russischunterricht schwänzten und stattdessen den sonnigen Vormittag bei einer Gondelfahrt auf dem Schlossteich erlebten. Auch hinsichtlich unserer Diskussionen wirkten wir, von drei Ausnahmen abgesehen, nicht stromlinienförmig im Sinne der Partei. Seitens der Schulleitung überlegte man deshalb ernsthaft, uns vom Studium zu suspendieren. Doch Ingenieure wurden gebraucht. Zu viele junge Leute gingen damals bereits in den Westen.

Unser Gegenzeichen setzten wir aber erst anlässlich der Abschlussfeier vom Studium. Das geschah in der Form, dass wir den PKW eines wenig beliebten Dozenten auf Holzböcke setzten und uns – im dunklen Hintergrund wartend – höllisch freuten, als sich das Fahrzeug trotz Vollgases weder vor- noch rückwärts bewegte.

Im Gegensatz zu den anderen Bildungsetappen in meinem Leben ist der Zusammenhalt unserer Seminargruppe bis heute geblieben, bis zur Wende auch teilweise über die innerdeutsche Grenze hinweg. Wenn auch der Personenkreis einschließlich der Ehefrauen altersbedingt immer kleiner wird, so treffen wir uns noch regelmäßig zu kulturell interessanten jährlichen Begegnungen an wechselnden Standorten. Im Jahr 2003 hatte unser deutschstämmiger Kanadier Siegfried Langhammer sogar ein einwöchiges Klassentreffen in Toronto organisiert.

Nach einem ersten amourösen Erlebnis mit einer Krankenschwester, mit deren Freundin sich Karl Hörnig traf, lernte ich im Jahr 1953 meine spätere Ehefrau Regina kennen. Für mich war sie die Reni. Das geschah bei einer Tanzveranstaltung im Restaurant zum Schlachthof in Chemnitz. Dort trafen Studentinnen der Pädagogischen Fachschule zur Ausbildung von Kindergärtnerinnen – der so genannten Chemnitzer Puddingschule – mit Studenten aus technischen Fachrichtungen zusammen. Regina wohnte bei ihren Eltern in Chemnitz-Glösa in einem Mehrfamilienhaus. Ihre Mutter betrieb dort ein Kurzwarengeschäft. Ihr Vater half in seiner Freizeit im Geschäft.

Infolge der Ehescheidung meiner Eltern hatte ich als Kind wohlige Familienwärme vermisst. In ihrem einfachen, aber gemütlichen Heim fühlte ich mich geborgen. Die mir von Reginas Mutter zugesteckten Gläser mit eingelegtem Ölhering nahm ich anfangs gern an, trugen sie doch zur abwechslungsreicheren Beköstigung aus meinem schmalen Studentenbudget bei. Als ich aber den Hering nach einigen Wochen nicht mehr hinunterbrachte, traute ich mich jedoch nicht, ihr das zu gestehen. Ich verschenkte das gefüllte Glas dann mehrfach.

Die elterliche Familie von Regina hatte eine DDR-getreue, materialistische Grundeinstellung. Ihr Vater war ein ehemaliger überzeugter Sozialdemokrat, der unter der Naziherrschaft sehr leiden musste. Das prägte seine Lebensauffassung und sein ehrliches Engagement für die neue Zeit. Für mich als Sohn eines selbstständigen Handwerkers christlicher Prägung war das neu, obwohl ich wegen meiner atheistischen Überzeugung bereits als Vierzehnjähriger aus der Kirche ausgetreten war, wenige Wochen nach meiner Konfirmation.

Wenn ich auch seitdem keiner bestimmten Konfession angehöre, so bedeutet das aber nicht, dass ich ungläubig war und bin. Ich glaube an die Fähigkeit der Menschen, Gutes für die Gesellschaft vollbringen und an die Folgegenerationen weitergeben zu können. Für mich waren und sind das vordergründig die Eigenschaften Kreativität, Fleiß und Ausdauer. Andere notwendige Eigenschaften im Leben, wie beispielsweise Augenmaß, Wachsamkeit und Toleranz, konnte ich erst in meinem späteren Leben erlernen und beherzigen. Als junger Mensch war ich euphorisch und noch zu intolerant.

Im Jahr 1955 beendete ich mein Ingenieurstudium in Karl-Marx-Stadt, das bis 1953 Chemnitz hieß, wie auch seit 1990 wieder. Dort heirateten Regina und ich 1956 und zogen noch im selben Jahr gemeinsam nach Dresden.

Mit 20 Jahren war ich also ein Ingenieur für Heizungs- und Gesundheitstechnik. In diesem Alter, d. h. bereits ab 18 Jahren, war man in der DDR seit dem 22. Mai 1950 volljährig. In der BRD dagegen brauchte man noch bis zum Jahr 1974 einen Vormund, solange man das 21. Lebensjahr nicht vollendet hatte (/2.1/).

Ich erhielt einen Arbeitsvertrag bei dem Dresdner Planungsbüro »Projektierungsbüro Süd« und begann dort im September des Jahres 1955. Mein erstes Ingenieurgehalt betrug 455 Mark im Monat. Das entsprach dem Durchschnitt eines Anfängers in der damaligen Zeit. Deshalb bezeichnete man mich auch als »Jungingenieur«. Ich gehörte fortan zur Brigade Sanitärtechnik in der Abteilung Heizungs- und Sanitärtechnik. Wer auf sich hielt, trug dort einen weißen Kittel. Für einen Arztkittel war der zu grau, für einen Schlosseranzug zu hell.

Meine erste Aufgabe bestand im Farbstift-Nachzeichnen von geplanten Rohrleitungen auf DIN-A0-großen Lichtpaus-Zeichnungen. Gelb wählte man für eine Gasleitung. Für die Rohrleitungen für kaltes Trinkwasser musste man Grün und für Warmwasser Rot verwenden. Für die Zirkulationsleitung, also für die Rückführung vom warmen zum kalten Trinkwasser, wählte ich eigenmächtig »Rot gestrichelt«. Oh, was war das für ein elementarer und kaum verzeihbarer Fehler, den ich damit begangen hatte! Schließlich gab es für alles eine Betriebsanweisung, mit der auch diese »grundlegenden Rohrkennzeichnungen« reglementiert wurden.

Unter den gereiften Herren, die mir auf Schritt und Tritt meinen sozialen Unterstatus klarmachten und nach meiner damaligen Ansicht verknöcherte und verkalkte Greise waren, fühlte ich mich fremd, ziemlich überflüssig und enttäuscht. Deshalb war es für mich zunächst auch nebensächlich, dass die durchaus interessanten Planungsobjekte zu der neu aufzubauenden Flugzeugindustrie der DDR gehörten. Im Jahr 1955 wurde nämlich eines der größten Investitionsvorhaben der damaligen Volkswirtschaft in Dresden-Klotzsche begonnen (/2.2/). Zwei riesige Montagehallen, die Hallen 19 und 22, und weitere Gebäude sollten auf dem Gelände des heutigen Dresdner Flughafens entstehen. Vielen jungen Leuten bot die entstehende Flugzeugindustrie ein interessantes Tätigkeitsfeld.

Nach Ablauf der Bindungszeit von sechs Monaten war ich deshalb froh, den Betrieb wechseln und eine Aufgabe in dem noch jungen VEB Industriewerke Dresden (dem Flugzeugentwicklungswerk 801) in Klotzsche als Betriebsingenieur übernehmen zu können.

Betriebsingenieur für Wärme- und Versorgungstechnik in einem im Aufbau befindlichen Großbetrieb zu sein, war für mich eine große und schöne Herausforderung. Ich nahm sie gern an. Aber sie war wie ein Sprung ins kalte Wasser.

Eine meiner ersten Aufgaben war die Ab- und Übernahme der von der Sowjetarmee verlassenen Kasernen in der ehemaligen Luftkriegsschule in Klotzsche. Sie sollten als Bürohäuser eingerichtet werden. Ich war für die Bauleitung bei der Erneuerung der sanitären und Heizungsanlagen durch Fremdfirmen verantwortlich.

Der Zustand der abgewohnten Kasernen war grauenerregend. Da die Untergeschosse der Gebäude abschnittsweise zugemauert waren und als noch gefüllte Fäkaliengruben hinterlassen wurden, war das eine große Zumutung für alle Beteiligten. Nach dem Abpumpen mussten wir feststellen, dass die scharfe Jauche den Innenputz durchtränkt und das Mauerwerk angegriffen hatte. Die Mauern konnten wir nicht abreißen lassen, aber deren Sanierung nach dem Abhacken allen Putzes war sehr aufwendig.

Im Jahr 1957 musste ich die provisorischen Heizwerke des Flugzeugentwicklungs-werkes Dresden übernehmen und den Heizbetrieb zur Wärmeversorgung der im Bau befindlichen neuen Werkhallen organisieren. Das waren zunächst vier, ein Jahr später sogar sechs dezentrale Heizhäuser auf der freien Wiese. Sie bestanden aus mehreren ausgedienten, durch Rohrleitungen verbundene Lokomotivkessel auf Be-tonfundamenten. Sie mussten von einem provisorisch verschlossenen und über-dachten Heizerstand manuell mit Kohle beheizt werden. Als Brennstoff diente Roh-braunkohle, der man zu geringem Anteil Braunkohlenbriketts beimischte. In den Kesseln wurde Heißwasser mit einer Vorlauftemperatur bis zu 140 Grad Celsius und zehn Atmosphären Betriebsdruck erzeugt. Die Wärme gelangte durch Zwei- und Dreileiter-Rohrnetze zu den zu beheizenden Gebäuden.

Ein zentrales Heizkraftwerk als die vernünftige technische Lösung war zwar in Planung, wurde jedoch erst mehrere Jahre später fertig und in Betrieb genom-men.

Die Probleme der provisorischen Wärmeversorgung bestanden im kontinuierli-chen Betrieb der manuell zu befeuernden Hochdruckkessel und in der Bereitschaft von ausgebildeten Hochdruckheizern, diesen unbequemen und harten Schicht-dienst zu übernehmen. Auf dem Heizerstand war es vor den Kesseln wegen de-ren großer Strahlungswärme brennend heiß, doch im Rücken infolge der Verbren-nungsluftzufuhr aus dem offenen Kohlelager unangenehm kalt. Es war staubig und es zog im ganzen Betriebsraum, der Krankenstand war hoch.

Jedes Kesselhaus musste auch bei Schwachlastbetrieb gleichzeitig mit zwei Per-sonen besetzt sein, um den Arbeits- und Unfallschutz zu gewährleisten. Unter Einbe-ziehung der Springerdienste für die vierte Schicht brauchten wir folglich mindestens acht Arbeitskräfte für jedes Heizhaus. Für die gesamte provisorische Wärmeversorgung der Flugzeugwerke waren das anfangs 33 Arbeitskräfte, davon zwölf Hochdruckheizer, vier Oberheizer und ein für alles zuständiger Meister. Hinzu kam, dass die Kohle auch immer rechtzeitig bei den einzelnen Objekten verfügbar sein musste, was weiteren personellen Aufwand erforderte. Später erhöhte sich die Arbeitskräftezahl noch, obwohl es uns mit einigen Tricks gelang, diesen Zusatzaufwand zu begrenzen.

Für den heutigen Leser muss diese Technik wie ein böser Traum aus der Steinzeit vorkommen, aber unter den damaligen Übergangsbedingungen gab es keine bessere Lösung als diese primitive Wärmeversorgungsart.

Da die zentralen Lohnvorgaben knapp waren und es der Werkleitung an Einsicht für eine diesbezügliche Ausnahmeregelung mangelte, fehlten ständig bereitwillige Hochdruckheizer für diesen unbeliebten Schichtbetrieb. Hilfsheizer ohne Berufsabschluss fanden sich für diese Knochenarbeit dagegen leichter. Deshalb trafen wir eine Übereinkunft mit der zuständigen Technischen Überwachungsinspektion, dem heutigen TÜV, selbst Hochdruckheizer auszubilden und von dieser Institution prüfen zu lassen. Ich musste deshalb erst einmal selbst die Hochdruckheizerprüfung ablegen, bevor ich durch meine eigene Ausbildung von Hilfs- zu Hochdruckheizern hinreichend Arbeitskräfte gewinnen und die mir gestellte Betriebsaufgabe lösen konnte.

Ein Fehlgriff seitens der Betriebsleitung dabei war, dass man auch Frauen für diesen körperlich schweren Dienst eingestellt hatte. Zwangsläufig musste ich sie dann zu gemeinsamen Schichtdiensten mit männlichen Heizern einteilen. Während der Nachtschichten muss es für diese gemischte Heizerstandsbesatzung mehrmals zu für beide Partner angenehm intimen Tätigkeiten gekommen sein. Doch zweimal wurden sie von den Betriebsschützern bei den nächtlichen Kontrollgängen entdeckt und gemeldet.

Für mich war das weniger angenehm, denn man unterstellte mir »Vernachlässigung der Aufsichtspflicht« und erteilte mir eine Rüge. Sogar meine Kaderakte erhielt einen Eintrag. Doch wie sollte ich denn meine »Aufsichtspflicht« praktisch wahrnehmen? Sollte ich Zweiundzwanzigjähriger den älteren gemischten Besetzungen nach meiner Tagesarbeit zusätzlich nachts unangemeldete Besuche abstatten? Vielleicht sogar mehrmals, um sie dann irgendwann doch zu erwischen? Keuschheitsgürtel als Arbeitsschutzbekleidung waren auch in der DDR nicht auf dem Markt! Hätte ich solche Geschirre nach Maß anfertigen lassen und dann verteilen sollen? Nein, das Konzept der gemischten Besatzung war einfach falsch. Doch die Verantwortlichen in der Kaderleitung hatten nur die »Frauenquote« im Blickfeld und verstanden die Probleme nicht.

Eine unterstellte »Vernachlässigung der Aufsichtspflicht« war damals aber überhaupt nicht spaßig. Ich hatte dabei noch Glück. Meinem Fachkollegen Karl, der für den gleichen Aufgabenbereich im Schwesterbetrieb, der Flugzeugwerft, verantwortlich war, erging es viel schlechter. Der ihm unterstellte und für die Kohleverteilung zuständige Lagermeister hatte einen ganzen Waggon Kohle an Fremde verschoben. Als das entdeckt wurde, steckte man seinen Chef, eben den Karl, wegen vernachlässigter Aufsichtspflicht für vier Wochen ins Gefängnis.

Ich war damals ein noch sehr unerfahrener Vorgesetzter. Im Umgang mit den Mitarbeitern hatte ich so manche Schwierigkeit. Ich erinnere mich an einen gereiften und umsichtigen Oberheizer namens Willy Müller, der bald danach in den Ruhestand ging. Er gab mir, seinem Chef, oftmals wohlgemeinte Ratschläge, wie ich mir bei diesen Leuten Ansehen und Verständnis in schwierigen Situationen verschaffen konnte. Und einmal, als mein Schichtplan unvereinbare Härten mit unzureichenden Ruhepausen enthielt und ich diesen Plan gegen seinen Rat durchsetzen wollte, warf er mir vor: »Günter, in dieser Art kann man mit den Leuten nicht umspringen, so stößt du sie dir nur vor den Kopf.« Er hatte Recht. Noch im Traum erschien er mir dann mehrmals als »Arthur der Engel«, der von einer hohen Treppe herab auf mich Jüngling gestikulierend einwirkte.

Mir unterstand außerdem ein erfahrener Heizungsbaumeister, der für mehrere Reparatur- und Installateurbrigaden zuständig war. Wir zwei hatten ein sehr offenes und kameradschaftliches Verhältnis, und von ihm konnte ich viele praktische Hinweise erhalten.

Mit meinen ersten Erfahrungen als Betriebsingenieur und im Umfeld der Aufwärtsentwicklung der Flugzeugindustrie gelangte ich zu der Auffassung, dass ich als Mitglied der SED mehr bewegen kann, um dem Land DDR zum Fortschritt zu verhelfen. Also wurde ich im Jahr 1958 Kandidat und dann Mitglied der SED. Doch spätestens zwei Jahre später und fortan bis zu meinem Austritt im Jahr 1989 bereute ich diesen Schritt zutiefst. Zu meiner Entlastung kann ich beteuern, dass mir ein solcher Gedanke, einen beruflichen Vorteil aus dieser Mitgliedschaft erzielen zu wollen, nie in den Sinn gekommen war.

Einige Monate nach unserer Hochzeit im Mai 1956 erhielten Regina und ich die Zuweisung für eine kleine Zweiraum-Mietwohnung mit Kohlefeuerung. Sie befand sich im ersten Obergeschoss eines früheren Einfamilienhauses in der Geschwister-Scholl-Straße in Dresden-Klotzsche, kaum zweihundert Meter vom der parallel verlaufenden Rollbahn entfernt. Der Fluglärm hatte zur damaligen Zeit noch keine Bedeutung. Wir fühlten uns wohl. Regina arbeitete als Kindergärtnerin in Dresden. Mit unseren beiden Gehältern, zusammen etwa 1.200 Mark, gelang es uns bis zum Herbst 1958, die bescheidene kleine Wohnung mit neuen Möbeln gemütlich einzurichten. In diesem November wurde unsere Tochter Kerstin geboren. Meine Frau blieb einvernehmlich bis zum Jahr 1961 daheim.

Uns fehlte nun das zweite Gehalt. Ein erstes Auto, ein PKW vom Typ Wartburg, war bestellt und sollte im Jahr 1959 bezahlt werden. Gerade in dieser Zeit bot sich mir die Gelegenheit, längerfristig eine zusätzliche Feierabendarbeit im privaten Ingenieurbüro von Herbert Oehrl zu übernehmen. Herr Oehrl war etwa 35 Jahre älter als ich, hatte wie mein Vater in Aue studiert, war Offizier im Zweiten Weltkrieg gewesen und leitete nun sein eigenes Dreipersonen-Ingenieurbüro in Dresden. Im Verlauf der nächsten zehn Jahre wurde er für mich so etwas wie ein väterlicher Freund. In dieser Zeit ergänzten wir uns gegenseitig. Ich lernte von ihm auch, wie man ein privates Ingenieurbüro führt. Mit vollem Vertrauen übertrug er mir die Berechnungen und Entwürfe für seine Projekte. Er war offen und herzlich zu mir, sprach aber nie über seine Kriegserlebnisse. Doch erlebte ich mit, wie ihn der frühzeitige Herztod seines Bruders in Westdeutschland seelisch schwer belastete.

Wir trafen uns wöchentlich drei- bis viermal gegen 18 Uhr in einem Café nahe dem Büro. Bei einem doppelten Mokka besprachen wir das Wesentliche, und anschließend arbeitete ich allein in seinem komfortablen Vierzimmerbüro im Münchner Vorstadtviertel von Dresden. Die mustergültige Ordnung, insbesondere der Planungsunterlagen, der Kataloge und der Firmenschriften, war für mich ein Vorbild beim späteren Aufbau des eigenen Ingenieurbüros.

Herbert Oehrl erhielt große Planungsaufträge für neue Heizwerke, einmal sogar für ein kleines Heizkraftwerk mit einer 10-MW-Dampfturbinenanlage. In Erinnerung sind mir die gemeinsam erarbeiteten Projekte für mehrere größere Wärmeerzeugungsanlagen, beispielsweise für die Cosidwerke Coswig bei Dresden, für die Eisengießerei Schmiedeberg und für die Motorradwerke Zschopau im Erzgebirge.

Hohe Betriebsdrücke und Heißwasser-Temperaturen bis zu 210 Grad Celsius sowie Parallelbetrieb von Dampf- und Heißwasserkesseln mit Dampfdruckhaltung waren interessante Parameter der technischen Anlagen, die ich in meiner damaligen Feierabendtätigkeit zu konzipieren und zu planen hatte. Eine große Herausforderung waren auch die dreidimensionalen statischen Berechnungen der Materialspannungen von Rohrleitungen und Turbinenanschlussstutzen. Herr Oehrl hatte dafür die einschlägige Fachliteratur aus Westdeutschland beschafft, nach der ich die Berechnungen manuell vornehmen konnte. Für einen Planungsingenieur von heute ist das unvorstellbar, denn die einschlägigen Programme dafür hat er entweder auf seinem Computer oder kann sie sich kurzfristig beschaffen.

Im Büro Oehrl arbeitete ich gewöhnlich bis 23 oder 24 Uhr, den mir überlassenen Büroschlüssel nahm ich mit heim. Vielfach verbrachte ich auch den Samstag in seinem Büro, weil die Termine drängten. Aus meinen dort hinterlassenen handschriftlichen Skizzen entstanden an den Folgetagen großformatige Transparentzeichnungen. Die beiden jungen Mitarbeiter von Herrn Oehrl, eine talentierte freundliche Zeichnerin und ein umsichtiger Konstrukteur, fertigten sie an.

Gemäß dem damaligen Stand der Technik wurden von den Originalzeichnungen mehrere Lichtpausen kopiert. Diese Zeichnungen, zusammen mit den technischen Erläuterungen und den Leistungsverzeichnissen, wurden in anspruchsvolle Kartonagen verpackt und als fertige Projekte in sechs- bis achtfacher Ausfertigung an die Kunden geliefert. Im Regelfall waren das volkseigene Planungsbüros für die metallurgische und chemische Industrie.

Ab 1959 waren wir, Regina und ich, Besitzer des neuen Autos, das wir im Vorjahr bestellt hatten. Die Hin- und Rückfahrten zwischen unserer Wohnung in Klotzsche und dem Büro Oehrl wurden nun bequemer, und vor allem erforderten sie weniger kostbare Freizeit.

Dennoch gelangte ich auch weiterhin an meine persönlichen Grenzen. Wenn mir nach dem anstrengenden Tagesdienst bei der Oehrl´schen Zusatzarbeit in den Abendstunden die Augen vor Müdigkeit zufallen wollten, musste ich erst einmal pausieren. Oft schaute ich dann lange auf ein gelungenes Bild mit einem Pärchen, das sich beim Ballspiel am Strand erfreute, während die Ostseewellen in der Abendsonne glitzerten. Einzelheiten davon habe ich noch vor meinen Augen. So erholsam könnte es auch in meinem Leben sein, das war mein Traum. Mein Lohn war nach den damaligen Maßstäben recht passabel. Nach jeweils 50 Stunden akkumulierter Arbeit nahm ich 500 Mark in bar oder als Scheck entgegen. Herr Oehrl bezahlte es aus der eigenen Tasche. Er hatte es folglich bereits versteuert, für unsere Familie war es reines Geld.

Mein Engagement in diesem Büro musste ich ab 1969 wegen meines aufgenommenen Fernstudiums stark reduzieren. Herr Oehrl starb als Folge eines Herzinfarkts im Alter von 70 Jahren auf der Türschwelle eines Heilpraktikers.

Die Flugzeugindustrie der DDR war eine Serie von Misserfolgen. Bereits im Jahr 1958 wurde die Lizenzproduktion des zweimotorigen Mittelstrecken-Verkehrsflugzeugs Iljuschin »IL 18 P« eingestellt, die seit 1955 im schwesterlichen Serienwerk 803, dem

VEB Flugzeugwerft Dresden, im Neustädter Industriegelände stattgefunden hatte. Die zwei Betriebe 801 und 803 wurden samt Mitarbeitern, Gebäuden und Ausrüstungen zu den VEB Flugzeugwerken Dresden (801) vereinigt (/2.3/).

Der Jungfernflug des ersten deutschen Verkehrsflugzeugs mit vier Strahltriebwerken, der »152«, der am 4. Dezember 1958 zunächst erfolgreich verlief, weckte große Erwartungen. Das betraf nicht allein uns Mitarbeiter dieses Großbetriebes. Sogar ein Jahreskalender von 1959 enthielt ein großformatiges Farbbild von diesem aus dem Hangar rollenden Flugzeug. Darunter stand »Und wieder rollt eine fertige ›152‹ aus der Halle.« Tatsächlich war es nur das originalgetreue Holzmodell.

Diese Maschine wurde von den aus der UdSSR heimgekehrten Luftfahrtspezialisten auf der Basis des Bombers »150« entwickelt, hinkte aber dem westlichen Niveau des Flugzeugbaus hinterher (/2.2/). Von den gravierenden Mängeln an dieser verheißungsvollen Flugmaschine hörte man im Bereich Hauptmechanik, zu dem auch die von mir fortan geleitete Abteilung Rohrnetz gehörte, jedoch sehr wenig.

Am 4. März 1959 ereignete sich dann die Katastrophe. Die zum Testflug gestartete Maschine stürzte beim Landeanflug ab, knapp sechs Kilometer vor der Rollbahn auf freiem Gelände bei Ottendorf-Okrilla (/2.2/). Die vier Besatzungsmitglieder, darunter der auf unserer Geschwister-Scholl-Straße wohnende Chefpilot Lehmann, verloren dabei ihr Leben. Der Schock saß tief.

»Die Absturzursache – eine unglückliche Verkettung der Umstände mit einem letztendlichen Pilotenfehler – wurde bis heute nicht eindeutig geklärt« (/2.2/). Hinter der vorgehaltenen Hand sprach man von Treibstoffmangel infolge fehlender Tankbelüftung, als die Maschine im Landeanflug nach vorn geneigt war.

Von da an ging es bergab. »Der nächste schwere Schlag folgte bereits ein Vierteljahr später«, als der Abschluss der mündlich zugesagten Kaufverträge mit der UdSSR platzte (/2.2/). Im Jahr 1960 schaffte zwar ein neuerlicher Prototyp der 152 zwei erfolgreiche Probeflüge, doch gab es immer wieder unliebsame Verzögerungen.

Der Umfang der Mängel und der Zeit- und Kostenaufwand zu deren Beseitigung waren außerordentlich hoch, und infolge des zunehmenden Rückstandes bestanden kaum noch Exportaussichten. Deshalb beschloss die SED-Parteiführung im Februar 1961 das Ende der Flugzeugindustrie (/2.2/).

Die Flugzeugwerke Dresden wurden unmittelbar danach aufgelöst. Auf dem Werksgelände entstanden mehrere neue Betriebe, darunter der VEB Elektromat Dresden. Hier entwickelte und baute man fortan technologische Ausrüstungen für die Mechanisierung und Automatisierung der Elektroindustrie (/2.4/).

Eine Abteilung Rohrnetz gab es für diesen Betrieb nicht mehr. Man bot mir deshalb die Stelle als Hauptmechaniker dieses Betriebes, und ich nahm sie an.

Von nun an nannte man mich Hauptabteilungsleiter. Diese Führungstätigkeit für fünf Abteilungen mit insgesamt etwa 100 Mitarbeitern gefiel mir jedoch nicht. Sie lag mir auch nicht, denn sie war weit ab von meinem fachlichen Metier. Auf dem hier besonders wichtigen Gebiet des Werkzeugmaschinenbaus war ich kein Fachmann. Deshalb beschränkte ich mich auf die Leitungs- und Schreibtischarbeit. Meinen Schwerpunkt legte ich auf die Einführung der vorbeugenden Instandhaltung. Für energiewirtschaftliche Aufgaben dagegen, die mir besser lagen, war ich nicht zuständig. Schließlich gab es dafür den Hauptenergetiker des Werkes.

Immer dann, wenn wieder einmal eine der produktionswichtigen Maschinen ausgefallen war, kamen unverzüglich die Sicherheitsbeamten herbei. Sie wollten prüfen, ob eine Sabotage vorgelegen haben könnte. Dabei war es entweder zufälliger Bruch oder betriebsbedingter Verschleiß. Doch ich musste diesen Leuten immer wieder auf ihre speziellen Fragen antworten, konnte mich dabei aber nur auf die

Aussagen der herbeigeholten Spezialisten stützen. Dieses mir fremde Tätigkeitsfeld und meine eigene hilflose Lage behagten mir nicht.

Den Höhepunkt meines Unmutes erlebte ich anlässlich des Berliner Mauerbaus am 13. August 1961. Am folgenden Montagmorgen verlangte die Werkleitung von mir, dass ich entgegen meiner eigenen Auffassung vor versammelter Hauptmechanik-Belegschaft glaubhaft erläutern und rechtfertigen sollte, dass dieser Mauerbau rechtens und notwendig gewesen sei. Ich war innerlich darüber empört, über meine Situation verzweifelt und durchlebte daraufhin eine schlaflose Nacht. Gleich am Morgen des Folgetags kündigte ich mein Arbeitsverhältnis mit diesem Betrieb. Ich wusste dabei jedoch nicht, welcher Arbeit ich künftig nachgehen sollte.

Nach mehreren Wochen fand eine Anstellung als Planungsingenieur im VEB Elektronikprojekt Dresden (EPD), einem Projektierungsbüro für die elektronische Industrie. Dieses Planungsbüro hatte vormals Projektierungsaufgaben für die Luftfahrtindustrie zu lösen.

Der damalige Betriebssitz bestand aus zwei Baracken auf dem Gelände der ehemaligen Flugzeugwerke. Das morgendliche Anheizen der Kohleöfen in den Arbeitsräumen gehörte zur Dienstaufgabe der Mitarbeiter.

Die neue Tätigkeit war eine Totalumstellung für mich. Ein Planungsingenieur bei EPD zu sein hieß für mich jetzt, Heizungs- und Sanitäranlagen für ein oder zwei Objekte gleichzeitig zu bearbeiten. Bisher waren es jedoch Hunderte von vielfältigen Fragen gewesen, die ich täglich zu beantworten hatte. Welche innere Ruhe und erholsame Kraft waren das, die mich jetzt durchströmten!

Endlich hatte ich wieder die fachliche Arbeit, die mir Freude bereitete und bei der ich mich sicher fühlte. Deshalb nahm ich es auch gelassen hin, dass ich von der

Gehaltsstufe 15 wieder auf Stufe 13 mit 955 Mark Bruttogehalt zurückgestuft wurde. Schließlich hatte ich damals noch den ergiebigen Kontakt zum Ingenieurbüro Oehrl, um der Familie ein hinreichendes Einkommen zu sichern.

Diese beruhigenden Erlebnisse waren aber nur die eine Seite meiner Erkenntnisse an diesem neuen Arbeitsplatz.

Die andere Seite der Erkenntnis war, dass ich miterleben musste, wie man in den Arbeitsgruppen von sechs bis acht jungen Frauen und Männern täglich ein- bis eineinhalb Stunden lang ausgiebig frühstücken und sich darüber verständigen konnte, wie man seine Freizeit verbringt. Montags und dienstags wurde das vergangene Wochenende ausgewertet, ab Mittwoch orientierte man sich auf das folgende. Um 16 Uhr war Dienstschluss. Doch bereits eine Viertelstunde vorher war man für den »Abflug« gerüstet. Dann stand man startbereit an der Tür. Keine Minute der kostbaren Freizeit sollte verpasst werden.

Für mich war das zunächst sehr verwunderlich. Doch schließlich fand ich die Ursachen für das geringe Engagement meiner neuen Kolleginnen und Kollegen heraus. Und diese Ursachen hatten ihren sozialpolitischen Ursprung.

Die jungen Frauen waren überwiegend gelernte technische Zeichnerinnen, teilweise sogar mit einem Qualifizierungsabschluss als Teilkonstrukteur. Sie hatten einen Arbeitsvertrag für eine Vollzeitbeschäftigung. Durch die Betreuung ihrer Kinder und die anderen häuslichen Aufgaben waren sie familiär erheblich mehr belastet als ihre Lebenspartner. Daheim brauchten sie ihre Kräfte für den Alltag und die Erziehung ihrer Kinder. Sie hätten sich eine Teilzeitarbeit gewünscht. Doch bei EPD, ebenso wie in anderen volkseigenen Betrieben, war damals Teilzeitarbeit unzulässig. Erst viel später kam man bei der Staatsführung auf die »zündende« Idee, dass die Betriebe jeweils zwei Büroangestellte auf nur einer Planstelle halbtags beschäftigen können. Die Voraussetzung dafür war verständlicherweise, dass der jeweils zusätzliche Arbeitsplatz für die zweite Halbtagskraft verfügbar war bzw. bereitgestellt werden konnte.

Die jungen Männer waren überwiegend umgeschulte Flugzeugbau-Ingenieure. Mit dem Ende dieser Ära hatten sie ihren Traumberuf verloren, ihre Perspektive war ungewiss. Sie mussten erst lernen, sich mit dem neuen Fachgebiet anzufreunden. Ihre Weiterbildung erforderte Kraft und Ausdauer. Sie nutzten die Frühstückspausen deshalb teilweise auch dafür, um sich körperlich zu stählen. Liegestütze, Hantel- und Expanderarbeit, sogar Klimmzüge an den Türrahmen, waren beliebte Pausenübungen.

Doch das fehlende Engagement der damaligen Betriebsleitung war die eigentliche Hauptursache für die mangelhafte Arbeitsdisziplin der Mitarbeiter. Vorbildwirkung war ein Fremdwort bei EPD.

Der Werkleiter war ein emeritierter General der Volksarmee. Er war zwar gegenüber den Angestellten umgänglich und volksverbunden, doch sein Verständnis für die fachspezifische Arbeit der Ingenieure und Architekten war absolut Null. Er war Alkoholiker. Seine geleerten Schnapspullis flogen in hohem Bogen auf den neben der Baracke liegenden Braunkohlehaufen. Kohle-Nester fingen zu glimmen an, wenn wieder einmal die Sonne ihre Brennglaswirkung auf die Glasflaschen ausübte. Dann war Brandbekämpfung durch die Feuerwehr angesagt.

Auch die Arbeitsorganisation bei EPD war damals miserabel. Einige Mitarbeiter hatten zeitweise keine Arbeit, andere dagegen mussten zur gleichen Zeit Überstunden leisten, um die Vertragstermine zu halten.

Das Resümee für die gesamte Betriebsatmosphäre war: »Wie der Herre, so's Gescherre.«

Die Arbeitsbedingungen beim Projektierungsbüro EPD verbesserten sich im Jahr 1962, als die neuen Büroräume im ersten Obergeschoss der ca. 250 Meter langen Wohnzeile Leningrader Straße 2 im Dresdner Zentrum bezogen werden konnten.

Die komfortable Fernheizung der Betriebsräume war für alle Mitarbeiter eine erhebliche Erleichterung. Das morgendliche Anheizen von Kohleöfen fiel nun weg, und den Schmutz von Kohlen, Ruß und Asche waren wir nun endlich los.

Die Nähe zum Dresdner Einkaufszentrum, insbesondere zur benachbarten Prager Straße, war ein Glücksereignis für die einkaufshungrigen Mitarbeiter. In der Mittagspause fanden die Frauen meist genügend Zeit, um ihre familiären Einkäufe zu erledigen.

Für mich war der neue Betriebsstandort in der Dresdner Altstadt wegen der Verkürzung des Arbeitsweges ein besonderer Segen.

Die Zweizimmerwohnung in der Geschwister-Scholl-Straße in Klotzsche war uns schon lange zu klein geworden. Unsere Tochter Kerstin sollte ihr eigenes Kinderzimmer erhalten. Deshalb traten wir bereits im Jahr 1959 in eine Arbeiter-Wohnungsbaugenossenschaft (AWG) ein und meldeten uns für eine Dreizimmerwohnung in Dresden an. Dafür mussten neben den einzuzahlenden finanziellen Genossenschaftsanteilen auch 300 eigene Aufbaustunden geleistet werden. Diese Eigenleistung konnte ich in Form einer speziellen Planungsarbeit erbringen. Damit erzielte die Genossenschaft einen höheren Ertrag als mit der körperlichen Arbeit eines Büroangestellten. Bei meiner Planungsarbeit handelte es sich um die Heizungsanlage für ein neues Wohn- und Geschäftshaus im Dresdner Stadtzentrum. Ich schloss dafür einen befristeten Arbeitsvertrag mit dem VEB Hochbauprojektierung Dresden ab, bei dem ich die Arbeit in der Zeit meines Jahresurlaubs erledigen konnte. Der Erlös wurde als Geldwert an die AWG überwiesen.

Im Jahr 1961 konnten wir endlich in unsere neue AWG-Dreizimmerwohnung in der Feldgasse 7 in der Dresdner Seevorstadt einziehen. Ich hatte nun morgens und abends einen 5-Minuten-Sprung zum bzw. vom Arbeitsplatz bei EPD.

Zum Feierabend-Büro Oehrl waren es jetzt 15 Minuten erholsamen Fußwegs. Die bisherige längere Autofahrt zwischen Klotzsche und der Dresdner Südvorstadt war nun passé.

Ein besonderer Erkenntnisprozess im Planungsbüro EPD für mich war, dass der Umgangston mit den akademisch ausgebildeten Ingenieuren ein fundamental anderer war als der offene und ehrliche mit den einfachen Arbeitern. Den war ich von meiner Arbeit in der Flugzeugindustrie gewöhnt. Inmitten der Ingenieure musste man sich genau überlegen, was man zu welchem Zeitpunkt sagt, und vor allem, wie man es sagt.

Ein Lob war immer willkommen. Doch anders verhielt es sich bei einer Kritik. Das war für mich deshalb so relevant, weil ich im Jahr 1963 wieder einmal zum Abteilungsleiter gekürt wurde, nachdem sich der bisherige Leiter in den Ruhestand verabschiedet hatte. Die mir unterstellten etwa 20 Mitarbeiter zollten mir zwar fachliche Anerkennung, aber ein hinreichendes Vertrauensverhältnis bestand nur mit wenigen. Es war für mich daher immer wieder schmerzlich, wenn die persönlichen Gespräche verstummten, sobald ich den betreffenden Raum betrat. Auch meine Mitgliedschaft in der SED hatte dabei einen überwiegend negativen Einfluss.

Ich musste auch bald erfahren, dass einige Mitarbeiter und Fachkollegen ihre Privatprojekte in der regulären Arbeitszeit erledigten, noch dazu in den Arbeitsräumen von EPD.

Natürlich wollte und konnte ich keine Einwände gegen eine zusätzliche Feierabendarbeit erheben, nicht nur deshalb, weil ich sie ebenfalls ausübte. Prinzipiell galt und gilt auch für mich der übliche Grundsatz: »Leben und leben lassen.« Aber alles hat auch seine Grenzen, und Privatarbeit im Dienst, insbesondere, wenn dort dringende Termine anstanden, das ging wirklich nicht.

Mein diesbezügliches besonderes Problem war, dass diese Privatarbeit der Mitarbeiter von anderer Seite toleriert und gedeckt, teilweise sogar gefördert wurde. Diese andere Seite war niemand anderes als der Werkleiter selbst. Es war immer noch derselbe Schnapspullis auf Kohlehaufen werfende Exgeneral der Volksarmee. Kohlehaufen gab es natürlich in der Dresdner Innenstadt nicht mehr und leere Schnapsflaschen konnte man auch nicht mehr durchs Fenster werfen. Dort war jetzt die verkehrsreiche Leningrader Straße in der Dresdner Innenstadt. Sein Alkoholproblem musste der Werkleiter deshalb auf eine andere Weise bewältigen.

Doch seine delikaten betrieblichen Probleme löste unser Werkleiter mit Hilfe eines älteren Mitarbeiters meiner Abteilung. Dieser Mann hieß Hinze oder so ähnlich. Er hatte sich im Krieg eine Beinverletzung zugezogen, hinkte deshalb ein wenig und gab sich als Ingenieur aus. Seine ungewöhnliche und für den Werkleiter außerordentlich wertvolle Gabe war sein ausgezeichnetes Kommunikationstalent. So verstand er es hervorragend, solche Vertragspartner, die über einen vermeintlichen Pfusch unseres Hauses erzürnt waren, entweder völlig zu besänftigen oder zumindest friedlicher zu stimmen. Nach dem suggestiven Gespräch mit ihm waren diese Partner bezüglich der verursachten Mängel oftmals nachsichtig. Und sie glaubten dem Herrn Hinze, dass der vermeintliche Mangel nur ein einziger, sich keinesfalls wiederholender Ausrutscher gewesen sei und dass im Haus EPD größtenteils ausgezeichnete Fachleute arbeiten. Die anschließende kostenfreie Nacharbeit erfolgte dann unverzüglich. Dem Werkleiter war dieser Mann deshalb eine unverzichtbare Hilfe, wenn es darum ging, einem Vertragsstrafverfahren zu entgehen, irgendwelche Planungsfehler kleinzureden und Mängelrügen zu vermeiden.

Dazu dienten aber auch mit der Mängelbeseitigung verbundene Kompensationsgeschäfte, die hin und wieder getätigt wurden. Kostengünstige Privatprojekte ohne den hohen Gewinnaufschlag des »volkseigenen« Projektierungsbetriebes EPD gehörten auch dazu. Diese Projekte mussten aber von kreativen Fachleuten realisiert werden. Und das waren eben jene Leute, die sich der von oben geduldeten »Privatprojekte« während der regulären Arbeitszeit annahmen.

Als dieser Werkleiter zu späterem Zeitpunkt den Betrieb verlassen musste, war auch die hohe Zeit des Herrn Hinze vorbei. Er musste seinen Hut nehmen, weil er trotz mehrmaliger Aufforderung sein angebliches Ingenieurzeugnis nicht finden konnte, das seinem unterzeichneten Arbeitsvertrag zugrunde lag.

In jener Zeit lernte ich im Planungsbüro EPD meinen fast gleichaltrigen Freund Eberhard kennen. Er hatte Technischer Zeichner gelernt, Flugzeugbau studiert und nach dem Ende des Flugzeugbaus und weiterer Qualifizierung Freude an der Heizungstechnik gefunden. Damals war er noch Kandidat der SED, bekam aber vor einer Aufnahme als Mitglied noch rechtzeitig die Kurve. Sein entscheidendes Argument, das ihn vor der Aufnahme bewahrte, war die unvereinbare Haltung der SED zu seinem vorgeschobenen christlichen Glauben. Tatsächlich war und ist er Atheist wie ich.

Bei vielen Kollegen genoss er bereits damals eine hohe Anerkennung. Sein großes Engagement, mit dem er sich in all den Jahren bei EPD für die Verbesserung der Ferienangebote für die Betriebsangehörigen einsetzte, machte ihn noch sympathischer.

Wir kamen uns bald auch familiär näher und trafen uns mit unseren Ehefrauen öfter daheim in unseren Wohnungen, sommers auch im FKK-Naturbad Volkersdorf. Daraus ergab sich, dass wir längere Zeit gemeinsam nach einem geeigneten Standort für zwei benachbarte Wochenendgrundstücke suchten, um dem Großstadtlärm zu entfliehen. Das blieb aber trotz mehrerer Ansätze ohne Erfolg. Er und seine frühere Ehefrau bebauten ein Grundstück in Medingen, das nordöstlich von Dresden gelegen ist. Wir dagegen konzentrierten uns auf ein Wochenendobjekt in Karsdorf im Erzgebirgsvorland.

Im Jahr 1964 sollte in der DDR der Aufbau der Computertechnik beschleunigt werden, um den entstandenen Rückstand zum Westen zu mindern. Der Dresdner Vorgängerbetrieb von VEB Robotron (VEB Datenverarbeitungs- und Büromaschinen) verhandelte deshalb mit der westdeutschen Niederlassung des britischen Unternehmens British Company Elliott Brothers Ltd., eine Transistor-Rechenmaschine vom Typ 803 mit Magnetbandspeichern zu kaufen (/2.5/). Unser Betrieb EPD erhielt den Planungsauftrag zur Schaffung der räumlichen und versorgungstechnischen Voraussetzungen. Die Maschine sollte in einem Flachbau neben dem so genannten »Blauen Haus« am Dresdner Großen Garten aufgestellt werden. Das geschah dann auch. Bekannt wurde dieser westliche Großrechner später als die »Alte Elli«. Die damit gewonnenen Erkenntnisse sollen zur Entwicklung des Großrechners Robotron 300 beigetragen haben (/2.6/).

Die klimatechnische Lösung zur Erfüllung der Betriebsanforderungen war für uns Fachplaner damals ein Neuland. Deshalb erhielt ich die Gelegenheit und den Auftrag, an den Kaufverhandlungen in Frankfurt am Main teilzunehmen. Geleitet wurde diese Reise vom Betriebsdirektor der Firma Robotron, dessen Hauptmechaniker und ich gehörten zu seiner Delegation. Wir hielten uns eine Woche in einem Frankfurter Hotel auf. Von dort besichtigten wir ähnliche Anlagen in der Frankfurter Umgebung und in der Stadt Mainz.

Bei diesem für mich einmaligen Aufenthalt in Westdeutschland vor dem Mauerfall hatte ich einige eindrucksvolle, teilweise sogar abenteuerliche Erlebnisse.

Zunächst war das ein gemeinsames Essen im Hotel Interkontinental. Im Foyer war eine etwa zehn Quadratmeter große Speiselandschaft aufgebaut, wie ich sie in dieser Fülle auch später nie wieder sehen konnte. Gastgeber war die aus dem britischen Mutterland eingeflogene Betriebsleitung von Elliott. Sie kostete das Abendessen für sechs Personen über 1.000 DM, damals für mich eine gewaltige Summe Westgeldes.

Dann war es der abendliche Besuch einer Bar, gemeinsam mit zwei Vertretern des Gastgebers. Dort zahlte man für ein Herrengedeck – das waren ein Glas Sekt und ein Glas Bier – den stolzen Betrag von 110 DM. Inbegriffen war die Gebühr für die Unterhaltung mit einer studierten jungen Dame, die zu späteren Abendstunden auch noch für weitere Dienste verfügbar gewesen sein soll.

Ich erinnere mich auch eines Abendessens im Drehrestaurant des Henninger Turms in Frankfurt-Sachsenhausen, von dem man einen herrlichen nächtlichen Rundblick auf die damalige Skyline von Frankfurt genießen konnte.

Schließlich gehörte auch ein Bummel auf der Frankfurter Kaiserstraße dazu, dem Rotlichtmilieu in Bahnhofsnähe. In Pelz gehüllte Damen luden aus ihren offenen Cabriolets zum Besuch ihrer Ateliers ein, was für uns einfache DDR-Bürger als eine fremde Welt wahrgenommen wurde.

Im Herbst 1964, ich war 29 Jahre alt, ereilte mich infolge von Erschöpfung ein schwerer gesundheitlicher Rückschlag, nachdem ich bereits im Jahr 1961 einen Schwächeanfall erlitten hatte. Mein Vater hatte mich bereits lange vorher gewarnt und mir dringend zu weniger Arbeit, mehr Freizeit und innerer Ruhe geraten. Ich muss ziemlich grau ausgesehen haben. Immerhin waren es wöchentlich ca. 50 bis 55 Stunden Arbeitszeit bei EPD, die mir psychischen Stress infolge meiner betrieblichen Leitungsprobleme bereiteten, und weitere 20 bis 25 Stunden rein fachliche Arbeit im Büro Oehrl.

Zeit für Sport, den ich auf dem Wildwasser so intensiv betrieben hatte, fand ich schon jahrelang nicht mehr. Doch welch stressgeplagter und überforderter junger Mensch hört schon auf seinen erfahrenen Senior, wenn er sich in seinem Tunnelblick vorgaukelt, mit seiner Arbeit die Menschheit retten zu können.

Es begann mit Schlafstörungen. Oft waren es nur drei bis vier Stunden Schlaf, die ich finden konnte. Darauf folgten Attacken mit Herzrhythmus-Störungen und schließlich Übelkeit mit Schwindelanfällen. Den dafür zutreffenden Begriff »Burnout« kannte man damals noch nicht, zumindest nicht im deutschsprachigen Raum (/2.7/). Der Arzt verordnete mir Ruhe und Bewegung an frischer Luft.

In den drei Monaten meiner Arbeitsunfähigkeit saß ich oft stundenlang auf einer Bank im Großen Garten, um die Spatzen mit Brotkrumen zu füttern. Es war schon interessant, wie einige die kleinen Krumen streitend sofort aufpickten, andere dagegen mit den großen Krumen im nahen Gebüsch verschwanden, um sie genüsslich happenweise allein zu genießen. Parallelen zum Wesen der Menschheit gingen mir durch den Kopf.

Meine Erkenntnis aus dieser Krankheit war, dass ich dem Abteilungsleiterposten unter den gegebenen Umständen mental nicht gewachsen war. Stattdessen sollte und wollte ich wieder fachtechnisch eigenverantwortliche Arbeitsaufgaben übernehmen und etwas Sport treiben. Auf die Feierabendarbeit im Büro Oehrl wollte ich aber dennoch nicht verzichten, obwohl aus heutiger Sicht auch das klüger gewesen wäre.

Meine Krankheit blieb auch bei der Betriebsleitung von EPD nicht folgenlos. Nach längeren Untersuchungen zog man endlich Konsequenzen.

Der Werkleiter wurde entlassen. Es folgte ein neuer. An der Tür zu seinem Sekretariat stand von nun an »Büro des Betriebsdirektors«. Als ursprünglicher Frisör kam er aus dem »Arbeiterstand«. Ein Ökonomiestudium und ein Parteischulbesuch befähigten ihn dann zu dieser anspruchsvollen neuen Leitungsfunktion. Nach Ablauf seiner eigenen Einarbeitungszeit setzte er Arbeitsdisziplin mit Hilfe von Anwesenheitskontrollen durch. Wer morgens zehn Minuten nach Arbeitsbeginn sieben Uhr oder später die betriebliche Eingangstür passierte, musste seinen Betriebsausweis abgeben, sofern er keinen gültigen Passierschein vorweisen konnte. Der Betriebsausweis durfte dann nach einer direktoralen Standpauke und einem Vermerk in einer »Strichelliste« wieder entgegengenommen werden.

Was dann im Verlaufe des Tages in den Arbeitsräumen ablief, war aber für den Direktor nicht besonders relevant. Wichtig war dagegen, dass niemand vor Dienstschluss um 16 Uhr den Betrieb verließ, sofern er keinen Passierschein vorweisen konnte. Auch das kontrollierte er persönlich.

Man sah deshalb den Direktor oftmals nachmittags ab halb vier auf dem Gang stehen, natürlich möglichst unauffällig und mit anderen Personen im Gespräch, aber mit einem habichtscharfen Blick zur Ausgangstür. Die Folge daraus war, dass es auf diesem langen Flur noch zwei Minuten vor vier Uhr menschenleer und ruhig blieb, genauso wie die Ruhe vor dem Sturm. Der Sturm setzte Punkt vier Uhr ein. Es wimmelte dann von nach draußen drängenden Werktätigen. Ein Gegenverkehr auf dem Gang war für den einen oder anderen noch fleißigen Mitarbeiter zu diesem Zeitpunkt unmöglich.

Ungeachtet dieser unpopulären und verpönten Kontrollen verbesserte sich die Arbeitsdisziplin allmählich dadurch, dass Stundenvorgaben für die Projektbearbeitung eingeführt wurden. Diesen Vorgaben lagen ähnliche Kriterien zugrunde wie bei der Honorarordnung der Architekten und Ingenieure (HOAI) in der Bundesrepublik. Diese Vorgaben dienten zugleich als Basis für die mit den Kunden abgeschlossenen Verträge, sie waren ein erster Fortschritt der Arbeitsorganisation bei EPD.

Für meine bisherige Planstelle wurde ein neuer Fachabteilungsleiter gefunden, der seine berufliche Selbstständigkeit aufgegeben hatte, um in unserem Betrieb einen sicheren Hafen zu finden. Mir wurde eine Aufgabe in einer neuen »Teamwork«-Abteilung angeboten. Diese Abteilung war für die inhaltliche und finanzielle Vorbereitung der zu planenden Objekte zuständig und sollte zu einem höheren Niveau der Betriebsorganisation beitragen. Unter einem Leiter waren acht Fachleute aus den verschiedenen Berufsgruppen integriert, und alle waren Ingenieure oder Architekten mit längerer Berufserfahrung.

Ich nahm dieses Angebot gern an und empfand Freude daran, auch wegen der bevorstehenden Zusammenarbeit mit den etwa gleich alten sympathischen Kollegen. Weil wir uns gut verstanden, entwickelten sich sehr bald gegenseitige private Kontakte. Mit unseren Ehefrauen erlebten wir schöne gemeinsame Freizeitstunden.

Unsere betriebliche Aufgabe bestand darin, die Voraussetzungen für den Aufbau neuer Betriebe oder den Umbau von zu modernisierenden Betriebsstätten zu schaffen. Das war die Aufgabe von Generalisten, Kleinarbeit war hier nicht gefragt.

Dennoch mussten die ausgewiesenen Ergebnisse eindeutig und unanfechtbar sein, nicht nur, um spätere Unstimmigkeiten bei den nachfolgenden Detailplanungen zu vermeiden.

Jeder von uns war für einen bestimmten Betrieb der elektronischen und Nachrichtentechnik verantwortlich, mit dem EPD vertragliche Beziehungen unterhielt. Für technische Fragen in den anderen Partnerbetrieben leisteten wir uns gegenseitig Unterstützung. Am Beispiel eines damals neu zu planenden Werkes will ich das wie folgt demonstrieren:

Auf der Grundlage der Vorgaben des Auftraggebers entwarf einer unserer zwei Architekten die vom Auftraggeber gewünschten neuen Gebäude. Der Bauingenieur ermittelte die Kosten für die Gebäude, Straßen und anderen baulichen Anlagen. Der Technologe klärte, wie viel Arbeitskräfte für die Fertigung und Nebenleistungen notwendig sind und woher sie kommen. Der Elektroingenieur kümmerte sich um die Stromzufuhr, die Trafostationen und die Elektroverteilungen. Dem Wasserwirtschaftler waren die Vorklärungen und Kostenschätzungen für die Trinkwasserversorgung und die Abwasserentsorgung einschließlich der technologisch bedingten Neutralisation und Entgiftung der Abwässer zugeordnet. Mir oblagen die Klärungen und Kostenermittlungen für die Wärme- und Kälteversorgung, die Erzeugungsanlagen für Technische Gase mit den notwendigen Verteilungsleitungen sowie die technischen Lösungen für die Heizungs-, Wasser- und Klimaanlagen in den Gebäuden.

Diese unsere Arbeit war mit vielfältigen Kontakten zu den örtlichen Institutionen verbunden. Die Vorbereitung und die Durchführung von Standortberatungen gehörten auch dazu. Im Rahmen der Auswertung dieser Beratungen mussten die Forderungen der Gemeinden, der zuständigen Feuerwehr, des Zivilschutzes, der Wasser- und der Forstwirtschaft und der vielen weiteren Institutionen eingearbeitet oder nochmals verhandelt werden. Die dafür notwendigen Reisen innerhalb der DDR brachten interessante Abwechslung in unseren Arbeitsalltag.

In Erinnerung an unsere damalige Teamwork-Zeit sind mir die Neubauten im Halbleiterwerk Frankfurt (Oder) – hier wurden ab 1967 Siliziumtransistoren gefertigt –, ebenfalls die neuen Produktionsgebäude im Werk für Mikroelektronik Neuhaus »Anna Seghers« – dort erfolgte später die Produktion von Schaltkreisen –, auch die neuen Fertigungsstätten im Werk für Bauelemente der Nachrichtentechnik »Carl von Ossietzky« in Teltow gehörten dazu (/2.8/). Anspruchsvoll waren auch die Modernisierungs- und Erweiterungsbauten, zum Beispiel im Fernsehgerätewerk Staßfurt, im Fernmeldewerk Zwönitz, im Glühlampenwerk Berlin und in weiteren Betrieben (/2.9/). Wenn wieder einmal eine Mehrtagesfahrt nach Berlin notwendig war, dann stand auch ein abendlicher Opern- oder Theaterbesuch auf dem Programm.

Dass unser Abteilungsleiter auch für die Stasi arbeitete, war allen bekannt. Als charmanter und gut aussehender Frauenschwarm in seinen besten Jahren war er dort im Bereich Aufklärung tätig. Er verschwand hin und wieder mal für einige Tage aus unserem Blickfeld, um in Westdeutschland oder in Österreich unter einem fremden Namen Frauen für die Stasi anzuwerben. In einer Anwandlung von Vertrauensseligkeit zeigte er uns sogar einmal seinen falschen Personalausweis. Doch uns ließ er in Ruhe.

Ich hatte mir in diesen Jahren interessanter Arbeit bei der Betriebsleitung den etwas makabren Ruf erworben, aussichtslose Schwarmobjekte, die aber in der Presse groß angekündigt wurden, kurzerhand sterben zu lassen. Das hatte seinen Ursprung bei folgendem Vorhaben: Am Spreeufer von Berlin-Köpenick sollte ab 1968 ein neues Riesenobjekt zur Fertigung von Farbbildröhren entstehen. Im Zentrum des Vorhabens stand ein von den Architekten bereits entworfener elfgeschossiger Produktionsbau mit zugehörigen Nebengebäuden und Versorgungsanlagen. Die noch ohne einen verbindlichen Vertrag arbeitenden Technologen unseres Hauses brachten bereits verschiedene Varianten des Fertigungsablaufes, der Aufstellungspläne für die technologischen Ausrüstungen und des innerbetrieblichen Transportsystems aufs Papier. Ein neues Heizwerk für die Wärmeversorgung, das am Spreeufer errichtet werden sollte, wollte man auf dem Wasserwege mit Kohle versorgen.

Wegen des noch nicht fixierten Werkvertrages sah ich meine Aufgabe darin, die Kostenvorstellungen aller Gewerke zu einer Gesamtkostenschätzung zu bündeln und aufzulisten, alle einschlägigen Institutionen zu einem Berliner Beratungsgespräch zu laden und deren Forderungen auszuwerten. Die Aussagen fasste ich in einem Schriftsatz des Betriebsdirektors zusammen, um eine Entscheidung über die Finanzierbarkeit durch die übergeordnete Berliner Kombinatsleitung zu erbitten. Der darin ausgewiesene Kostenaufwand belief sich auf 580 Millionen Mark. Zwei Wochen später kam die Antwort aus der Berliner Kombinatsleitung mit der Nachricht vom »Aus für diesen vernebelten Wahnwunsch einiger Spinner«.

Hin und wieder erfüllten wir auch mal eine Rettungsaufgabe auf privater Basis, wenn ein Planungskind in den Brunnen gefallen war. Beispielsweise ergab sich das einmal, als ein bereits sechs Monate vorher abgeschlossener Planungsvertrag für eine neue Werkhalle in der Schreibtisch-Schublade des Verwaltungsleiters erst zu jenem Zeitpunkt entdeckt wurde, als der vereinbarte Fertigstellungstermin in wenigen Wochen bevorstand. Den Planungsabteilungen war die verbliebene Restzeit bis zum Vertragstermin zu kurz, deshalb lehnten sie die Arbeit ab. Unser Team dagegen konnte den Termin noch retten, aber nur in bezahlter Feierabendarbeit. Die etwa

5.000 Mark, die dafür im Mittel an jeden von uns Beteiligten von der Betriebsleitung ausgezahlt werden mussten, waren für unsere Familien eine willkommene Gehaltsaufbesserung.

Im Jahr 1967 begann die für mich interessanteste Ingenieuraufgabe meines Berufslebens. Es handelte sich um die Planung für die »Versuchsfertigung von Festkörperschaltkreisen bei AME« bis hin zur Inbetriebnahme des Vorhabens im Jahr 1973. Der Name »AME« stand für das bereits im Jahr 1961 von Prof. Werner Hartmann unter dem visionären Namen »Arbeitsstelle für Molekularelektronik« gegründete Institut in Dresden-Klotzsche. Anfangs hatte es nur acht Mitarbeiter, später nahezu tausend Beschäftigte. Im Jahr 1967 gelang dort die Laborfertigung des ersten selbst entworfenen Festkörperschaltkreises (FKS) AME T10 (/2.10/).

Daraus ergab sich die Aufgabe, diese Laborergebnisse in eine Versuchsfertigung zu überführen, wonach die spätere Serienfertigung im VEB Mikroelektronik Erfurt erfolgen sollte. Professor Hartmann hatte einen seiner engsten leitenden Mitarbeiter in die USA gesandt, um wichtige Informationen über die Schaffung von staubfreien »Reinräumen« einzuholen. Im angelsächsischen Sprachbereich sind diese extrem reinen Fertigungsräume als »cleanrooms« bekannt. Diese Arbeitsbedingungen, die frei sind von schädigender, mikroskopisch-feiner Staubeinwirkung und eine spezielle Nylonkleidung, Kopfhaarbedeckung und Handschuhe für die beteiligten Fachkräfte erfordern, waren unabdingbare Voraussetzungen für diese beabsichtigte Versuchsfertigung.

Dieser US-Rückkehrer hatte sich an einem Spätsommertag des Jahres 1967 bei unserem Direktor mit der Vorstellung angemeldet, innerhalb von zwei Jahren einen etwa 30 Millionen Mark teuren Neubau für die Versuchsfertigung in Klotzsche realisieren zu wollen. Die genannten Schätzkosten von etwa 30 Millionen Mark ergaben sich aus der Vorstellung, dass je zehn Millionen Mark für das Gebäude, für die versorgungstechnischen Anlagen und für die technologischen Ausrüstungen zu verausgaben sind.

EPD sollte dafür kurzfristig die Planungsdokumentation anfertigen.

Unser Team war über die bevorstehende Zusammenkunft in unserem Hause informiert und auch darüber, dass unser Direktor diesen Auftrag aus Angst vor der Herausforderung und der Verantwortung für eine mögliche Fehlleistung ablehnen würde.

Nachdem wir uns untereinander geeinigt hatten, passte ich den Besucher nach der direktoralen Absage ab und bat ihn in einen unserer Arbeitsräume. Dort versicherte ich ihm im Beisein meiner Kollegen, dass wir bereit seien, innerhalb weniger Wochen eine Vorplanungsdokumentation für die Versuchsfertigung auf privater Honorarbasis zu erarbeiten. Uns war dabei bewusst, dass die technischen Anforderungen außergewöhnlich hoch und bei dem damaligen Stand in der DDR nur schwer erreichbar waren. Wir fühlten uns aber der Herausforderung gewachsen und hatten großes Interesse an dieser Arbeit. Außerdem spekulierten wir darauf, dass unser eigenmächtiges Vorpreschen mittels einer zu veranlassenden Presseveröffentlichung, falls nötig auch mit einer Mitteilung an die damalige SED-Bezirksleitung Dresden, von unserer Betriebsleitung zumindest toleriert werden müsse. Andererseits war uns auch bewusst, dass sich andere Fachleute bereit finden würden, diese Aufgabe zu übernehmen, falls wir diese Chance nicht nutzten. So kam es schließlich innerhalb weniger Tage zum Werksvertrag zwischen der AME und unserem Team.

Mein Arbeitsanteil betraf die technischen Lösungen für die Luftaufbereitung und -führung für die vom Betrieb Elektromat Dresden zu liefernden Aluminium-

Reinraumgehäuse, die Klima- und die Kälteanlagen, die Anlagen für die Technischen Gase sowie die Heizungs- und Sanitäranlagen. Im Verlaufe der Bearbeitung erlebte ich in schlaflosen Nächten, welche Verantwortung auf uns lastete, um die vertraglich vereinbarten Anforderungen zu erfüllen. Vereinbart waren unter anderem die Einhaltung der Staubklasse 100, von maximal 45 dB(A) Schalldruckpegel am Arbeitsplatz und von plus-minus ein Grad Temperaturgenauigkeit. Sowohl das vereinbarte technische Konzept als auch die spätere Planung erforderten technische Lösungen, die damals in der DDR noch nicht existierten. Das Hauptproblem für mich war die Luftbehandlung für die etwa tausend Quadratmeter Fertigungsfläche in der Reinraum-Staubklasse 100 (heute ISO 5). Unter dieser Klasse 100 ist zu verstehen, dass die unter Überdruck stehende Raumluft maximal hundert Staubpartikel von maximal 0,5 Mymeter im Durchmesser je Kubikfuß Luft (3,5 Partikel je Liter Luft) aufweisen darf (/2.11/), was auch heute noch hohen technischen Aufwand erfordert.

Dringend notwendige wissenschaftliche Unterstützung, beispielsweise von der TU Dresden oder vom Institut für Luft- und Kältetechnik (ILK) Dresden, die wir uns erhofften, war nicht erhältlich. Zum damaligen Zeitpunkt hatte sich derartigen technischen Lösungen noch niemand ernsthaft gewidmet. Erst einige Jahre später befasste man sich beim ILK Dresden intensiv mit der dann noch immer neuen Reinraumtechnik.

Einziges wissenschaftliches Hilfsmittel für uns war ein in den USA neu erschienenes Fachbuch über »cleanrooms«. Wir übersetzten die für uns bedeutsamen Abschnitte aus dem amerikanischen Englisch selbst.

Doch auch für die Herstellerindustrie waren die Anforderungen ungewöhnlich hoch und teilweise völlig neu. Beispielsweise waren die Spezialluftfilter der Reinraumklasse 10, die zur Einhaltung der Klasse 100 im Reinraum benötigt wurden, beim VEB Luftfiltertechnik Wurzen gerade erst in Entwicklung. Dank des hohen Engagements des damaligen Entwicklungsleiters, Herrn Dr. Niezold, standen sie aber rechtzeitig zur Verfügung. Analog verhielt es sich beispielsweise mit energiesparenden drehzahlgeregelten Lüfter-Antriebsmotoren, die in einem Werk in Berlin entwickelt werden mussten.

Noch vor Jahresende 1967 war unsere von etwa 15 Ingenieuren und Architekten erarbeitete Vorplanungsdokumentation fertiggestellt. Eine bittere Pille für unseren Kunden dabei war, dass die mit 30 Millionen Mark veranschlagten Schätzkosten nun bereits auf etwa 80 Millionen Mark angestiegen waren. Da aber die technischen Anforderungen nicht verhandelbar waren, wurden die höheren Kosten zwangsläufig akzeptiert.

Mit dieser von uns vorgelegten Dokumentation war das Eis gebrochen. Man zollte uns Anerkennung und EPD übernahm nun ohne Zögern den Auftrag für die weitere Planung und Bauüberwachung des gesamten Objektes bis hin zu dessen Inbetriebnahme.

Am 29. April 1968 erfolgte die Grundsteinlegung für das Gebäude »Versuchsfertigung« (/2.10/) allein auf der Grundlage der bis dahin vorliegenden Entwurfsplanungsdokumentation. Dafür benutzte man in der ehemaligen DDR den Begriff »Aufgabenstellung«. Die Ausführungsplanung zog sich hin bis in das Jahr 1972, obwohl zeitweise mehr als fünfzig Mitarbeiter von EPD und zahlreiche Nachauftragnehmer daran gearbeitet hatten.

Realisiert wurde gleitend, das heißt, so wie die fertigen Zeichnungen vom Reißbrett genommen wurden, gelangten sie auf den Bau. Das verursachte natürlich auch Probleme. Teilweise entstanden sogar Mehrkosten, weil Änderungen hin und wieder unvermeidbar blieben.

Als unsere Teamwork-Abteilung im Jahr 1971 wegen Überleitung der Aufgaben an zwei technologische Abteilungen von EPD aufgelöst wurde, übernahm ich eine Arbeitsgruppe, die allein für die Bauüberwachung bei der Montage der technischen Anlagen für die Versuchsfertigung bei AME zuständig war. Einer meiner damaligen Mitarbeiter und Freunde, der Elektroingenieur Werner Frahm, ist leider bereits vor einigen Jahren an einer unheilbaren Krankheit verstorben.

Die Fertigstellung und Inbetriebnahme des Vorhabens verzögerte sich bis hinein in das Jahr 1973. Immer wieder traten Lieferschwierigkeiten für die bestellten Ausrüstungen auf. Trotz detaillierter Ablaufpläne gab es Fehleinschätzungen und Verzögerungen bei der Montage, und Kollisionen der Gewerke waren trotz der von uns angefertigten Koordinierungspläne nicht immer vermeidbar. Doch dann war es endlich geschafft.

Nach unserer Gesamtkostenabrechnung für dieses Objekt mit seiner blauen Fassade und den Versorgungs-, Neben- und Außenanlagen betrug die gesamte Investitionssumme einschließlich der Planungskosten über 150 Millionen Mark.

Ich hatte in den Jahren von 1967 bis 1973 das große Glück, diese Vorhaben von den ersten Vorstellungen bis zur Inbetriebnahme wachsen und gedeihen zu sehen. Und ich fühlte mich sehr erleichtert, als unserem Büro bestätigt wurde, dass alles so funktioniert, wie man es erwartet und vereinbart hatte.

Trotz der sehr hohen Kosten wurde das Gesamtprojekt »Versuchsfertigung« in den Jahren 1972 bis 1974 als »Wiederverwendungs-Vorhaben« im Halbleiterwerk Frankfurt (Oder) noch einmal gebaut. Bei diesem Objekt war meine Arbeitsgruppe für die

versorgungstechnische Anpassungsplanung, die Bauüberwachung und die Kosten-
abrechnung verantwortlich.

Die Sowjetunion wollte gleich zehn dieser Vorhaben realisieren. Es kam aber
nicht dazu. Die DDR-Regierung hätte es sicher auch nur für »einen Appel und ein
Ei« verschleudert.

Auch die Volksrepublik China war an unseren technischen Lösungen interessiert.
So kam es, dass ich im Jahr 1974 für einen Monat in Peking weilen konnte, um
technische Detailfragen für den Abschluss eines Liefervertrages zu beantworten.
Auf dieser Reise begleitete mich ein Technologe vom VEB Elektromat. An den
technischen Gesprächen beteiligte er sich nicht, was mich damals sehr verwundert hatte. Später erfuhr ich, dass seine Aufgabe als Stasi-Informant darin bestand,
mich zu überwachen.

Zu dem Liefervertrag kam es nicht, doch auftragsgemäß übermittelte ich den
eifrigen Mitschreibern auf der chinesischen Seite alle die sie interessierenden Details. Das lief wie folgt ab: Wir saßen täglich vier bis fünf Stunden an einem langen
Tisch des Besprechungsraumes, mir am nächsten der chinesische Wortführer und
dessen Dolmetscher. Die mir gestellten Fragen betrafen die physikalischen und
technischen Anforderungen und deren technologische Lösungen. Ich beantworte-
te sie in Deutsch. Doch lange, bevor sie ins Chinesische übersetzt werden konnten,
wurden meine Antworten von den anderen mit am Tisch sitzenden etwa zehn
jungen Leuten notiert. Dazu benutzten diese Leute DIN-A5-kleine Hefte mit fünf
Millimeter großen Kästchen, für jedes Schriftzeichen eines. Jeder von ihnen musste
sich zunächst an seinen chinesischen Boss wenden, wenn er eine weitere Frage an
mich hatte. Erst dann wurde sie ins Deutsche übersetzt – oder eben auch nicht.

Verwunderlich war für mich auch, dass manche Fragen nach Wochen wiederholt gestellt wurden. Dann kam es schon vor – beispielsweise bei einer bedeutungslosen Aussage zur Toleranz zulässiger Luftfeuchte –, dass mir vorgehalten wurde: »Aber am 28. August um 10.39 Uhr haben Sie gesagt, dass …« Dann wurde mir eine geringfügig andere Toleranzangabe vorgehalten, die im Grunde genommen aber belanglos war.

Insgesamt war man uns gegenüber in Peking sehr gastfreundlich. Wir wurden fürstlich beköstigt. Die Gelage, bei denen mehrmals Peking-Ente und andere leckere Spezialitäten serviert wurden, nahmen nie weniger als drei Stunden in Anspruch. Dazu gab es starkes Pilsener Bier aus Dreiviertelliterflaschen, die samt der Brauerei aus der Tschechoslowakei importiert worden waren. Es gab heißen süßen chinesischen Rotwein und schließlich siebzigprozentigen Maotai, eine aus Hirse und Weizen gebrannte chinesische Spezialität (/2.13/). Die Getränke wurden unaufhörlich von dem hinter jedem Gast stehenden Kellner in die noch halbvollen Gläser nachgefüllt. Nur wenn man das Glas ausgetrunken, um 180 Grad gedreht und auf den Glasrand gestellt hatte, war man vom weiteren Nachfüllen befreit. Das waren schon hohe Anforderungen an das Beherrschen der eigenen Sinne. Nach dem einen Monat Pekingaufenthalt wog ich zehn Kilogramm mehr als zuvor.

Wir sahen auch viele Kulturstätten mit riesigen Goldschätzen, die bei späteren Touristenbesuchen nicht mehr gezeigt wurden.

Die Kulturrevolution, bei der die Frauen und Männer nur Einheitskleidung in Blau oder Grün tragen durften, sobald sie das 18. Lebensjahr erreicht hatten, war gerade beendet. Nun bemühte man sich, die Wunden zu lecken. In den Wandelgängen des Kaiser- und des Sommerpalastes wurden die farbigen Wandgemälde von jungen Leuten kunstvoll restauriert. Doch an vielen Gebäuden waren noch immer die

Spuren dieser von Mao verordneten widersinnigen Kulturrevolution zu sehen. So fehlten beispielsweise die Köpfe der aus Ton gebrannten und glasierten Figuren an den kunstvoll verzierten Dachtraufen der Prunkbauten. Aufgebrachte wütende Revoluzzer hatten sie kurzerhand abgeschlagen.

In den Vitrinen der staatlichen Jadekunst-Manufakturen, in denen Hunderte von spezialisierten Frauen und Männern arbeiteten, standen noch die fertigen Werke mit der roten Fahne im Zentrum. Sie wurden als Verkaufsschlager angeboten, doch niemand war an dieser Art von Kunst interessiert.

Der damalige Leiter von AME (später umbenannt in AMD), Prof. Werner Hartmann, erhielt im Jahr 1970 seinen zweiten Nationalpreis II. Klasse für »beispielgebende wissenschaftlich-technische Leistungen bei der Entwicklung von Technologien und Spezialausrüstungen für die elektronische Industrie« (/2.10/). Doch im Jahr 1974 fiel er infolge der Unkenntnis und der fatalen Fehleinschätzung seitens der DDR-Parteiführung in Ungnade, und deshalb verlor er seine Leitungsfunktionen.

Im Jahr 1972 wurden zwei Fachkollegen aus dem VEB Elektromat Dresden und ich für die Mitwirkung am Vorhaben »Versuchsfertigung bei AMD« mit dem »Banner der Arbeit« ausgezeichnet. Ich erhielt dabei einen freien Wunsch, den ich gegenüber dem Generaldirektor Heinze der VVB Bauelemente und Nachrichtentechnik in Berlin äußern durfte. Ich stützte mich dabei auf die herbeigeholte Logik, dass ein Arbeiterbanner auch eine besondere Bindung an die Arbeiterschaft demonstrieren sollte. Folglich bat ich darum, dass meine Tochter Kerstin in den einschlägigen Karteien fortan als »Arbeiterkind« geführt werden möge. Bisher war ihr dies verwehrt geblieben. In dem Arbeiter-und-Bauern-Staat war schließlich der »Intelligenz«-Status ihres Vaters, noch dazu mit eigener Herkunft aus dem Handwerker-Mittelstand, ein mögliches Handicap für ihr späteres Studium. Das galt damals trotz ihrer ausgezeichneten schulischen Leistungen, auf Grund deren sie die Erweiterte Oberschule, das heutige Gymnasium, besuchte. Diese meine Bitte wurde unverzüglich erfüllt.

Interessant sind die Nachwirkungen des damaligen Aufbaus der Mikroelektronik bis in die Gegenwart. Unter dem Titel »DDR-Ingenieure als Ansiedlungsgrund« in der Sendung »Silicon Saxony« des Mitteldeutschen Rundfunks am 17. Juni 2011 (/2.12/) wurde wörtlich verkündet: »Eine wichtige Rolle bei der Ansiedlung der weltweit agierenden Chiphersteller spielten aber die Menschen, die zu DDR-Zeiten bei ›AME‹ oder ›Robotron‹ Pionierleistungen erbrachten. [...] Sie bildeten die Grundlage für den märchenhaften Aufstieg einer scheinbar am Rande liegenden Region zu einem der wichtigsten Standorte der Chipproduktion in Europa.«

Einige Monate vor der Inbetriebnahme des Vorhabens »Versuchsfertigung bei AMD« hatte ich meine ersten Kontakte zu einem Emaillekünstler. Übliche DDR-Praxis bei bedeutsamen Investitionsvorhaben war zu dieser Zeit, dass Geldmittel bis zu einem Prozent der Bausumme für Kultur und Kunst verausgabt werden durften. Da es ständig Probleme bezüglich der Einhaltung der veranschlagten Kosten gab, standen für Kunst am AMD-Bau aber nur etwa 20.000 Mark zur Verfügung. Dafür sollte ein ansprechendes Wandbildwerk für das Foyer des Hauptgebäudes angeschafft werden.

Mehrere Künstler reichten ihre Entwürfe ein, darunter auch Rudolf Sitte, späterer Professor an der Kunsthochschule in Dresden und Bruder des bekannten Malers Willi Sitte. Er stellte vier aus mehreren Elementen zusammengefügte Emaillebilder auf Kupferplatten vor. Leider fehlten die Rahmen der Bilder, er hatte die einzelnen Platten nur auf einem Tisch ausgebreitet und zur Schau gestellt. Den Zuschlag erhielt er aber nicht. Seine Bilder waren der Jury wohl zu provokant und zu wenig mit der Arbeiterklasse verbunden.

Ich war von diesen Emaillebildern begeistert, sowohl wegen ihres großzügigen Stils als auch wegen ihrer bestechenden Farbbrillanz. Auch die benutzte Stegtechnik auf Kupferplatten faszinierte mich, zumal ich die handwerkliche Nähe zu meinem Lehrberuf erkannte. Außerdem war ich von der Beständigkeit der Emaillebilder beeindruckt. Sie können wohl Generationen überdauern.

Eines dieser Bilder gefiel mir besonders. Deshalb nahm ich Kontakt zu Rudolf Sitte auf und besuchte ihn in seinem Atelier in der Freiberger Straße in Dresden. Bei unserer Begrüßung in dem riesigen Dachgeschossraum kam er mir hinkend entgegen. Im Zweiten Weltkrieg hatte ihn eine Beinverletzung ereilt.

Seine gemahlenen Emaillefarben standen in Töpfen auf dem Fußboden, daneben ein Brennofen auf Ziegelsteinen. Darin konnten Platten bis zur Größe von 24 x 12 cm gebrannt werden. Das mich interessierende Emaillebild auf Kupfer bestand aus 18 dieser Platten (Bild auf Seite 73). Wir saßen auf Holzkisten, als er mir die Technik erläuterte und dabei kettenrauchend den Raum vernebelte. Sein Demonstrationsmuster lag auf einer großen Holzkiste, die als Tisch diente.

Rudolf Sitte und sein spartanisches Atelier übten eine große Anziehungskraft auf mich aus. Ich erhielt hier meinen ersten Eindruck von einem frei denkenden, aber sehr bescheiden lebenden Künstler, der für seinen Broterwerb hart arbeiten muss. Ich besuchte ihn mehrmals, bevor ich das begehrte Bild zum Preis von 1.000 Mark erwerben konnte. Wir verabschiedeten uns, und er sagte noch: »Sehen Sie, Herr Gläser, ich genieße es, dass ich Ihnen mit dem Bild eine große Freude bereitet habe, doch meine Freude ist, dass ich wieder mal für drei Monate meine Miete bezahlen kann.«

Die Anfertigung eines Stahlrahmens in Vaters Werkstatt und die Montage der emaillierten Kupferplatten mittels der Epoxidharz-Klebetechnik waren für mich keine Herausforderung. Das Bild ziert, im Freien hängend, noch heute die Südfassade unseres Radebeuler Wohnhauses.

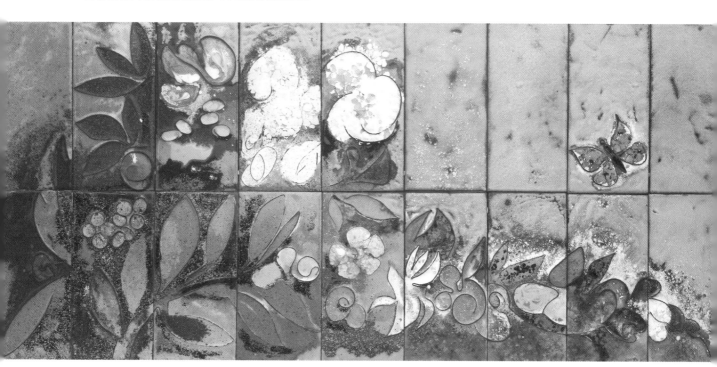

Farbkomposition in Emaille auf Kupfer von Rudolf Sitte (1973)

In den 60er-Jahren quälte mich oft eine Unzufriedenheit über meinen Bildungsstand als Fachschulingenieur. Deshalb setzte ich mehrfach an, um ein Fernstudium zum Diplomingenieur aufzunehmen. Schließlich bewarb ich mich erstmals im Jahr 1966 an der Technischen Universität (TU) Dresden, obwohl mir das damals noch siebenjährige Fernstudium als kaum überwindbare Hürde erschien. Ich erhielt damals eine Absage, weil auf meinem Ingenieurzeugnis eine Vier für das Fachgebiet Physik ausgewiesen war. Also holte ich im Folgejahr erst einmal den Abitur-Abschluss in Physik nach. Das war schon eine komische Konstellation, als ich in den Volkshochschul-Abendkursen die Schulbank gemeinsam mit achtzehnjährigen Mädchen und Jungen drückte. Hinzu kam, dass ich beim ersten Anlauf durchfiel, weil ich alles so lasch nahm und in der Prüfung beim Spicken erwischt wurde. Im zweiten Anlauf reichte es dann zur Note 1.

Im Jahr 1967 leitete die DDR-Führung die 3. Hochschulreform ein, wonach das Direktstudium von fünf auf vier Jahre und das Fernstudium von sieben auf fünf Jahre reduziert werden sollten (/2.14/). Diese Reform wurde an der TU Dresden jedoch mit Verzögerung umgesetzt. Ich bewarb mich deshalb erst für den Studienbeginn im September 1969, als ich sicher war, innerhalb von fünf Jahren das Ingenieurdiplom erlangen zu können. Die Hürde für einen über Dreißigjährigen wie mich schien damit schon niedriger als zuvor. Bei Reduzierung der bisherigen Nebentätigkeit war die Studienbelastung für mich nun vertretbar, zumal das Fernstudium mit einer jährlichen betrieblichen Freistellung von 45 Arbeitstagen – soweit mir in Erinnerung ist – verbunden war. Der Betriebsdirektor von EPD bewilligte mir das Studium. Angesichts meiner Aktionen beim Planungsvorhaben »Versuchsfertigung bei AMD« konnte er trotz unseres gespannten Verhältnisses wohl auch nicht anders.

So begann ich im Herbst 1969 ein Fernstudium an der Sektion Energieumwandlung der TU Dresden. Von anfangs etwa 60 Fernstudenten reduzierte sich die Anzahl im Verlauf der nächsten zwei Jahre auf etwa 30. Viele Teilnehmer empfanden es als zu stressig, andere fielen durch. Ich kam mit einer Ausnahme gut durch die Prüfungen. Ich hatte die Mentalitäten und Steckenpferde der Dozenten verinnerlicht und mich am Prüfungsvortag allein der Vorbereitung gewidmet. Das eine Mal, es war ausgerechnet wieder die Physikprüfung, versuchte ich es ohne Vorbereitung. Ich hatte in unserem Wochenendhaus in Karsdorf, das wir im Jahr 1967 als halbfertiges Objekt gekauft hatten, eine falsch behandelte Holzdecke abgeschliffen. Deshalb hatte ich keine Zeit gefunden, in die Bücher zu schauen. Folglich ging es absolut daneben. Doch die misslungene Prüfung konnte ich wiederholen. In den Folgejahren gab es während meiner betrieblichen Freistellung für das Fernstudium hinreichend Gelegenheiten, unser Karsdorfer Wochenendhaus in eine urige Bauernstubenbleibe zu verwandeln.

Im Sommer 1973 schloss ich das Hochschulstudium ab, zunächst ohne Diplom, aber mit Auszeichnungen. Wir waren damals an die 100 Hochschulabsolventen, weil auch die vorangegangenen Jahrgänge, die bereits sechs bzw. fünf Studienjahre standfest geblieben waren, zum gleichen Zeitpunkt fertig wurden. In meiner Dankesrede an den Lehrkörper, die mir die Absolventen aller drei Jahrgänge angetragen hatten, konnte ich nur in Nuancen ausdrücken, was infolge der vielen Überschneidungen und Doppelungen in einigen der damaligen Lehrgebiete bei anderer Gelegenheit deutlichere Worte verdient hätte.

Meine Diplomarbeit wurde von meinem späteren Chef, Prof. Dr. habil. Herbert Munser, betreut. Ich schrieb sie neben meiner beruflichen Arbeit und verteidigte sie im Jahr 1974.

Prof. Munser war ebenso wie ich an der Fortsetzung meiner Arbeit im Rahmen einer Dissertation interessiert. Ich bemühte mich deshalb bei meinem Direktor um eine betriebliche Delegierung. Damit wäre auch die gesetzlich geregelte Gewährung von mehreren Freistellungswochen im Jahr verbunden gewesen. Doch wie ich schon vorher vermutet hatte, erhielt ich eine Absage. Immerhin hatte ich fünf lange Jahre die Möglichkeit zur Qualifizierung genutzt, und ein betriebliches Erfordernis für eine Promotion zum Doktoringenieur bestand bei EPD tatsächlich nicht.

Nach Meinung meines Direktors sollte ich erst mal die Aufgabe eines hauptamtlichen Vorsitzenden der Betriebsgewerkschaftsleitung (BGL) übernehmen. Der wurde zu dieser Zeit gerade gesucht, doch niemand wollte diesen Job. Nach einigen Jahren dieser gesellschaftlichen Arbeit könne man ja darüber noch mal nachdenken, so meinte der Direktor.

Dieses widersinnige Angebot kränkte mich. Wozu sollte ich denn so lange studiert haben, wenn ich als BGL-Vorsitzender keine Möglichkeit erhielte, die erlangten Kenntnisse auch anwenden zu können. Schließlich war mein bisheriges fachliches Engagement auch ihm nicht entgangen. Und eine Abkehr von fachlicher hin zu politischer Arbeit, deren Ziele und Inhalte mir absolut zuwider waren, hielt ich für undenkbar.

Die Zeit meines Abschieds von EPD war nun gekommen. Meine Erlebnisse vom August 1961 in der Hauptmechanikerzeit bei VEB Elektromat waren mir dabei wieder in Erinnerung. Doch jetzt suchte ich mir erst einmal ein neues Betätigungsfeld, bevor ich meinen Arbeitsvertrag kündigte.

Mit einem weinenden und einem lachenden Auge verließ ich nach über dreizehnjähriger Betriebszugehörigkeit das auf etwa 200 Mitarbeiter gewachsene Projektierungsbüro EPD. Mit einem weinenden Auge ging ich deshalb, weil ich in dieser Zeit meine bisher interessanteste und erfolgreichste Berufstätigkeit erlebt hatte, weil damit auch viele schöne Freizeit-Erlebnisse mit den angenehmen Kollegen verbunden waren. Ich trauerte all den Jahren bei EPD aber auch deshalb nach, weil dieser Betrieb seinen Mitarbeitern überdurchschnittlich hohe Sozialleistungen mit interessanten Ferienobjekten gewährte, die ich mit meiner Familie gern genutzt hatte. An der Beschaffung und Ausgestaltung dieser Feriendomizile hatte mein langjähriger Freund Eberhard einen großen Anteil. Er engagierte sich dafür mit hohem persönlichem Einsatz.

Doch mit einem lachenden Auge verließ ich EPD deshalb, weil ich mit dem Institut für Industriebau Dresden einen Arbeitgeber fand, der mir neben der Tätigkeit eines Beauftragten für Winterbau auch eine außerplanmäßige Aspirantur als Doktorand an der TU Dresden angeboten hatte. Die damit verbundene jährliche Freistellung konnte ich nun überwiegend meiner wissenschaftlichen Arbeit widmen.

Ich erinnere mich aber auch daran, dass ich während einiger Freistellungstage meinem neuen Abteilungsleiter und seiner Ehefrau begegnete, als wir gemeinsam Schutz vor einem Gewitter in einer Berghütte in der Weißen Tatra suchten. Offiziell sollte ich stattdessen an einem Kolloquium an der TU Budapest teilnehmen, das mich aber nicht interessiert hatte. Mein Abteilungsleiter nahm mir diesen Ausrutscher nicht weiter krumm, und zwei Jahre darauf wurde auch er außerplanmäßiger Doktorand.

Das Institut für Industriebau war ein verlängerter Arm des Ministeriums für Bauwesen unter Leitung des Ministers Junker. Zuständig war es für die Überleitung wissenschaftlich-technischer Forschungsergebnisse in den zehn zentral geleiteten

Industriebaukombinaten der DDR. Das waren das Bau- und Montage-Kombinat (BMK) Kohle und Energie, die BMK´s Ost, Süd, Chemie, Erfurt und Magdeburg, das IBK Rostock und weitere drei.

Die Überleitungsmaßnahmen sollten der Leistungssteigerung dienen und umfassende Anwendung in der Praxis finden.

Der männliche Teil des Mitarbeiterkreises dieses Instituts bestand überwiegend aus »abgebrochenen Riesen«. Das waren beispielsweise ehemalige Betriebsdirektoren, die bei ihrer Kritik an der politischen Führung am falschen Ort und zu falscher Zeit eine offene Lippe riskiert hatten. Auch waren es ehemalige Technische Direktoren und leitende Mitarbeiter, die beispielsweise zur Unzeit mit ihrer Sekretärin auf dem Schreibtisch überrascht worden waren.

»Mann« war im Regelfall ein intelligenter Bauingenieur, bodenständig, äußerst bauernschlau und ziemlich tolerant. »Mann« wusste auch, wie man die zentralen staatlichen Vorgaben ziemlich locker nehmen und den Sozialismus auf eine angenehme Weise erträglich gestalten konnte. Das erforderte neben dem notwendigen intellektuellen Gespür auch erheblichen organisatorischen und finanziellen Aufwand, um beispielsweise landschaftlich lukrative und kostengünstige Ferienobjekte erschließen, ausrüsten und unterhalten zu können.

Von einem Beauftragten für Winterbau, der ich nun war, erwartete der Betriebsdirektor eine so genannte »wissenschaftliche Führungstätigkeit« für die Winterbaubeauftragten der zehn Industriebaukombinate. Meine Aufgabe bestand darin, entsprechende Kontakte zu den betreffenden Kombinatsverantwortlichen für den Winterbau zu knüpfen und dort die Anwendung neuer Methoden für das Bauen im Winter anzuregen und zu kontrollieren. Ich hatte dabei beispielsweise auch festzustellen, wie viel netzverstärkte Kunststofffolie für die Gerüstverkleidung im Winterbau eingesetzt wurde, wie viel Zement und Kies in den Wintermonaten verarbeitet wurden und wie sich winterliche Ausfallstunden durch provisorische Heizeinrichtungen hinter provisorischen Rohbauhüllen reduzieren ließen.

Dazu musste ich die Zehntage-Zwischenberichte der Winterbauleute aus den Kombinaten auswerten und die Resultate in einem Monatsbericht an das Ministerium für Bauwesen zusammenfassen. Diesen monatlichen Bericht hatte ich vor einem Gremium des Berliner Bauministeriums vorzutragen und zu verteidigen. Im Rahmen der Kritik an meiner Arbeit brachte man mir dort bei, dass es grundsätzlich keine »unlösbaren Schwierigkeiten« zu geben habe. Man könne in dem Bericht aber hin und wieder mal ein »Problem« nennen, »an dem gearbeitet werde«, sofern in den prinzipiellen Aussagen der optimistische Grundtenor erhalten bliebe.

Nach drei verteidigten Monatsberichten hatte ich zu den Mitarbeitern im Ministerium für Bauwesen noch kein Vertrauensverhältnis. Doch konnte ich eine gewisse Offenheit spüren, und deshalb wagte ich ihnen gegenüber auch mal ein offenes Wort. Doch sie winkten resigniert ab, aus ihrer Sicht vielleicht sogar verständlich. Ihr ungewöhnlicher, sich monatlich wiederholender Arbeitsrhythmus war viergeteilt. Er bestand aus einem drei Tage dauernden Sechzehnstunden-Dienst, um die Ministervorlage aus den Monatsberichten der verschiedenen Fachgebiete zurechtzuzimmern, aus einem anschließenden Besäufnis mit Ausnüchterung, was mindestens zwei Tage in Anspruch nahm, aus dem mehrere Tage andauernden Überstunden-Abbummeln und der vierten Etappe für einen anzufertigenden Zwischenbericht und die Vorbereitung auf die nächste monatliche Berichterstattung.

Als mir nach diesen drei Monatsberichten der Unsinn dieser Aktionen voll bewusst geworden war und ich vor dieser Art von Polit-Baufach-Propaganda davonlaufen wollte, wandte ich mich aber erst einmal an meinen Direktor. Der gab mir zunächst die lakonische Antwort: »Vielleicht schreibst du mal an das Politbüro und legst deinen Standpunkt dar? Ich kann dir aber nur davon abraten.« Doch in seiner menschlichen Art verstand er mich und suchte nach einem Ausweg. Vielleicht wird diesem rationell denkenden und erfahrenen Bauingenieur dabei auch sein eigenes Problem bewusst gewesen sein. Er hätte nämlich für diese Aufgabe einen anderen Dummen finden müssen, falls ich seinen Fittichen entkäme. So bot er mir an, zusätzlich die Fachabteilungen Heizungs- und Sanitärtechnik der Planungsbüros (IPRO´s) in den Industriebaukombinaten zu betreuen. Er betrachtete das ebenfalls als eine Art von »wissenschaftlicher Führungstätigkeit«, die sogar ausbaufähig sei. Wie ich mir das einrichten wollte, überließ er mir.

Das war ein akzeptabler Ausweg für mich. Ich suchte nun Kontakt zu den einzelnen Fachabteilungsleitern der IPRO´s. Einige kannte ich ja bereits. Die anstehenden fachtechnischen Probleme, soweit sie wiederholt auftraten, wusste ich zu analysieren und, soweit möglich, zu klären. Auf diese Weise konnte ich sowohl fachlich arbeiten als auch mich für einen größeren Kreis von Berufskollegen nützlich machen. Zu den Fachseminaren, die in den verschiedenen IPRO´s quartalsweise abgehalten wurden, lud man mich ein, auch um gelegentlich einen Vortrag zu halten. An den mir angenehmen oder örtlich und zeitlich passenden Veranstaltungen nahm ich teil, für die anderen fand ich eine Ausrede. Es war eine freie und deshalb reizvolle Arbeit.

Der »Winterbau« wurde zur Routine, ich wertete ihn als notwendiges Übel.

Froh war ich dennoch, als mir im Sommer 1976 von der Sektion Energieumwandlung der TU Dresden die Stelle eines Oberassistenten für den Bereich Energiesystem- und Kraftwerkstechnik angeboten wurde. Dort konnte ich meine Dissertation im Rahmen der neuen Lehr- und Forschungstätigkeit fertigstellen.

Ich verließ das Institut für Industriebau aber auch aus privaten Gründen. Mit meinen damals 41 Lebensjahren war mir endlich klar geworden, dass ich in meiner Sturm- und Drangzeit der vergangenen 20 Jahre zwei fundamentale Fehler begangen hatte. Nun bereute ich sie beide.

Der erste Fehler war, dass ich in dem Streben nach beruflichen Erfolgen und nach Geld für die Familie völlig verpasst hatte, mich intensiv der Kindheit und Jugend unserer Tochter Kerstin zu widmen. Als Kleinkind sah ich sie nur nachts schlafend in ihrem Bettchen, wenn ich gegen oder nach Mitternacht müde aus dem Büro Oehrl heimkam. Morgens, als sie noch schlief, musste ich um 6.30 Uhr aus dem Haus. Sonntagnachmittags, wenn wir hin und wieder für zwei oder drei Stunden zu dritt mit dem Auto ausfuhren, um irgendwo im Gras eine Decke auszubreiten, war die Zeit viel zu kurz, um zu ihr die nötige väterliche Bindung zu schaffen. Ich hatte sie nie als Kleinkind gewindelt, ihr nie ein Lied vor dem Einschlafen gesungen. Auch später, als sie schon Jugendliche war, hatte ich nie ein vertrautes Gespräch zu ihr gesucht, um ihre Sehnsüchte, Wünsche und Probleme zu erfahren. Damit ist ein bedeutsamer Teil meines Lebens als Vater unbemerkt und unwiederbringlich an mir vorbeigegangen.

Ich war damals ganz auf das alte und heute verpönte Familienbild fixiert. Der Ehemann kümmert sich um das Geld, die Ehefrau um den Haushalt und um die Kindeserziehung. Es war für mich daher selbstverständlich, dass sich meine Ehefrau vordringlich dieser Aufgaben annahm. Während Kerstins Vorschulalter arbeitete sie als Kindergärtnerin, unsere Tochter konnte sie zu ihrer Arbeitsstätte mitnehmen. Als sie zunehmend Hüftprobleme belasteten, schulte sie auf den Beruf als Industriekauffrau um. Meine Einkünfte erlaubten es, dass sie nicht gleichzeitig berufstätig sein musste. Später arbeitete sie oft im Teilzeit-Arbeitsverhältnis und schließlich als Lehrausbilderin für Industriekaufleute.

Wir besaßen eine gemütlich eingerichtete Dreizimmerwohnung, seit dem Jahr 1970 mindestens das dritte neue Auto, eine 15 Gehminuten entfernte Garage und nun noch das vollendete und umgebaute Wochenendhaus in Karsdorf bei Dippoldiswalde. Auch nahmen wir uns in jedem Jahr Zeit für einen gemeinsamen Sommerurlaub, anfangs waren es Auslandsreisen mit Jugendtourist, später meist Ferienplätze in FDGB-Heimen. Oft kam noch eine Woche Aufenthalt in Budapest hinzu, im Herbst war es dort noch herrlich spätsommerlich warm.

Aus meiner Sicht gab es in den Jahren unserer Ehe oft schöne gemeinsame Erlebnisse. Bei Freunden und Verwandten hinterließen wir meist den Eindruck eines harmonischen Paars. Doch viel später, nachdem wir bereits getrennt waren, wurde mir nach und nach bewusst, dass sich der innere Bruch unserer Ehe schon viel früher und kaum merklich schleichend vollzogen hatte. Füreinander hatten wir nie Zeit. Besser gesagt, wir nahmen uns nicht die Zeit, um Anteil an den Erlebnissen und Problemen des anderen zu nehmen, uns auszutauschen und uns damit zu verstehen und gegenseitig zu helfen. Wir hatten nicht rechtzeitig wahrgenommen, dass wir uns mehr und mehr auseinandergelebt hatten. Jeder hatte seinen eigenen Wirkungskreis. Dort fand er mehr oder weniger Anerkennung. Meine Frau lebte mit der Familie, zu der auch ihre Eltern gehörten, und ich mit meiner Arbeit.

Ihre Auffassung, dass ich ein Fachidiot sei – darunter verstand man damals nichts anderes als einen nur seine eigene Arbeit kennenden Einsiedler – fand ich zunächst ziemlich befremdlich und ärgerte mich darüber. Doch Jahre später musste ich mir eingestehen, dass man diesen Standpunkt aus anderer Blickrichtung tatsächlich vertreten konnte.

Die bei EPD Kräfte zehrende Arbeit an dem neuen Vorhaben, das Fernstudium mit der Diplomarbeit, dazu noch die langjährige Feierabendtätigkeit mussten an meiner Substanz nagen. Es lag deshalb nicht an meinem vermeintlichen Desinteresse, wenn ich abends im Konzert oder in der Oper vor Erschöpfung einschlief oder wenn ich einfach keine Kraft hatte, um mich einem schöngeistigen Buch zu widmen. Eine junge Ehepartnerin, die sich täglich in einem anderen Wirkungskreis befindet, kann einen solchen ausgelaugten Mann nicht als anziehend empfinden. Auch musste sie mir die Strapazen wohl auch angesehen haben. Der später von Katja Ebstein gesungene Schlager: »Dann heirat´ doch dein Büro, du liebst es ja sowieso« spiegelt in gewisser Weise unsere Beziehung zu Beginn bis Mitte der siebziger Jahre wider. Ich nahm das damals aber nicht so wahr. Ich war zwar mit meiner beruflichen Arbeit zufrieden, diesbezüglich sogar zeitweise glücklich, mit unserem Privatleben dagegen nicht mehr.

Heute weiß man nach vielen wissenschaftlichen Untersuchungen, auf welche Weise das Glück entsteht (/2.14/). Man weiß heute, dass der einen ehrgeizigen Menschen treibende Vorwärtsstrom, der so genannte Flow, ein mit Erfolg verbundenes Glücksgefühl bewirken kann. Es ist aber nur zu erreichen, wenn man sich voll auf seine Aufgabe konzentriert, wenn man alles ausblendet, was die eigene Kreativität hemmt. Alles andere verschwindet aus dem Gedankenfeld, bis hin zu Vergangenheit und Zukunft. Konzentriert sich die Psyche des Betreffenden nicht voll darauf, so drohen ihm Angst vor Misserfolgen, beim Scheitern der eigenen Zielsetzung sogar Depressionen. Auf diese Weise entsteht der so genannte Tunnelblick in der Psyche des Menschen, egal ob Frau oder Mann, ob Techniker, Chirurg, Wissenschaftler, Musiker oder Maler. Genauso erging es mir.

Aus diesem Zustand schreckte ich erst auf, als sich mein gewohntes Umfeld veränderte. Das war daheim in unserem Rückzugsraum, in dem man normalerweise Ruhe finden, neue Kraft schöpfen und sich mit seiner Partnerin über das Tagesgeschehen austauschen und im Bett Freude finden kann.

Reginas Hüftprobleme hatten zu dieser Zeit zugenommen. Es lag an der angeborenen Flachpfanne. Die frühzeitigen Abnutzungserscheinungen verursachten ihr Schmerzen. Durch zwei in zeitlichem Abstand durchzuführende Korrekturoperationen, wenn sie denn auch rechtzeitig erfolgen, konnten sie beseitigt, zumindest vermindert werden. Einen Gelenkaustausch hielten die Ärzte dagegen nicht für erforderlich.

In dieser Zeit hätte ich sie aufmuntern und ihr Optimismus vermitteln sollen, viel mehr als ich es zaghaft tat. Stattdessen brachte ich es nicht in meinen Kopf, wieso ein solcher nicht lebensbedrohlicher Eingriff unser Eheleben so verändern kann. Wir lebten in beiderseitiger Spannung, Hemmung, Missmut und Unzufriedenheit.

Ich verschloss mich innerlich immer mehr. Einerseits wollte ich keinen Streit, um nicht neue Unruhe zu stiften. Andererseits hatte ich unter diesen Bedingungen keinen Sinn mehr dafür, dass ich unsere finanzielle Situation immer noch durch die abendliche Zusatzarbeit aufbessern sollte, woran sich in den vielen Jahren alle gewöhnt hatten. Unter diesen Bedingungen hatte ich keine Kraft, um auf Optimismus zu setzen.

Hinzu kam, dass die Schwiegereltern zu dieser Zeit von Chemnitz, dem damaligen Karl-Marx-Stadt, nach Dresden gezogen waren. Sie wollten näher bei ihrer einzigen Tochter und ihrem Enkelkind sein. Von ihrer neuen Zweizimmerwohnung in Dresden-Südvorstadt konnten sie in 15 Gehminuten unsere Wohnung in der Feldgasse erreichen, und sie hatten unseren Wohnungsschlüssel. Gleichalte Freunde in Dresden fanden sie zu unserer Zeit noch nicht, ihr Lebenszentrum war die Tochter.

So kam es, dass wir uns allmählich zu einer Dreigenerationen-Familie entwickelten. Mehr und mehr hatte ich es nun mit zwei Hausfrauen zu tun. Neben der eigenen Ehefrau war es die Ältere, und sie war eine geborene Löwin. In ihrer matrimonischen Mutterliebe war sie der Auffassung, dass es für ihre Tochter am besten und für die übrigen Beteiligten am klügsten sei, wenn man ihren wohlgemeinten Empfehlungen widerspruchslos Folge leistet. Der Schwiegervater hatte diesen Algorithmus während der langjährigen Ehe gelernt. Er war nun geduldig und gegenüber allen Gemütsäußerungen abgeklärt.

Doch wieso sollte das auch für mich gelten? Was hatte ich damit zu tun? Dennoch war auch ich lernfähig. Bald fand ich heraus, dass es für mich sehr nachteilig wäre, wenn ich wiederholt ein Streitgespräch beginnen würde, um mein Mitspracherecht einzufordern. Es half ja sowieso nicht. Also zog ich meine Konsequenz auf die Weise, dass ich abends, wenn wieder ein drittes und viertes Mal innerhalb einer Woche zwei bekannte Paar Schuhe vor der Wohnungstür standen, kehrtwendend zurück in das EPD-Büro verschwand. Die Genehmigung für unbegrenzte Überstundenarbeit hatte ich ohnehin. Der Abendpförtner wusste Bescheid und ließ mich mitleidvoll nickend ein. Als ich dann nach dessen Dienstschluss gegen 22 Uhr nach Hause kam, waren die Schuhe verschwunden. Ich fiel müde in mein Bett. Ich gestehe aber ein, eine vertrauensbildende Maßnahme meinerseits war das nicht. Neue Spannungen blieben deshalb nicht aus.

Mein zweiter großer Fehler bewirkte dann die Entscheidung zur Trennung. Dieser Fehler war dreißigjährig, blond und hieß, ich sage mal, Ramona. Sie hatte zwei Kinder und einen Ehemann, der während der Arbeitswoche auswärts tätig war. Ihre Kinder habe ich nie gesehen, den Ehemann auch nicht. Ramona hatte auch nie die

Absicht, meinetwegen ihre Ehe zu gefährden. Doch einmal in der Woche brauchte sie einen Ersatzpartner und der war mit Unterbrechungen für einige Monate ich. Wenige Wochen nach dem Ende unserer Beziehung folgte ihrerseits die nächste.

Als das Verhältnis im Herbst des Jahres 1976 aufflog und es zwischen Regina und mir zu einer offenen Aussprache kam, löste ich die außereheliche Beziehung unverzüglich. Ich hoffte zunächst, dass wir unsere Ehe noch retten könnten. Aber die Spannungen blieben nicht aus. Nach Monaten beiderseitig zögerlichen Bemühens und beiderseits verhärteter Standpunkte scheiterte unsere Ehe endgültig.

Ich bin davon überzeugt, dass unsere 21 Jahre dauernde Ehe auch ohne meinen Fehltritt nicht gehalten hätte. Möglicherweise wäre aber die Trennung auf eine faire Weise für uns beide verlaufen, und wir hätten heute ein entspanntes, offenes und ehrliches Verhältnis zueinander. Ich könnte es mir heute noch vorstellen. Immerhin haben wir gemeinsam eine Tochter, eine Enkeltochter und zwei Urenkeltöchter.

Bei unserem Abschied sagte mir Regina, dass ich ein guter Familienversorger gewesen sei. Vielleicht war es wirklich nicht mehr. Ich wünsche ihr nur, dass sie mit ihrem späteren Ehemann eine glücklichere Ehe führen konnte und kann als mit mir.

Das Wohnrecht an der Dreizimmer-Wohnung wurde meiner Exfrau zugesprochen. Das Karsdorfer Wochenendhaus übereigneten wir Kerstin, die damals bereits volljährig war. Außer meinen persönlichen Gegenständen und dem älteren Auto nahm ich nur das Emaillebild mit, von dem ich mich nicht trennen wollte.

Mein Vater und Tante Hilde boten mir nach der Scheidung eine Bleibe in ihrer kleinen Zweizimmerwohnung in der Oehmestraße 10 in Blasewitz. Sie hatten ein Jahr zuvor einen Teil der linken Erdgeschosshälfte mit Laden- und Büroräumen an die Installateurabteilung der Kommunalen Wohnungsverwaltung (KWV) vermietet, nachdem mein Vater sein Geschäft aufgegeben hatte. Die seit Kriegsende vermieteten übrigen zwei Räume dieser linken Erdgeschosshälfte bewohnte damals ein älteres Ehepaar.

Deshalb war nur noch Platz im elterlichen Bad, in dem für mich ein Bett bereitstand. Dieses etwa sechs Quadratmeter kleine Eckbadezimmer lag direkt an der Kurve der verkehrsreichen Tolkewitzer Straße und oft nahm mir das Quietschen der Straßenbahnräder den Schlaf. Am wöchentlichen Badetag stand mir das Sofa im benachbarten Wohnzimmer als Schlafstätte zur Verfügung. Für Tante Hilde und meinen Vater war mein über ein halbes Jahr dauernder Aufenthalt in ihrer kleinen Wohnung eine große Zumutung.

Ich war nun wieder frei aber ganz unten, und so fühlte ich mich damals auch.

Doch heute sehe ich das differenzierter und aus einem etwas anderen Licht. Es stimmt schon, dass ich in meiner Ehe Fehler begangen hatte. Aber war ich es allein? Gibt es nicht auch andere Ehen, in denen sich die Partner auseinandergelebt haben?

Für meine Fehler habe ich auch bittere Pillen schlucken müssen, nicht nur materiell, sondern auch gesundheitlich. Aber ich habe dabei schließlich auch Erfahrungen gesammelt und gelernt aus diesen Fehlern, die man im Leben nur einmal begehen sollte.

Das hat mich natürlich nicht davor geschützt, im späteren, reiferen Leben weiterhin fehlerhaft zu bleiben. Das Leben ist halt keine Einbahnstraße und Helden sind wir in Wirklichkeit alle nicht. Sogar Einstein und Picasso waren es nicht in allen Fassetten ihres Lebens.

Vor allem aber bot mir dieser krasse Schnitt in der Lebensmitte die Chance für einen Neubeginn in meinem persönlichen Leben. Ich konnte mich sammeln und herausfinden, wie ich mir eine künftige Partnerschaft in gegenseitiger Liebe und Kameradschaft vorstelle, wie ich wieder Freude an der Natur, an dem bisher sträflich vernachlässigten, ja sogar gemiedenen Sport, an Kunst und Kultur und an eigenen kunsthandwerklichen Arbeiten finden kann und welchen wahren Freunden ich mich mehr zuwenden sollte.

Der krasse Schnitt in meinem Leben brachte mich auch zum Nachdenken über meine weitere berufliche Tätigkeit. Immerhin hatte ich damals bereits 22 Berufsjahre als Ingenieur erlebt. Solange ich dabei fachlich auf dem Gebiet der Heizungs-, Sanitär- oder Lüftungstechnik arbeiten konnte, hat mir dieser Beruf immer Freude bereitet. Selbst die langjährige abendliche Nebentätigkeit, bei der ich meist mit Müdigkeit zu kämpfen hatte, betrieb ich nicht nur wegen des Geldverdienens für die Familie. Ich hatte auch großes Interesse an herausfordernden, oft neuen und deshalb für mich schönen Ingenieuraufgaben.

Nur dann, wenn ich wieder einmal zu einer politischen Arbeit gedrängt wurde, hatte ich mich geschüttelt, um sie wieder los zu werden oder mich davor zu bewahren. Ganz einfach, ich wollte keine solche Aufgabe, deren Zielsetzung mir so unsinnig erschien und der auf mich diesbezüglich ausgeübte Druck mir zuwider war.

Für mein späteres berufliches Leben hatte dieser krasse Schnitt durchaus einen positiven Aspekt. Ich konnte mich jetzt voll neuen Aufgaben zuwenden, konnte wieder diesen Flow, diese vorantreibende Kraft spüren, die mit der erfolgreichen Erfüllung und Anerkennung der eigenen Arbeit verbunden ist. Jeder Mensch, vom Kind bis zum Greis, braucht sie, diese Anerkennung, ganz gleich, auf welchem Gebiet er sich für die Gesellschaft nützlich machen kann.

Und bei meiner neuen Arbeit an der TU Dresden konnte ich mich zugleich der weiteren Qualifizierung widmen. Ich hoffte damals auf eine spätere Lehrtätigkeit, mit der ich Wissen und Erfahrungen an die nachfolgende Generation weiterreichen und zugleich mit ihr jung bleiben könnte. Zumindest eine Dozentur hielt ich für ein realistisches Ziel.

Im Grunde genommen stand ich damals an dem beruflichen Scheideweg, entweder künftig ein bescheidenes und ebenmäßiges Arbeitsleben zu führen oder aber mit neuen Herausforderungen zu wachsen und auf diesem Wege erfolgreich, zufrieden und glücklich zu sein (/2.15/). Insofern war das Schicksal gnädig mit mir, denn mit diesem Generalschnitt und mit dem Neubeginn an der TU Dresden hat es mir die Entscheidung abgenommen.

So fand ich den zweiten, wenn auch unbequemeren Weg.

3   *Besinnung und Lehre*

Im September des Jahres 1976 war ich also angekommen in den heiligen Hallen der Wissenschaft von Dresden. Und es war so ganz anders, als ich es mir von außen vorgestellt hatte.

Die Gesetze, die man hier zu beachten hatte, waren zumeist ungeschriebene. Die Hoheit, der Chef, war der Herr Professor, ganz gleich von welcher Sektion und von welcher Wissenschaftsdisziplin. Meiner war Prof. Munser, ein in der internationalen Fachwelt hoch geschätzter Wissenschaftler auf dem Gebiet der Energiewirtschaft. Bereits bei der Betreuung meiner Diplomarbeit hatte ich ihn als engagierten Hochschullehrer kennengelernt. In unseren späteren persönlichen Begegnungen im Ruhestand erlebte ich ihn als vielseitig interessierten und warmherzigen Gesprächspartner.

Was verstand man an der TU Dresden unter Disziplin? Stechkarten gab es hier keine. Die Arbeitszeit war schon seit Jahren eine gleitende. Die ersten Assistenten kamen schon früh gegen 6 Uhr, die letzten erst gegen 9 Uhr. Einige kamen gar nicht, weil sie bei ihrem Chef eine Freistellung zur Fertigstellung ihrer Doktorarbeit erwirkt hatten. Triebkraft für alle war der Abschluss der eigenen Dissertation. Wenn man das Glück hatte, eine unbefristete Planstelle einzunehmen, ließ man sich dafür mehr Zeit als andere, denen der Rausschmiss drohte.

Einzuhaltende Termine waren die festgelegten Beratungstermine beim Chef und die Vorlesungs- und Übungszeiten mit den Studenten. Stress gab es nur dann, wenn man auf die Lehrveranstaltungen nicht hinreichend vorbereitet war und deshalb bei den Studenten versagte oder zumindest nicht gut ankam.

Ich befand mich damals in einer ziemlich schwierigen Situation. Daheim hatte ich eine zerrüttete Ehe. Vor mir lag Ungewissheit, ob ich auch nach Fertigstellung der Dissertation an der TU bleiben konnte oder immer noch wollte. Und unter mir hatte ich ein sehr dünnes Eis, denn bereits wenige Wochen nach meinem Arbeitsbeginn sollte ich eine Weiterbildungsmaßnahme organisieren und betreuen. Sie wurde zwar schon einmal durchgeführt, war zu diesem Zeitpunkt aber wegen Entsendung des ehemaligen Betreuers in die Praxis verwaist. Es handelte sich um ein postgraduales Fernstudium zur Erlangung des Titels »Fachingenieur für Fernwärmeversorgung«. Je Kurs betraf das damals 35 Ingenieure und Diplomingenieure aus der Praxis, alle im Alter zwischen dreißig und fünfzig Jahren. Sie wollten sich in einem zweijährigen Fernstudium an der TU Dresden noch einmal qualifizieren und wurden dafür von ihrem Arbeitgeber delegiert. Überwiegend waren das die großen Energieversorgungsbetriebe der DDR.

Zusätzlich gab es für mich die organisatorischen Aufgaben im Wissenschaftsbereich, denn dafür hatte man mich als Oberassistent eingestellt. Zu unserem Bereich gehörten die Lehrgebiete Kraftwerkstechnik, Kernkraftwerkstechnik und Energiesystemtechnik mit der Fernwärmeversorgung als Schwerpunkt.

Untergebracht waren die Lehrgebiete unseres Bereiches im Heizkraftwerk der TU. Zwei prähistorische Dampfkessel und eine Dampfmaschine alterten hier dahin. Natürlich gab es im Heizkraftwerk auch Büroräume. Sie befanden sich in einem dreigeschossigen Anbau und einem Nebengebäude, und alle waren ausgestattet mit altem und wackeligem Mobiliar. Als Betreuer der Mitarbeiter war man deshalb erfreut, wenn man aus dem zentralen Inventarlager der TU wieder einmal ein oder zwei stabile Besucherstühle zugewiesen bekam, im Glücksfall sogar einen mehr oder weniger demolierten Schreibtisch.

Die Holz-Doppelfenster der Büroräume wiesen noch verbliebene weiße Lackreste auf und fielen infolge der Verwitterung fast aus ihren Rahmen. Von außen betrachtet, ordneten sie sich unauffällig in die schmutzig-graue Fassade des Gebäudes ein. Putz bröckelte an vielen Stellen ab.

Nur die Fenster im Zimmer der Chefs an der Südwestecke des Gebäudes glänzten weiß in der Sonne. Hilfsassistenten, das waren jene Studenten, die sich im Normalfall mit wissenschaftlichen Routinearbeiten ein paar »Kröten« zusätzlich verdienten, hatten sich stattdessen mit Farbe und Pinsel nützlich gemacht. Die Materialkosten dafür kamen aus der Lehrgebietskasse, und Frau Jakob, die Chefsekretärin, hielt ihre Hand darüber. Aber Frau Jakob tat noch mehr für unseren Chef. Zum Beispiel pflegte sie die auf den weißen Fensterbänken stehenden Blumentöpfe im ständigen Kampf mit den dort abgelegten Büchern, Zeitschriften und noch nicht gelesenen Diplom- und Doktorarbeiten. Eine besondere Vorliebe hatte sie für blühende Hibiscuspflanzen und ihre Freude war besonders groß, wenn sie wieder einmal eine Blüte erblicken konnte.

Ich erregte gleich zu Beginn meiner Tätigkeit unliebsames Aufsehen. Ich hatte mein dienstliches Büromöbel privat gekauft und in das Heizkraftwerk mitgebracht, weil ich den uralten klapprigen Schreibtisch, der mir zugewiesen wurde, nicht akzeptieren wollte. Ein Novum war das, aber eben auch eine unausgesprochene Kritik und ein Armutszeugnis für den heiligen Tempel der Wissenschaften, der stolzen Technischen Universität zu Dresden.

Doch viel wichtiger für mich war die Frage, wie ich mich in diesem ungewohnten und insgesamt sehr ärmlichen Milieu am schnellsten zurechtfinden konnte.

Am einfachsten war es, den Kontakt zu den Mitarbeitern des Lehrgebietes Energiesysteme zu knüpfen. Dazu eignete sich die morgendliche Arbeitsberatung, die stets locker ablief und zugleich als Frühstückspause genutzt wurde. Man traf sich gegen 9 Uhr in einer der schrägwandigen Dachgeschosskammern des Heizkraftwerks. Dort gab es Tee. Gekauft wurde dieser Tee entweder aus der gemeinsamen Kaffeekasse oder aus der Tasche von Spendern. Jeder von uns hatte seinen eigenen Teetopf und den auch selbst auszuspülen. Im Umlaufsystem war man eine Woche lang für das Aufbrühen in der gemeinsamen Teekanne verantwortlich. Wenn diese Kanne nach mehreren Tagen einen zu unansehnlich braunen Rand aufwies, erbarmte sich eine umsichtige Konstrukteurin des Lehrgebietes des Aufwaschs, nicht ohne die jungen Leute zu größerer Sauberkeit zu ermahnen.

Zur TU Dresden gehörte selbstverständlich auch eine Studentenmensa und die bot neben einem preiswerten Mittagessen auch eine Frühstücksauswahl an. In der Mensa traf man zu dieser morgendlichen Stunde aber vorwiegend nur das Werkstattpersonal, denn das hatte eine offizielle Frühstückspause. In den Lehrgebieten gab es diese nicht. Deshalb war diesen Mitarbeitern die Frühstückswanderung zur Mensa untersagt. Dennoch wurde dieses Verbot immer mal wieder verletzt.

Die neuen Kollegen, sechs bis acht an der Zahl, waren überwiegend befristete Assistenten oder Forschungsstudenten im Alter um die Dreißig. Meist waren zwei junge Frauen und Mütter darunter. Als selbstverständlich galt es hier, dass auch die jungen Väter ihr Kind morgens vor Arbeitsbeginn in die Krippe oder in den Kindergarten brachten. Für diese engagierten jungen Leute an der TU hatte sich das Partnerschaftsverhältnis zwischen Frau und Mann bereits in den siebziger Jahren gegenüber dem in den vorangegangenen Jahrzehnten fundamental verändert. Die alte und im Westen noch viel länger erhaltene Tradition, wonach der Mann den Unterhalt verdient und die Frau am Herd steht und sich um die Kindeserziehung bemüht, war hier bereits ein überholter und verpönter Hut. Ich hatte wohl diesbezüglich einiges verschlafen und fühlte mich damals wie einer, der aus dem vorherigen Jahrhundert kommt und gerade daraus erwacht ist.

Die mich umgebenden jungen Leute hatten alle auf dem ersten Bildungsweg studiert. Einige von ihnen hatten nach dem Abitur ein praktisches Jahr in einem Industriebetrieb abgeleistet, bevor sie zum Studium zugelassen wurden. Dann folgten ihr vierjähriges Direktstudium, ihre mit der Note »sehr gut« oder »gut« bewertete Diplomarbeit und schließlich ihr auf vier Jahre befristetes Arbeitsverhältnis als Assistent bzw. Assistentin.

Da unsere Lehrveranstaltungen für Direktstudenten im dritten und vierten Studienjahr abgehalten wurden, waren die Assistenten nur wenige Jahre älter als die Direktstudenten. Bei ihnen führten sie die Übungen zur Vertiefung des vom Professor vermittelten Fachwissens durch. Zusätzlich wurden sie als Seminargruppenbetreuer eingesetzt, um zum Beispiel auch dafür zu sorgen, dass ihre Schützlinge rechtzeitig zur Wahl gingen. Die Assistenten hatten es daher verhältnismäßig leicht, einen guten Draht zu den Studenten zu bewahren, wenn sie diese Politaufgabe wohlwollend ignorierten, zumindest nur lasch wahrnahmen.

Die Forschungsstudenten besaßen einen für drei Jahre abgeschlossenen Arbeitsvertrag. Sie waren von den Lehrverpflichtungen entbunden, mussten dafür aber mit einem geringeren Salär auskommen.

Diese überwiegend sehr zielstrebigen jungen Leute hatten keinen Krieg erlebt und stattdessen eine unbeschwerte Kindheit und Jugend genießen können. Sie wollten nun bald in die Praxis, um sich dort zu bewähren und ein höheres Gehalt als an der Hochschule zu erzielen.

Welch ein Unterschied bestand doch zwischen diesen unbeschwerten jungen Menschen und mir als einem bereits in der rauen Praxis leicht ergrauten Vierziger!

Sie mussten nicht als zwanzigjähriger Ingenieur unter grauweiß bekittelten Bürohengsten Arbeiten verrichten, die sie keinem ihrer Hilfsassistenten zumuten würden. Sie hatten mit zweiundzwanzig Jahren nicht wie ich ein Disziplinarverfahren am Hals, weil ich zugelassen hatte, dass sich die doppelt so alten Frau und Herr Heizer in der Nachtschicht beim Sex im Heizprovisorium vom Betriebsschutzmann überraschen ließen. Sie waren nicht wie ich mit sechsundzwanzig Jahren von einer Hauptmechanikerfunktion entrüstet davon gelaufen, weil ich meinen Mitarbeitern den Berliner Mauerbau gegen meine innere Überzeugung nahebringen sollte. Sie hatten mit Neunundzwanzig kein Burn-out-Syndrom mit dreimonatigem Arbeitsausfall erleben müssen, weil ich mich durch kräftezehrende siebzig bis achtzig Stunden Wochenarbeitszeit überfordert hatte, noch dazu im Interessenskonflikt mit einem alkoholabhängigen Exgeneral als Werkleiter. Sie hatten in ihrem bisherigen Leben noch nicht den Stress verarbeiten müssen, der mir während des vierjährigen TU-Fernstudiums bei gleichzeitigen Nebenverdiensten für die Familie widerfahren war. Aber sie konnten auch noch nicht das vorwärtstreibende Glücksgefühl erlebt haben, das mich bei meiner interessantesten Ingenieuraufgabe beim Aufbau der Versuchsfertigung bei AMD Dresden erfüllt hatte.

Diese jungen Leute waren in vielerlei Hinsicht gutgläubig und kannten nicht die sinnlosen und zeitraubenden politologischen Berichterstattungskampagnen, die dem ruhigen Schlaf des Bauministers geschuldet waren und die nach dem monatlichen Stress seiner Berliner Mitarbeiter mit einem Besäufnis endeten.

Doch ich behielt diese Erfahrungen für mich, was nützten sie auch für das Miteinander im Turm der Wissenschaften von Dresden.

Für mich behielt ich auch das private Arbeitsverhältnis, das ich während meiner Hochschultätigkeit mit einem lüftungstechnischen Ausführungsbetrieb unterhielt. Ich hatte es unbemerkt mit an die TU gebracht und konnte es in gleicher Weise noch über weitere zehn Jahre fortsetzen. Es handelte sich um den Kontakt zu dem privaten Kunststoffverarbeitungsbetrieb S & H mit seinem Hauptsitz in der Thüringer Rhön und seiner Außenstelle in Berlin. Herr Sturz war Geschäftsführer am Hauptsitz, Herr Höber der Außenstellenleiter, der in Berlin auch seine außereheliche Freundin betreute. Kennengelernt hatte ich Herrn Höber noch bei EPD, als ich eine Lüftungsanlage in kunststofftechnischer Ausführung zu planen hatte.

Meine jeweilige Privatarbeit für ein neues lufttechnisches Vorhaben begann mit einem Ortstermin beim Kunden im Berliner Raum. Daraufhin nahm ich die technischen Berechnungen vor, entwarf die Zeichnungen und ermittelte die voraussichtlichen Kosten. Schließlich legte ich meine Rechnung, in der die Steuern durch Abführung seitens des Auftraggebers ausgewiesen wurden.

Aller zwei Wochen war ein Treffen mit der zuständigen Bauleitung notwendig. Das organisierten wir in einer Berliner Kneipe, meist nach dem dort eingenommenen Frühstück. Es war stets eine offene und sachliche Atmosphäre, die mich in diesem Kreis umgab, natürlich in der typischen schnoddrigen Berliner Art. Da wurde nicht lange über die Geschichte vom Ei des Kolumbus diskutiert. Auf klare Fragen gab es eindeutige Antworten, das gesprochene Wort galt. Ich erinnere mich nicht, dass irgendwann einmal etwas schief gelaufen war. Mir gefiel dieser hemdsärmelige Umgangston.

Ich habe diesen lockeren Umgangsstil auch noch dreißig Jahre später erlebt, als ich hin und wieder einmal ein gerichtlich bestelltes Sachverständigen-Gutachten im Berliner Raum zu bearbeiten hatte.

Und ich bin auch heute davon überzeugt, dass es nicht dieser lockere Arbeitsstil der Berliner Bauleute war, der zu dem für Deutschland beschämenden Chaos bei dem Bau des Flughafens Berlin-Brandenburg geführt hat. Der Inbetriebnahmeverzug von mehr als fünf Jahren und die immense Kostenexplosion können aus meiner Sicht nur der inkompetenten Leitungsführung und der Fehlbesetzung des politisch geprägten Aufsichtsrates zugeordnet werden. Erkennbar für mich ist das daraus, dass seitens der Bauverantwortlichen nicht rechtzeitig den unübersehbar vielen Änderungswünschen der Betreibergesellschaft Einhalt geboten wurde, dass dem verantwortlichen Generalplaner der Werksvertrag fristlos gekündigt wurde und folglich alle zeichnerischen Planungsunterlagen verschwanden und dass von den bisher tätigen und ebenfalls vor den Kopf gestoßenen Ausführungsbetrieben keine Bestandszeichnungen abgefordert und deshalb auch nicht rechtzeitig angefertigt wurden (/3.1/). Schlimmere Voraussetzungen für die voll funktionstüchtige Inbetriebnahme dieses brandschutztechnisch komplizierten Bauvorhabens kann ich mir kaum vorstellen.

Die damals von mir geplanten Vorhaben waren, bezogen auf den Flughafen-Exkurs, natürlich Peanuts. Nur wenige Vorhaben mit einem Objektwert von mehr als 100.000 Mark waren darunter. Einmal ging es um eine Klimaanlage für das Außenministerium, in einem anderen Fall um einige sterile Operationsräume mit Reinraumeigenschaften in der Berliner Charité. Sehr oft waren es Stalllüftungsanlagen für Landwirtschaftliche Produktionsgenossenschaften (LPG) im Berliner Umland, darunter Kälber- und Färsenstallanlagen. Bei all diesen landwirtschaftlichen Objekten konnten die Kunden davon überzeugt werden, dass die korrosionsbeständige Kunststoff-Ausführung durch den Betrieb S & H der preisgünstigeren Stahlblech-Ausführung anderer Firmen überlegen war.

Einmal hatte ich von Herrn Höber den Auftrag erhalten, die Modernisierung einer Speisesaal-Lüftungsanlage in der Berliner Stasizentrale zu planen. Vor der Ortsbesichtigung in der Normannenstraße wurde mir vom dortigen Sicherheitsdienst der Personalausweis abgenommen und gegen einen vor Ort zu bestätigenden Passierschein ersetzt. Nach der Begehung äußerte ich meinen erlangten Standpunkt, dass eine einfache Sanierung der lufttechnischen Anlage völlig ausreichend und wesentlich preisgünstiger als eine Kompletterneuerung sein würde. Doch das wollte niemand wissen, denn die Einsparung von Geld war dort kein Kriterium. Mein von der Lüftungstechnik abweichender Blick auf den ausgehangenen Speiseplan mit auserwählten Speisen zu Tiefstpreisen bestätigte mir, dass dieser verschwenderische Umgang mit »volkseigenen« Mitteln voll übereinstimmte mit der freizügigen Begünstigung dieser Staatsdiener. Welten lagen zwischen dieser »großzügigen« Vorgehensweise im Staatsapparat einerseits und der knauserigen Verteilung des spärlichen Budgets der TU Dresden andererseits.

Mit den notwendigen Berlinreisen zu den Ortsbesichtigungen und Baubesprechungen hatte ich an der TU Dresden anfangs ein Problem. Solange ich im Institut für Industriebau tätig war, konnte ich die Berlinfahrten mit meinen Rapport-Vorladungen im Bauministerium verbinden. An der TU fehlten mir jedoch anfangs die hauptberuflichen Anlässe. Für die aller zwei Wochen fälligen Donnerstagsfahrten musste ich deshalb anteiligen Jahresurlaub beantragen. Später gab es viele Möglichkeiten anlässlich der Betreuung von postgradualen Abschlussarbeiten der Kursusteilnehmer, die beispielsweise bei der Berliner BEWAG arbeiteten.

Mit dem Erlös aus der privaten Planertätigkeit konnte ich mein Gehalt an der TU aufbessern, denn das Nettogehalt von etwa 1.000 DDR-Mark ließ keine großen

Sprünge zu. Der Erlös trug dazu bei, dass ich mir wieder eine eigene Wohnungseinrichtung ansparen und Kerstins Stipendium aufbessern konnte. Kerstin studierte in der Zeit von 1977 bis 1981 das Fachgebiet TGA an der Sektion Energieumwandlung. In ihrem vierten Studienjahr hörte sie auch mal die Vorlesung Fernwärmeversorgung bei mir.

Die Zeit meines Nachtlagers im väterlichen Elternhaus war für alle Beteiligten eine Belastung, obwohl das Tante Hilde und mein Vater mit guter Miene und Geduld zu überspielen versuchten. Bereits im September 1977 hatte ich einen Wohnungsantrag in der TU-Verwaltung eingereicht. Dort reihte man mich mit einer sehr mäßigen Dringlichkeitsstufe ein und ließ mich wissen, dass es Jahre dauern werde, bis ich dran sei. Mit meinen an der TU Dresden bereits gesammelten Erfahrungen war mir klar, dass ich armseliger Diplomingenieur mit »echten Dringlichkeitsfällen« nicht mithalten konnte.

Schließlich musste adäquater Wohnraum zum Beispiel für einen neu berufenen Professor geschaffen werden, der noch keinen Wohnsitz in Dresden hatte, oder für einen vom Westen enttarnten Wirtschaftsspion am Kernforschungszentrum Karlsruhe, der von dort fliehen und nach Dresden umsiedeln musste. Zur Entschädigung sollte er an der TU Dresden Dozent werden. Das war auch ein Diplomingenieur.

Deshalb verfolgte ich eine zweite Spur und die führte zur Sächsischen Arbeiter-Wohnungsgenossenschaft (AWG) in Dresden. Zwar war meine frühere Mitgliedschaft in dieser AWG nach der Scheidung annulliert worden, doch konnte ich meine Dienste dem Vorstand erneut anbieten. So unterbreitete ich ihm einen Vorschlag zur energetisch und kostengünstigen Erneuerung der Warmwasserbereitungsanlage des Wohnhochhauses, in dem seit 1975 meine Mutter wohnte und immer wieder über kaltes Duschwasser klagte. Die anschließend kostenfreie Projektierung verhalf mir zu einer neuen Mitgliedschaft und innerhalb weniger Monate erhielt ich die Zuweisung für eine frei gewordene Wohnung in diesem Hochhaus.

Diese Zuweisung war für mich das große Weihnachtsgeschenk des Jahres 1977. Die Wohnung im zwölften Obergeschoss war eine mit insgesamt fünfundzwanzig Quadratmetern zwar sehr kleine, aber sonnige und trotz der zentralen Lage am Hauptbahnhof relativ ruhige Einraumwohnung mit Balkon. In diesem Wohnsilo mit insgesamt 240 gleichen Wohneinheiten erschien sie von außen wie eine Bienenwabe. Nach der eigenen Renovierung und der Anschaffung der Möbel zog ich im Februar 1978 dort ein, und sie blieb über zwölf lange Jahre meine bescheidene Privatsphäre.

Für meine Mutter und mich, die wir nun wieder unter einem Dach wohnten, gab es nun mehr Zeit für einen gegenseitigen Besuch, für ein gemeinsames Abendessen und für entspannende Fernsehstunden. Sonntags fuhren wir hin und wieder gemeinsam ins Osterzgebirge, was ihr so gut gefiel, und am Ziel unternahmen wir einen kleinen Spaziergang. Es ist zu bewundern, wie es meine Mutter trotz ihres Alterszuckers geschafft hatte, noch bis zum Alter von dreiundsiebzig Jahren als Maschineschreiberin im Metallurgiehandel zu arbeiten.

Das änderte sich jedoch im Frühsommer des Jahres 1980 über Nacht.

Ausgelöst durch ein brennendes Moped unter einer Kunststoff-Balkonverkleidung im Erdgeschoss, fiel am späten Abend des Pfingstsamstags ihre Wohnung – und neben vielen anderen auch meine Wohnung – einem Hausbrand zu Opfer. Die Flammen schlugen an unserer Südostfassade empor, weil sie an den Balkonverkleidungen breitflächig neue Nahrung fanden. Von dort gelangten sie über die nachts geöffneten Fenster in die Wohnungen. Die Feuerwehr hatte große Mühe, den Brand zu löschen, weil der Wasserdruck nicht bis zu den obersten Geschossen reichte.

Die Mutter erlitt infolge der Aufregung und der nächtlichen Evakuierung in das nahegelegene Rot-Kreuz-Zentrum einen ersten Schlaganfall. Im Verlaufe von vier Jahren folgten noch weitere. Bis zum Jahr 1984 pflegten wir drei Brüder, die wir zum Glück alle in Dresden wohnten, unsere Mutter nach einem strikt eingehaltenen Plan. Der tägliche Dienst jedes Einzelnen wechselte wochenweise, so dass jeder von uns noch genügend Spielraum für Beruf und Freizeit bzw. Familie hatte. Ein schlimmer weiterer Anfall, in dessen Folge sie halbseitig gelähmt war, zwang uns schließlich, ihr einen Platz im Pflegeheim Dresden-Löbtau zu beschaffen. Dort verstarb sie im August 1985 nach schmerzhaften Durchblutungsstörungen im Alter von achtundsiebzig Jahren.

Im Mittelpunkt ihres Lebens hatten stets ihre drei Kinder gestanden. Wir waren froh, dass wir ihr das durch unsere Unterstützung wenigsten in ihren letzten Lebensjahren danken konnten.

Das halbe Jahr ohne eigenen Wohnraum, jedoch unter der fürsorglichen Aufnahme im elterlichen Wohnhaus, hatte für mich durchaus auch positive Aspekte. Ich fand endlich wieder Zeit für mich selbst, für die schrittweise Besinnung auf mein eigenes Leben und für die Annahme meines Ichs, so wie ich bin. Und ich fand endlich Zeit, ein gesünderes Leben mit regelmäßigem Sport zu führen, den ich so viele Jahre lang sträflich gemieden hatte.

Ich wurde Mitglied in einer Sportgemeinschaft, die ein Anrecht auf mehrere freie Fünfzigmeterbahnen in der Schwimmsporthalle an der Freiberger Straße hatte. Dort schwamm ich ein- bis zweimal tausend Meter pro Woche und diskutierte und scherzte mit neuen Sportfreunden. Sogar an kleineren Wettkämpfen nahm ich teil. Mit meinem Freund Eberhard, dem »Schett«, traf ich mich oftmals zum gemeinsamen wöchentlichen Lauf im Großen Garten und wir diskutierten über Gott und die Welt.

Zwischenzeitlich hatte ich auch das halbe Jahr überlebt, dass mir ein Dresdner Kardiologe tatsächlich und nachvollziehbar an Restlebenserwartung noch zugestanden hatte. Vermutlich war er innerlich frustriert und deshalb von solch vernichtendem Sadismus geprägt. Nach seiner Diagnose litt ich infolge anhaltenden Bluthochrucks an einer übermäßigen und unheilbaren Herzscheidewandverdickung. Dass ich diesen Zeitraum ohne weitere gesundheitliche Komplikationen überlebt hatte, gab mir natürlich ebenfalls großen Auftrieb.

Und ich fand zurück zu meinen handwerklichen Wurzeln in der ehemaligen Werkstatt meines Vaters. Vor der Übergabe derselben an die Kommunale Wohnungsverwaltung (KWV) hatte er seine Spezialwerkzeuge für die Blechbearbeitung zu sich genommen. Ich konnte sie deshalb für meine Hobbyarbeiten benutzen, die Treibhämmer, die Polier- und Kugelstöcke und auch die kleinen und großen Sperrhaken. In Vaters Obhut befanden sich sogar einige Reste neuen Kupferblechs, das er mir großzügig überließ.

Vom zuständigen Klempnermeister der KWV, der offiziellen Mieterin der elterlichen Kellerwerkstatt, erhielt ich die Zustimmung zur uneingeschränkten abendlichen Betätigung in der Werkstatt So beschäftige ich mich wieder mit Kupfertreibarbeiten, die mir schon während meiner Lehrzeit Freude bereitet hatten. Neu waren jetzt das Schmieden von Stahlprofilen und das Flechten von Stahl. Für das Erhitzen auf Schmiedetemperatur standen mir der Schweißbrenner, die Gas- und die Sauerstoffflasche in der Kellerwerkstatt zur Verfügung. Ein Zeugnis aus dieser Zeit ist noch heute an der Sandstein-Außenwand des Wochenendhauses im Radebeul-Lindenauer Katzenloch zu sehen.

Mit der mir an der TU übertragenen Lehrtätigkeit fand ich mich nach kurzer Einarbeitungszeit ganz gut zurecht. Der Chef der Arbeitsgruppe Energiesysteme, Prof. Munser, ließ mir freien Raum für die organisatorische und inhaltliche Gestaltung des postgradualen Studiums Fernwärmeversorgung. Die Basis für dieses Fachingenieurstudium war der bestätigte und veröffentlichte Lehrplan. Die Teilnehmer, es waren zu meiner Zeit jährlich etwa 30 bis 35 Diplom- oder Fachschulingenieure, hatten bereits berufspraktische Erfahrungen. Sie kamen vorwiegend aus den Energieversorgungsunternehmen der DDR, und alle wussten, weshalb sie sich dieser Zusatzbelastung zur täglichen Arbeit unterzogen hatten. Innerhalb von zwei Jahren tauschten sie ihr heimatliches Umfeld mehrmals mit unbequemen Hotel- oder Privatunterkünften, um sich den zweiwöchigen Vorlesungen, Konsultationen und Prüfungen zu widmen. Sie waren lern- und wissbegierig und sehr disziplinierte Zuhörer. Sie pflegten aber auch das lustige Studentenleben, waren sie doch weit weg von ihren Familien.

Für die 46 bis 50 Stunden Lehrveranstaltungen, jeweils in diesen zwei Wochen, galt es für mich, die Vorlesungen von Professoren oder Dozenten aus verschiedenen Fachrichtungen zu planen und inhaltlich abzustimmen, Gastdozenten aus der Praxis zu gewinnen und anteilig acht bis zehn Vorlesungsstunden selbst zu bestreiten. Hinzu kamen die Vorbereitung, die Durchführung und die Auswertung der Zwischen- und Abschlussprüfungen.

Die Betreuung der Abschlussarbeiten der Kursusteilnehmer dagegen wurde auf alle wissenschaftlichen Mitarbeiter unserer Arbeitsgruppe verteilt. Diese Abschlussarbeiten hatten zumeist einen praxisbezogenen Inhalt und trugen zur eigenen Doktorarbeit des jeweiligen Betreuers bei.

Für mich war diese Lehraufgabe eine ausgezeichnete Übung im freien Vortrag und im Bemühen, mein ausgeprägtes Sächsisch schrittweise durch eine hochdeutsche Aussprache zu verdrängen. Ich konnte auch bald herausfinden, dass es von den Zuhörern aufmerksam und dankbar wahrgenommen wird, wenn man ihnen gut vorbereitet und ausgeschlafen gegenübertritt, wenn man dabei bescheiden ist und eigene fachliche Kompetenz ausstrahlt. Dagegen war es bereits damals ziemlich belanglos, ob man uniformiert mit Jackett und Schlips vor sie trat oder leger im Rollkragen-Pullover. Für die persönlichen Gespräche war es aber wichtig, dass man stets saubere Fingernägel hatte und frei von Mundgeruch war. Auf welch einfache menschliche Ebene sich doch vieles zurückführen lässt …

Im Verlaufe meiner fünfzehnjährigen Arbeit an der TU Dresden hatte ich auf diese Weise Kontakt zu etwa 300 Fachingenieuren für Fernwärmeversorgung in der DDR erlangen können, die teilweise auch nach der Wende im Jahr 1989 noch fortbestanden. Unter den Teilnehmern waren auch meine Freunde Eberhard und Christian, beide waren sogar Kursusvertreter ihrer jeweiligen Jahrgänge. Christian lernte ich im Jahr 1980 kennen, er wohnte damals im selben »Wohnsilo« wie ich, jedoch auf der lauteren Nordwestseite des Hochhauses. Ich komme später wieder darauf zurück.

Das sehr glatte Parkett der Hochschullehre erlebte ich dagegen vor den jungen Damen und Herren des Direktstudiums. Sie hatten im Verlaufe von drei absolvierten Studienjahren bereits viele Hochschullehrer kennengelernt, und sie waren sehr geübt in ihrer eigenen und oft gemeinsamen Auswertung der vielen gelungenen aber auch oft missglückten Lehrveranstaltungen.

Und sie stellten sich bei der Bewertung des Vortragenden immer wieder dieselben Fragen: Ist der Vortragende in der Lage, uns Studenten das Wichtigste im beruflichen Leben beizubringen? Was gefällt mir und was nützt mir davon persönlich? Ist er mir sympathisch und wie versteht er es, uns locker und lustig bei Laune zu halten?

Sie waren deshalb äußerst kritisch bei ihrem Vergleich der Lehrenden bezüglich eines verständlichen und interessanten Vortrags, einer ansprechenden Mimik und Gestik und einer gekonnten Auflockerung durch lebensnahe Beispiele und kleine Witze.

Im Auftrag meines Chefs musste ich vor den Studierenden des vierten Studienjahres der Fachrichtung Technische Gebäudeausrüstung wöchentlich ein bis zwei Vorlesungen im Fach Fernwärmeversorgung bestreiten. In den ersten Jahren hatte ich vor jeder dieser Vorlesungen Bauchschmerzen, hatte ich doch Zweifel, ob ich vor den jungen Leuten anerkennendes Interesse und Aufmerksamkeit erlangen kann. Glücklicherweise konnte ich mein Vorlesungsmanuskript von Beginn an durch aktuelle Beispiele aus der Praxis ergänzen. Aber erst nach einigen Jahren hatte ich die notwendige Routine erlangt. Dann lagen zwischen meinen Manuskripten stets einige Folien mit sarkastischem oder anders aufmunterndem Anschauungsmaterial, um im Bedarfsfall die Aufmerksamkeit der 25 bis 40 Direktstudenten zu fördern. Doch vorher versuchte ich es mit einer Zurücknahme meiner Lautstärke. Meist half bereits das.

Mit meiner eigenen wissenschaftlichen Arbeit an der Dissertation kam ich recht gut voran. Das war auch dringend notwendig, denn der Doktorgrad galt als ein Mindestmaß, um von den Professoren und gleichaltrigen Fachkollegen als ebenbürtiger wissenschaftlicher Mitarbeiter der TU anerkannt zu werden.

Meine Arbeit (/3.2/) befasste sich mit einer Untersuchung von »offenen« Fernwärmesystemen. Offen heißt in diesem Falle, dass das Fernwärmenetzwasser, das gewöhnlich in einem geschlossenen Kreislauf zwischen der Wärmeerzeugungs- und den Abnehmeranlagen zirkuliert, im Abnehmerbereich teilweise oder vollständig als warmes Trinkwasser entnommen wird. Im Extremfall der vollständigen Wasserentnahme könnte auf die Rückleitung des Heizwassers zur Erzeugungsanlage verzichtet werden. Das übliche Zweirohrsystem würde dann auf ein Versorgungssystem mit nur einer Rohrleitung zwischen Erzeuger und Verbraucher reduziert.

Mein Chef hatte diese Thematik mit seinem befreundeten Moskauer »Guru« der russischen Fernwärmetechnik, Prof. Sokolov, diskutiert. Deshalb sollte mit meiner Arbeit die mögliche Übertragbarkeit der vereinzelt in der ehemaligen UdSSR betriebenen offenen Systeme auf deutsche Verhältnisse überprüft werden.

Ich fand Interesse an dieser generalistischen Thematik, zumal ich bereits in meiner Diplomarbeit dazu recherchiert hatte. Nun konnte ich die Untersuchungen im Rahmen der Dissertation vertiefen. Diese Aufgabe war in ihrer Dreiteilung deshalb so vielseitig, weil zunächst wasserchemische und hygienische Fragen im Zusammenhang mit der Innenkorrosion in allen Systemelementen zu klären waren, weil die hydraulischen Probleme entsprechende ingenieurtechnische Untersuchungen und Lösungen erforderten und weil schließlich die Wirtschaftlichkeit solcher Systeme geprüft werden sollte.

Der erste Teil war für mich zunächst eine Literaturrecherche. Damals, in der prähistorischen Zeit der IT-Technik, war man beim Literaturstudium genötigt, entsprechende Fachbibliotheken aufzusuchen. Dort mussten die im speziellen Fall wesentlichen wasserchemischen und hygienischen Erkenntnisse aus den recherchierten Aufsätzen einschlägiger Fachzeitschriften gewonnen werden. Für mich waren das zeitaufwendige Aufenthalte in den Bibliotheken der Medizinischen Akademie Dresden und der Zentralstelle für Korrosionsschutz in Rossendorf bei Dresden. Mitnehmen konnte ich die teilweise englischsprachigen Zeitschriften leider nicht.

Im Rahmen meiner Arbeit waren die Einflüsse von chemischen Inhaltsstoffen des Trinkwassers auf die menschliche Gesundheit von Interesse. Beispielsweise verursachte zu Beginn der siebziger Jahre eine gehäufte Sterblichkeit in der englischen Stadt Scunthorpe, Grafschaft Lincolnshire, Aufsehen und Beunruhigung. Sie stand im Zusammenhang mit der dort eingeführten Wasserenthärtung für die Trinkwasserversorgung (/3.3/). Bei den Obduktionen fand man in den Herzen vieler Toter eine ungewöhnlich hohe Konzentration von Cadmium und einen extremen Mangel an Magnesium. Im Ergebnis der Nachforschungen stellte sich dann heraus, dass es die giftigen Beimengungen Cadmium und Blei waren, die durch das Enthärten des Trinkwassers aus der Verzinkung der Stahlröhren herausgelöst worden und die Ursache für die erhöhte Todesrate waren. Dieses Beispiel zeigt, welche komplexen Zusammenhänge zwischen der Wasserchemie und der Innenkorrosion der einschlägigen Werkstoffe einerseits und der Auswirkungen auf die menschliche Gesundheit andererseits bestehen können. Aus meinen damaligen Untersuchungen ist mir neben einem korrosionschemischen Beitrag zum Fachbuch zur Fernwärmeversorgung meines Chefs (/3.4/) mein späterer Hang zu einigen gesundheitsfördernden Nahrungsergänzungsmitteln geblieben, auf die ich auch heute noch vertraue.

Bei den anlagentechnischen Entwürfen halfen mir die im früheren Berufsleben gesammelten Erfahrungen, insbesondere während meiner Nebentätigkeit im Ingenieurbüro Oehrl. Ergänzend dazu recherchierte ich verschiedene technische Konzeptionen im Patentamt Berlin. Im Zusammenhang mit dieser Arbeit entstanden etwa 25 Aufsätze in Fachzeitschriften und einige Patentanmeldungen. Ich habe mich aber nie intensiv um die technische Umsetzung der Patente bemüht. So konnte es passieren, dass zu Beginn der neunziger Jahre eine Vakuumentgasungsanlage von einem westdeutschen Unternehmen für Wasseraufbereitungsanlagen in Frankfurt als Messeneuheit vorgestellt wurde, die genau meinem an der TU Dresden angemeldeten Patent von 1977 entsprach. Resignierend nahm ich es hin, weil mir in der Nachwende- und Existenzgründerzeit die Kraft für derartige Rechtsstreitigkeiten fehlte.

Zu meinen Wirtschaftlichkeitsuntersuchungen für verschiedene technische Lösungen trugen einige Diplomarbeiten bei. Deren Betreuung sowie die Korrektur und Beurteilung der eingereichten Arbeiten gehörten zu den jährlichen Dienstaufgaben der Assistenten. Diesen beruflichen Kontakt zu den jungen Frauen und Männern, die kurz vor dem Eintritt in ihr Berufsleben standen, empfand ich meist als eine sehr angenehme Aufgabe. Es war eine Beratung von neuen jungen Fachkolleginnen und -kollegen, vorausgesetzt, dass sie Interesse, Fleiß und Gründlichkeit erkennen ließen.

Bei einigen Auslandsstudenten aus dem Nahen Osten kam es stattdessen aber auch vor, dass sie zur nächsten vereinbarten Konsultation statt ihrer fortgeschrittenen Diplomarbeit eine Kiste von lukullischen Spezialitäten aus ihrer Heimat oder andere Bestechungsmittel mitbrachten. Diese Leute waren der Auffassung, dass ich ihnen einen Teil ihrer Arbeit abzunehmen hätte, möglicherweise jedoch deshalb, weil sie Studiengebühren zu zahlen hatten und dafür eine Gegenleistung erwarteten. Zumindest hofften sie auf meine Unterstützung und wollten sich dafür im Voraus erkenntlich zeigen.

Ihre Vorstellung über ihre künftige Ingenieurtätigkeit bestand dann hin und wieder in der Besitznahme eines überdimensional großen Schreibtischs bei ihrer heimatlichen Behörde. Dort wollten sie ihre Unterschrift unter die Bewilligung oder Ablehnung irgendwelcher Aktionen leisten. Die Ergebnisse derartiger Diplomarbeiten waren für eine wissenschaftliche Weiternutzung absolut wertlos, und alle Beteiligten bis hin zum Chef waren froh, wenn solche charmanten und redegewandten Typen erfolgreich von der TU verabschiedet werden konnten.

Im Jahr 1979 reichte ich meine Dissertation A ein und verteidigte sie nach Fertigstellung der Gutachten im Jahr 1980 mit summa cum laude.

Die Zeremonie der Doktorfeier nach der fachlichen Prüfung und Benotung des Doktoranden gehörte zu den gesellschaftlichen Höhepunkten in der TU. Wir feierten solche Anlässe im Kreise des gesamten Wissenschaftsbereiches. Das war ein Personenkreis von 30 bis 50 Personen und fand meist in der Moreauschänke in Dresden-Kleinpestitz statt. Diese Gastwirtschaft erinnert an die Napoleon-Schlacht bei Dresden im Jahr 1813 und an den aus französischen Diensten zu Russland übergelaufenen General Jan Victor Moreau. Eine Kanonenkugel auf den Feldern bei Räcknitz hatte ihn getroffen und beide Beine zerschmettert. Tage danach war er auf dem Abtransport vom Schlachtfeld verstorben (/3.5/).

Die Kosten für seine Feier hatte selbstverständlich der Doktorand zu tragen, und selten zeigte er sich kleinlich. Als ich an der Reihe war, konnte ich über die Beziehungen anderer Leute einige Kästen Radeberger Bieres beschaffen, direkt aus der Brauerei. Damals war das eine Rarität, und der Gastwirt sah es mir großzügig nach.

Traditionell wurde der Doktorand einer besonderen Juxprüfung unterzogen. Zuständig dafür war ein speziell berufenes Prüfungskollegium. Dieses Mal hatte mein zwei Jahre älterer Kollege Helmut den Vorsitz, er war der Oberassistent der Arbeitsgruppe Energiesysteme. Er stellte mir unter anderem die Aufgabe – natürlich unter Bezug auf meine Thematik – Proben verschiedener Wässer zu verkosten. Das musste mit verbundenen Augen geschehen. Dem Helmut war dazu eingefallen, dass ich neben einer gelblich schimmernden lauwarmen Flüssigkeit – es war Wermut-Tee und farblich dem Urin sehr ähnlich –, einer grellroten Limonade und einem faden Gesöff aus alkalisiertem Trinkwasser auch spezielle Wasserbeimengungen zu testen hatte. Diese schlüpfrigen und sehr beweglichen Beimengungen waren kleine lebende Guppy-Fische. Ich spürte sie zappelnd im Mund, konnte sie aber vor dem Verschlucken noch retten. In einem größeren Wasserglas haben sie dann zu Hause noch einige Tage überlebt. Das war zweifelsfrei ein gelungener Gag und alle hatten viel Spaß damit.

Helmuts Einfall regte mich dazu an, ihm bei seiner Doktorfeier im Folgejahr besonders auf den Zahn zu fühlen. In seiner Dissertation hatte er sich mit der optimalen Auslegung von Kraftwerken und deren Komponenten befasst. Es handelte sich dabei um eine rechentechnisch orientierte Arbeit, und er musste sich deshalb den organisatorischen Unannehmlichkeiten bei der Anmeldung und Inanspruchnahme von Rechenzeiten am Zentralrechner der TU unterwerfen. Die vielen vorsintflutlichen Lochkarten, mit denen er zu hantieren hatte und die auch schnell mal durcheinander geraten konnten, sind für die heutige junge Generation kaum noch vorstellbar.

Das Hauptkriterium für Helmuts Optimierungsrechnungen war eine vergleichende Rentabilitätskennzahl, der so genannte gesellschaftliche Gesamtaufwand. In seinem Rechenprogramm benutzte er dafür das Kürzel »GESAUF«. Dieser Begriff war für das Jux-Prüfungsprogramm ein besonderes Schlüsselwort.

Unser Konzept bestand in einer Vorführung rechentechnischer Tricks, bei denen Helmut die aktive Rolle spielen sollte. Als Hauptinstrument diente eine futuristisch anmutende schwarze Kiste, eine so genannte Blackbox, als Rechnerzentrale. Sie sollte wie ein kohlebeheiztes Minikraftwerk aussehen, also auch einen Schornstein und eine Schrägbandbrücke für die Kohleförderung haben. Die Energie sollte aber nicht in Form verbrannter Kohle, sondern neuartig als Niedertemperaturenergie auf Heizwasserbasis aus Helmuts Muskelkraft bereitgestellt werden. Dazu diente ein normales geputztes und fest installiertes Fahrrad mit einem leistungsstarken Dynamo. Unser Meister der Sektionswerkstatt, der für alle Späße ein offenes Herz hatte, ließ die schwarze Kiste in der Tischlerwerkstatt anfertigen, stellte die erforderliche Mess- und Regeltechnik zur Verfügung und half uns, alles zusammen zu verkabeln und für die Vorführung zu präparieren. Der Zuschauer sollte dabei erleben, dass Helmuts intensives Fahrradtreten tatsächlich für die Erzeugung der Betriebsenergie des futuristischen Rechners ausreicht.

Den in unserem Fall rechteckigen Schornstein und die Schrägbandbrücke baute ich aus verzinktem Stahlblech in der ehemaligen Werkstatt meines Vaters. Sie hatten beide die erforderlichen Abmessungen, um etwa fünfzig aufeinander geschichtete Branntwein-Pullis in dem vertikalen und daran anschließenden schrägen Schacht unterzubringen. Das untere Ende des schrägen Schachtelementes wurde mit einem Schloss versehen, einem manuell zu betätigenden Stahlbolzen, bei dessen Rückzug die fünfzig Pullis zum richtigen Zeitpunkt auf die lange Tafel vor die Gäste rollen sollten. Das war dann der Anlass, um den frisch gekürten Doktoringenieur zu beglückwünschen und ihn hochleben zu lassen.

Der Vorbereitungsaufwand für Helmuts Doktorfeier war schließlich doch weit größer, als das in unserem Hause üblich war. Und entsprechend groß war auch die Erwartung der zahlreich erschienenen Gäste. Mir wurde die Aufgabe des Zeremonienmeisters zuteil. Die vorbereitete Laudatio hatte ich mir sicherheitshalber ausformuliert und aufgeschrieben.

Nach der Einleitung und Erläuterung der Aufgabe bestieg Helmut zunächst das Fahrrad und legte seine ganze Kraft in die Pedalen. Ein etwa 50 Zentimeter großes Thermometer zeigte bald einen stetigen Anstieg auf der Temperaturskala des Rechners, was alle Gäste mit Interesse verfolgten. Die Mindest-Betriebstemperatur war auf 37 Grad Celsius festgelegt, um die Funktion des Rechners zu ermöglichen. Sie wurde nach wenigen Minuten erreicht. Das funktionierte hinter den Kulissen auf diese Weise, dass die Spannung des Fahrrad-Dynamos ein Schwachstromrelais auslöste, mit dem ein leistungsstarker 220-Volt-Tauchsieder in Betrieb gesetzt wurde. Dieser erwärmte dann das Wasser in einem in die schwarze Kiste eingebauten Behälter. Ein akustisches Signal ertönte, als die 37 Grad erreicht waren. Nun war erst einmal ein Test angesagt, den Helmut durchzuführen hatte. Bei dem akustischen Signal öffnete sich am Rechner eine Klappe, das Ende einer vorher beschrifteten Rolle Klosettpapiers wurde sichtbar. Helmut sollte prüfen, ob der Rechner die einfache Aufgabe 2 x 2 = 4 richtig lösen konnte. Beim Herausziehen von ca. drei Meter beschrifteten Papiers erschien jedoch das Ergebnis 3,999999 … Oh, hier lag wohl eine unzulässige Rechen-Ungenauigkeit vor! Was war die Ursache und was zu tun? Es fehlte wohl wieder einmal an hinreichendem Entwicklungsaufwand, bekanntermaßen gleichbedeutend mit zu knauserig bereitgestellten Forschungsmitteln vom Staat. Also musste Geld her. Es war ein metallenes Fünfmarkstück, das ich aus meiner Tasche zog und großzügig spendete. Der Rechner hatte dafür einen Einwurfschlitz. Das Geldstück betätigte ein Kipprelais und der Tauchsieder tat wieder seine Arbeit. Nach Helmuts weiterem Fahrradtreten wurde über ein weiteres Relais ein Tonbandgerät in Betrieb gesetzt und vom Band ertönte nun die Melodie »Ja, mir san mit`m Rad`l da«. Als die Betriebstemperatur nunmehr 50 Grad Celsius erreicht hatte, erfolgte eine erneute Rechenprobe. Auf dem Klopapier-Auszug erschien jetzt das richtige Ergebnis für 3 x 3 = 9. Helmuts neuer Heizwasser-Rechner hatte seine Bewährungsprobe bestanden, wegen des höheren Betriebsaufwandes allerdings mit einem Zugeständnis an den Wirkungsgrad. Wieder einmal hatte es sich bewahrheitet, niemand ist perfekt!

Zum Schluss meiner Spaß-Laudatio fiel das Stichwort GESAUF. Das war Anlass für die Freigabe des Magazins und die Pullis rollten zum Anstoßen auf den Tisch. Aber wie so oft beim Vorführeffekt verklemmten sich einige dieser Fläschchen und wir mussten mit der Hand nachhelfen. Der Sekt und das Bier flossen später reichlich.

Es waren aber nicht nur die Doktorfeiern, die zur Auflockerung der menschlichen Kontakte in dem von Strebern dominierten Haus der Wissenschaften beitrugen. Jede der drei Arbeitsgruppen unseres Wissenschaftsbereichs organisierte für sich jährlich einmal einen offiziell zugestandenen Wandertag hinaus in die freie Natur.

Im Dezember fand die obligatorische Weihnachtsfeier des gesamten Bereiches statt. Die Wichtelgeschenke, die von allen Beteiligten für »Unbekannt« ausgewählt, gefertigt oder gekauft und fürsorglich verpackt worden waren, sammelte der auserwählte Weihnachtsmann in seinem großen Jutesack. Diese Aufgabe traf immer die Oberassistenten und die älteren wissenschaftlichen Mitarbeiter nach dem Rotationsprinzip. Keiner konnte sich davor drücken.

Ein Jahr, bevor ich an der Reihe war, erlaubte sich ein Kollege, diese Aufgabe geschickt mit einer Kritik an seinem Vorgesetzten zu verbinden. Er fand die richtigen Worte, so dass sein Chef keinen Anstoß daran nehmen und wie alle anderen darüber schmunzeln musste. Dabei benutzte er das Synonym einer roten Laterne, mit der in alle Ecken geleuchtet wurde und die am Ende irgendwo hängen blieb.

Für meinen Auftritt als Weihnachtsmann erdachte ich eine Geschichte aus der

Märchenwelt, in der alle einen angemessenen Platz finden sollten. Die Herren Professoren waren die Riesen, die das kleine Volk da unten nur verschwommen sehen konnten und mit ihren Siebenmeilenschritten geschäftig durch die Lande zogen. Die Assistenten besetzten die Rollen der Zwerge, die im Stillen die notwendigen Routinearbeiten verrichteten, und die Oberassistenten waren die Oberzwerge. Wir hatten auch ein Schneewittchen. Das war unsere strebsame Frau Doktor Beate, die bereits zur Dozentin aufgestiegen war und später zur Professorin avancierte. In dieser TU-Mär gab es auch ein Schneeweißchen und ein Rosenrot, zwei fleißige Teilkonstrukteurinnen, die immer gerade noch rechtzeitig die Vorlagen für die Lehrveranstaltungen des Chefs zurechtzauberten, aber abweichend von Gebrüder Grimms Geschichte dafür nicht mit jungen Prinzen belohnt wurden.

Mit diesen Ausschweifungen in das bezahlte Sozialleben an der TU Dresden möchte ich den Lesern aber nicht der Eindruck vermitteln, dass wir damals nur um die Ausgestaltung von Feiern besorgt waren, dass wir damals lediglich in einer Spaßgesellschaft gelebt und nicht auch ernsthaft gearbeitet hätten.

Ein weiteres Tätigkeitsfeld unserer Arbeitsgruppe Energiesysteme neben der rechentechnischen Kraftwerksoptimierung und den Systemuntersuchungen waren die so genannten instationären hydraulischen Vorgänge in Heißwasseranlagen.

Anlass für diese Thematik war ein extremes Schadenereignis in den siebziger Jahren, das sich an der zentralen Heißwassertrasse in Halle-Neustadt ereignete. Durch einen Druckstoß infolge plötzlichen Druckabfalls und Teilverdampfung des 140 Grad heißen Wassers wurde die Vorlaufleitung über eine Länge von mehreren hundert Metern von ihrer Halterung gerissen und neben der Trasse ins Gras gesetzt. Zum Glück gab es dabei keine Verletzungen, jedoch erhebliche Versorgungsausfälle waren die Folge. Und deshalb war es ein enormer Imageschaden bezüglich der so hoch gepriesenen Versorgungssicherheit der Fernwärmetechnik. Es bestand deshalb die Aufgabe, die physikalischen Zusammenhänge kurzfristig aufzuklären und geeignete sicherheitstechnische Maßnahmen zu konzipieren und durchzusetzen, um einen zuverlässigen Schutz vor Wiederholungen oder ähnlichen Ereignissen zu gewährleisten. Das war eine Aufgabenstellung für die Doktorarbeit von Peter Fröhlich, der sich als Erster intensiv mit diesen instationären Vorgängen in Heißwasser-Fernwärmeanlagen befasste.

Zu dessen Unterstützung hatte mein Bruder Rüdiger in seiner Diplomarbeit, mit der er sein Fernstudium an der TU Dresden beendete, einen Versuchsstand für die hydraulischen Untersuchungen an Fernwärmeanlagen entworfen und anleitend gebaut.

Doch nach den anfänglichen Erkenntnissen wurden umfangreichere Untersuchungen notwendig. Dafür wurde ein leistungsstärkerer Versuchsstand benötigt, um die Geheimnisse der schnell ablaufenden instationären Vorgänge zu erforschen. Die erforderliche Fläche für diese Versuchsanlage stand in der Halle des geschichtsträchtigen Mollierbaus der TU zur Verfügung (/3.6/). Auch finanzielle Mittel wurden bereitgestellt, zumal es sich wegen der Brisanz der Versorgungssicherheit für Wohngebiete um ein so genanntes Staatsplanthema handelte.

Ich erhielt den Auftrag, den neuen Versuchstand zu planen. Mit mehreren Abschlussarbeiten im postgradualen Studium konnte ich dafür weitere Fachleute gewinnen. Auch mein Freund Eberhard widmete sich in seiner Abschlussarbeit einer solchen Aufgabe. Die Aggregate, Regelgeräte und Schaltanlagen bestellte die Investitionsabteilung der TU. Viel schwieriger war es in der mängelverwalteten DDR-Wirtschaft, einzelne Halbzeuge wie Flansche, Ventile und Schweißbögen heranzuschaffen. Gerd, ein Assistent in dieser Zeit, zog wie nach dem Krieg mit dem Rucksack durch das Land, um diese Bauteile zu versorgen. Das war wertvolle Zeit, die ihm für seine eigene wissenschaftliche Arbeit fehlte.

Mit erheblichen Verzögerungen wurde dieser Fernwärme-Versuchsstand zu Beginn der achtziger Jahre doch noch fertiggestellt. Zu dieser Zeit war der gleichzeitig begonnene Kernreaktor in unserem Heizkraftwerk, der für Lehr- und Forschungszwecke gebraucht wurde, schon längst im Dienst.

Die Erkenntnisse aus den Untersuchungen am Fernwärme-Versuchsstand flossen in die Doktorarbeit von Wolfgang ein. Er war auch musisch talentiert und blies ausgezeichnet Trompete. Die Ständchen, die er unangekündigt gemeinsam mit meinem Freund Prof. Jürgen Zschernig und zwei weiteren Musikern anlässlich meines sechzigsten und siebzigsten Geburtstags vortrug, waren eine gelungene Überraschung und für mich eine große Freude.

Eine echte Errungenschaft an der TU Dresden waren die Auslandsaufenthalte, die den Mitarbeitern auf Antrag jährlich zugeteilt wurden. Reisen ins westliche Ausland waren nur auserwählten Kadern vorbehalten, fast ausnahmslos waren das die Professoren. Für das »wissenschaftliche Fußvolk« waren Reisen an die Hochschulen in der UdSSR und den anderen Ostblockländern im Angebot. Die offiziellen Zielstellungen für diese Reisen waren, Anregungen für die eigene wissenschaftliche Arbeit zu erhalten und Erfahrungen zwecks Verbesserung der Lehrtätigkeit auszutauschen.

De facto handelte es sich meist um ein Bildungsprogramm auf sehr niedrigem Niveau, aber mit viel Freizeit für touristische und kulturelle Erlebnisse. Dafür gab es im Gastgeberland stets einen Betreuer in Gestalt einer charmanten Assistentin oder eines umsichtigen Assistenten. Mit ihren Ortskenntnissen organisierten sie erlebnisreiche Ausflüge und mit ihrem Organisationstalent beschafften sie immer noch rechtzeitig die Eintrittskarten für interessante Veranstaltungen.

Ich hatte während meiner Hochschulzeit von 1976 bis 1990 achtmal die Gelegenheit, jeweils vier Wochen in Moskau zu verbringen. Das ergab sich stets aufs Neue aus meiner Betreuungsaufgabe für das postgraduale Fernstudium Fernwärmeversorgung.

Am Moskauer Energetischen Institut galt der damals bereits über 70-jährige Professor Sokolov als noch führende Persönlichkeit und er war vielmals Gast meines Chefs und seines Lehrgebietes. Er fand großes Interesse an der postgradualen Weiterbildung, vor allem, um die in den sowjetischen Energieversorgungsbetrieben tätigen Ingenieure zu qualifizieren. Er führte deshalb ein analoges Fernstudium an seinem Lehrstuhl ein. Später übernahm das sein Nachfolger. Dieser jüngere Professor präzisierte es entsprechend den heimischen Bedingungen, und mit der Durchführung beauftragte er einen Dozenten seines Lehrstuhls.

Für mich blieb immer wieder die Aufgabe, an den Lehrprogrammen beratend mitzuarbeiten, bei ausgewählten Lehrveranstaltungen zu hospitieren und hin und wieder eine Gastvorlesung zu halten. Die Begründungen für meine jährlichen Reiseanträge nach Moskau waren deshalb mit geringen Änderungen immer wieder die gleichen, und mindestens jedes zweite Jahr wurde mein Antrag bewilligt.

Die Unterbringung in einem Studentenwohnheim, in dem man eine Etage mit Einzelzimmern für die Gäste reserviert hatte, war zwar nicht besonders komfortabel, aber sauber und gemütlich. Die »Deschurnaja« der Etage, die uns Gäste betreute, kontrollierte und von unliebsamen Fremden abschirmte, sorgte für Ruhe und einen stets brummenden Samowar mit heißem Tee. Doch Frühstück gab es in der Studentenkantine im Erdgeschoss. Wenn man zeitig genug kam, waren die Warteschlange noch überschaubar und das Frühstücksangebot befriedigend.

Vor dem Erreichen des Energetischen Instituts im Moskauer Stadtzentrum musste man in dem stets überfüllten Bus regelmäßig seine körperliche Kondition beweisen. Die Fahrt vom Wohnheim auf den »Spatzenhügeln« (/3.7/) – zur Sowjetzeit hießen sie die Leninberge – bis hinein in die Innenstadt dauerte etwa eine halbe Stunde. Bereits nach einer Woche kannte ich die Strecke so gut, dass ich mich rechtzeitig auf die besonders tiefen Schlaglöcher in einigen Straßenzügen vorbereiten konnte. Dann wippte die Plattform fast einen halben Meter in die Höhe, als sich der Bus aus den Schlaglöchern herausquälte. Manchmal konnte ich dabei unter dem hochgeschnellten Bodenblech die vorbei eilenden Pflastersteine erspähen.

Im Institut angekommen, erfuhr ich oftmals, dass mein Betreuer wieder einmal eine besondere Aufgabe zu erfüllen habe, weshalb er sich »ausnahmsweise und mit tiefem Bedauern« meiner nicht annehmen konnte. Dann standen mir ein Einzelzimmer, einige Lehrbücher und Lehrbriefe zum Selbststudium zu Verfügung. Das Wörterbuch hatte ich stets bei mir, und so übte ich mich im Vokabeln lernen und im Übersetzen des fachlichen Stoffs. Im Verlaufe der Jahre konnte ich mich dann mit meinem Partner im fehlerhaften Russisch verständigen, aber ohne Dolmetscher. Allerdings hatte ich es nie geschafft, eine Vorlesung vor den Studenten ohne Dolmetscher in russischer Sprache zu halten.

Hospitiert hatte ich in den Lehrveranstaltungen jedoch mehrmals. Mit Bauchkribbeln erinnere mich an eine meiner Teilnahmen an den postgradualen Weiterbildungsveranstaltungen zu Beginn der achtziger Jahre. Der etwa sechzigjährige Dozent übergab mir eine Kopie seines Lehrmanuskripts. So konnte ich genau verfolgen, was dort geschrieben stand und was er daraus mit Kreide an die Wandtafel schrieb.

Die etwa 30 Zuhörer waren Fachleute aus den russischen Energieversorgungsbetrieben. Einige schliefen, die meisten kritzelten jedoch alles, was da geschrieben stand, in ihre Hefter. So auch eine Tabelle über die statistischen Ausfallraten von Bauelementen, sie hatte etwa zwölf Zeilen und sechs Spalten. Der Vortragende rutschte beim Schreiben der Zeile zwei in die Spalten der Zeile drei. So ging es weiter bis zur letzten Zeile, an der Tafel stand purer Unsinn. Ich zauderte, ob ich meinem Partner einen Wink geben sollte oder aus Höflichkeit lieber nicht. Aber auch keiner der Zuhörer meldete sich zu Wort. Also entschied ich mich, mit meinem Hinweis bis zum Ende der Stunde zu warten. Die Antwort des Dozenten, gemischt mit einer umwerfenden Fahne vom vortägigen Wodka, war nur seine lakonische Aussage: »Nitschewo, die verstehen das doch ohnehin nicht.« Zur Ehre des Instituts darf ich aber vermerken, dass ich diesen Dozenten bei meinen nächsten Moskauaufenthalten nicht mehr getroffen hatte. Man hatte ihn zwischenzeitlich in den Ruhestand geschickt.

Nach dem Mittagessen in der Hochschullehrermensa war der Arbeitstag zu Ende, die Freizeit begann. Dank der Unterstützung der Moskauer Betreuer konnte ich mehrmals das Bolschoi-Theater, den Kremlpalast, die Schatzkammer und die Tretjakow-Galerie besuchen sowie viele weitere Sehenswürdigkeiten kennenlernen. Ich war sogar zweimal in Sagorsk und einmal in Gorki, dem letzten Aufenthaltsort des dahinsiechenden Lenin, wo er dreiundfünfzigjährig im Jahre 1920 verstarb (/3.8/). Für diese Ausflüge außerhalb Moskaus benötigte man einen besonderen Passierschein, der aber problemlos beschafft werden konnte.

Trotzdem blieb mir bei jedem Moskau-Aufenthalt viel Leerlaufzeit. Ich wollte sie nicht sinnlos verbummeln, zumal daheim viel Arbeit auf mich wartete. So ergab es sich, dass ich die Projektunterlagen für meine Nebenbeschäftigung bei der Kunststofffirma S & H unter meine Reisedokumente schummelte und mit nach Moskau schleppte. Wesentliche Planungsarbeiten, so auch die Anfertigung der zeichnerischen Konzepte, konnte ich nachmittags in meinem Moskauer Wohnheimzimmer erledigen. Bei den Zollkontrollen auf den Flughäfen fiel das glücklicherweise niemals auf.

Ein besonderes Erlebnis für mich war eine vierwöchige Sibirienreise im Spätsommer des Jahres 1984. Unserem Institut lag eine Einladung der Sibirischen Abteilung der Wissenschaften der UdSSR aus Irkutsk für zwei Personen vor. Neben Frau Prof. Beate, eben jenem »Schneewitchen« aus der Arbeitsgruppe meines Chefs, hatte ich das Glück, einen entsprechenden Dienstreiseauftrag zu erhalten.

Wir reisten getrennt an. Mein Pech war, dass ich erst einmal einen unfreiwilligen 40-Stunden-Aufenthalt auf einer Moskauer Flughafen-Sitzbank erleben musste. Nachdem ich den Wechsel vom Moskauer Ankunftsort Scheremetjewo zum Inlandflughafen Domodedewo endlich hinter mich gebracht hatte, reichte ich meinen OK-Buchungsbeleg ahnungslos der Check-in-Beamtin. Mit tiefer Verwunderung machte sie mir deutlich, dass dieser Flug bereits drei Monate vorher ersatzlos annulliert worden war. An der TU Dresden war das offenbar nicht bekannt. Mein naives Anliegen, zur Überbrückung der Wartezeit bis zum Weiterflug nach Irkutsk ein Hotelzimmer zu buchen, verursachte nur ein verständnisloses Kopfschütteln der befragten Beamten.

Mit einigem organisatorischen Aufwand gelang mir der Weiterflug in die 4.200 Kilometer entfernte sibirische Metropole Irkutsk doch noch zwei Tage später. Das Flughafengebäude hatte ich bis dahin nicht verlassen. Nie wieder habe ich im Fernflieger auf einem Touristenklasse-Sitz so gut geschlafen.

Der Aufenthalt in Sibirien entschädigte mich dann für die üble Reiseunterbrechung. Ganz anders als in dem unpersönlichen Moskau schlug mir gleich nach der Ankunft eine Welle von warmer Herzlichkeit und Sympathie entgegen. Ich kam in ein etwa zwanzig Personen großes Wissenschaftler-Unternehmen, in dem sieben oder acht Ehepaare und einige Junggesellen tätig waren, alle im Alter unter 40 Jahren.

Man lebte hier nach der Maxime: »Das Land ist groß, der Zar ist weit.« Die Politik spielte hier eine sehr untergeordnete Rolle, konkreter ausgedrückt, ich nahm überhaupt keine wahr. Das Wichtigste war die Familie, auch im weiteren Sinn. In dieser großen Familie der Außenstelle der Akademie war das Leben durchorganisiert. Von vordergründiger Bedeutung waren die Mahlzeiten. Man frühstückte gemeinsam, aß zu Mittag von der mitgebrachten deftig-fetten und gehaltvollen Hausmannskost derjenigen Ehefrau, die gerade mit dem Kochen an der Reihe war. Der im nahegelegenen Baikalsee heimische Omul, eine Lachsfischart, kam einige Male und in verschiedenen Varianten auf den Tisch. Nachmittags zum Kaffee gab es von den Frauen selbstgebackenen Kuchen. Nur an wenigen Tagen mussten wir, Beate und ich, ein nahegelegenes Speiserestaurant aufsuchen, in dem wir die uns überlassenen Couponmarken abgaben und dafür ein schmackhaftes Essen erhielten.

Die von der sowjetischen Akademie der Wissenschaften bezahlte Arbeit unserer Gastgeber beinhaltete das Programmieren von computergestützten Berechnungen. Insbesondere betraf das die Optimierung von Auslegungs- und Betriebsparametern von Kern- und Heizkraftwerken. Diese wissenschaftlichen Themenstellungen dienten zugleich als Basis für die eigenen Dissertationen unserer Gastgeber. Ihre Arbeitsergebnisse lieferten sie nach Moskau.

In Moskau saßen auch die wissenschaftlichen Betreuer der Arbeiten, die jährlich persönlich konsultiert werden mussten. Es war schon interessant, was uns über diese Arbeiten und über den organisatorischen Ablauf in der damaligen Prä-IT-Zeit berichtet wurde. Beate sprach fließend Russisch, denn sie hatte sich zu früherer Zeit mit ihrem Ehemann einige Jahre im Kernforschungszentrum Dubna nahe Moskau aufgehalten. Von ihren Sprachkenntnissen konnte ich bei den Fachgesprächen profitieren.

Bei dieser Vernetzung von dienstlichen und persönlichen Interessen brach sich in Irkutsk niemand eine »Zacke aus der Krone«. Die gebürtigen Sibirier und Burjaten sind es seit vielen Generationen gewohnt, die langen harten Winter mit Temperaturen von minus 20 bis minus 50 Grad Celsius gesund zu überstehen. Sie sind sehr naturverbunden, freiheitsliebend, selbstbewusst, aber auch gemütlich. Bedenklich schien mir allerdings der hohe Alkoholkonsum der Männer. Vor allem galt das für die Ledigen, denn die Frauen der gebundenen Männer wirkten diesbezüglich als fürsorgliche Bremse.

Die warmherzige Betreuung und die touristischen und kulturellen Erlebnisse während dieser Reise sind mir heute noch in sehr angenehmer Erinnerung.

Irkutsk selbst war bereits in den achtziger Jahren des 20. Jahrhunderts eine moderne und pulsierende Großstadt. Sie hatte zu dieser Zeit eine halbe Million Einwohner, es gab fünf Universitäten und zahlreichen Museen. Als Verkehrsknotenpunkt der Transsibirischen Eisenbahn war der Stadtbahnhof bereits damals einer der größten Sibiriens. Heute ist er dazu einer der modernsten in Sibirien (/3.9/). Da Irkutsk an der Angara liegt, dem einzigen natürlichen Abfluss des Baikalsees, ist der Hafen ein wichtiger Umschlagplatz für die Güter aus der gesamten Baikalregion. Folglich haben sich viele Industrieunternehmen in und nahe der Stadt angesiedelt.

Beim Bummel durch Irkutsk fielen mir die liebevollen eingeschossigen Häuser in sibirischer Holzblockhaus-Architektur auf, besonders am Stadtrand. Sie standen im krassen Gegensatz zu den heruntergekommenen »Wohnsilos« im Zentrum, an denen der Frost sichtbare und bedenkliche Schäden verursacht hatte.

Geschichtlich ist die Stadt Irkutsk eng mit der Rolle der Dekabristen verbunden, einer Gruppe junger Adliger, die im Dezember (Dekabre) des Jahres 1825 die Zarenherrschaft abschaffen wollten. Der Aufstand wurde niedergeschlagen. Diejenigen, die dem Schafott entkamen, wurden nach Sibirien verbannt. Nach harten Jahren in den sibirischen Silberbergwerken wählten viele von ihnen Irkutsk als neue Heimatstadt. Ihre Ehefrauen »folgten ihren Männern in die Verbannung und förderten das kulturelle Leben« (/3.9/).

Das Museum der Dekabristen in einem urigen Holzhaus, das ich mit Beate und einem Betreuer besuchte, birgt die Zeugnisse von eifrigen Geologen, Landvermessern, Botanikern, Tierkundlern und Pädagogen, die in der Mitte des 19. Jahrhunderts fundamentale Forschungs- und Bildungsarbeit in der gesamten Baikalregion geleistet hatten.

Den Höhepunkt dieser Reise bildeten zwei Tagesausflüge zum Baikalsee, dem See der Superlative im Osten Sibiriens inmitten wunderschöner Naturlandschaften. Ein Sonntag war einem gemeinsamen Baikal-Erlebnis mit drei Betreuern gewidmet. Die etwa dreistündige Bahnfahrt mit der Transsib sollte morgens um 8.05 Uhr beginnen. Doch Michael Michalowitsch, der ledige von den drei Betreuern, der die Fahrkarten versorgen sollte, war fünf Minuten vor acht noch nicht da. Auf dem letzten Drücker kam er dann, eine riesige Alkoholfahne vor sich herpustend. Auf meine Frage, wie es ihm gehe, kam nur die Antwort: »Normalno.« So war eben das Leben eines alkoholsüchtigen Einzelgängers in seinem 30. Lebensjahr, der ansonsten ziemlich klug schien und kurz vor seiner Promotion stand.

Die anderen zwei Mitreisenden waren ein burjatisches Ehepaar, sehr freundlich, aber zurückhaltend, mit zwei Riesenkörben an Verpflegung für den Tag in ihren Händen. Diese reichte für alle, zusammen mit Beate waren wir zu fünft unterwegs.

Ich war sehr gespannt auf meine erste Fahrt mit der Transsibirischen Eisenbahn. Mit einer Streckenlänge von 9.288 Kilometern und mehr als 400 Bahnhöfen in acht Zeitzonen zwischen Moskau und Wladiwostok ist sie die längste Eisenbahnstrecke der Welt. Wie die meisten Gleisstrecken in Russland wurde sie in der Spurbreite von 1.520 Millimeter errichtet (/3.10/).

Unsere Fahrt begann am Kilometer 5.206 in Irkutsk-Passaschirski und endete am Kilometer 5.366 in Baikalsk. Die etwa dreistündige Fahrt war schon wegen der vorbeieilenden Landschaft sehr interessant. In diesen ersten Septembertagen lag in den höher gelegenen Regionen bereits Schnee, und an den Dachrinnen der Bahnhofsgebäude hingen lange Eiszapfen.

Aber noch beeindruckender an diesem Sonntagmorgen waren die Mitreisenden im Zug. Bei mehreren Männern schaute ein Gewehrlauf aus dem Rucksack. Sie plauderten über ihre Jagderlebnisse, nicht alles davon schien Jägerlatein zu sein. Unter ihnen waren Spezialisten für Fasane, Enten, Hasen und Rehe. Die Jagd diente offenbar der Deckung ihres Eigenbedarfs an frischem Fleisch. Doch sie sprachen auch über ihre Erlebnisse mit Bären und Wölfen in der Baikalregion. Andere Reisende hatten Jungpflanzen im Rucksack. Sie sollten noch vor dem Winter auf dem Datschengrundstück in die Erde gelangen. Ein Pärchen hatte sogar eine Trage mit Ziegelsteinen in den Waggon geschleppt. Insgesamt war die Stimmung gehoben und locker und zu dieser Tageszeit erstaunlicherweise noch völlig ohne Alkohol.

Gegen elf Uhr erreichten wir unser Fahrtziel nahe dem Westufer des Baikalsees. Vor uns lag noch ein einstündiger Fußmarsch bis zum Picknickplatz am Ufer des Dorfes Bolschoje Goloustnoje. In diesem 300 Jahre alten Baikaldorf leben die ansässigen Burjaten vom Fischfang und vom Jagen, heute aber auch vom Tourismus (z. B. /3.11/).

Der Blick über den See war berauschend. Von einer Anhöhe aus, auf der viele vom Blitzschlag gezeichnete Baumstümpfe standen, konnten wir am fernen anderen Seeufer die rauchenden Schlote einer Zellulosefabrik erblicken. Deren Abwässer wurden damals ungereinigt in den See geleitet, was auch bei unseren Gastgebern Empörung auslöste.

Das hinderte uns aber nicht daran, das Seewasser als Kochwasser für die vorgeschälten Kartoffeln zu nutzen. Feuerholz konnten wir an der Uferböschung genügend sammeln, und nach einer geleerten Flasche Sekt war auf der provisorischen Feuerstelle auch das üppige Mahl bereitet. Zu dem köstlichen Wild mit Gemüse und Kartoffeln gab es eine herumgereichte Flasche Wodka, schließlich sogar einen Nachtisch, alles auf einer ausgebreiteten Decke. Obwohl es ein sonniger Spätsommertag war, sanken die Nachmittagstemperaturen gegen vier Uhr schon wieder auf nahe null Grad Celsius. An Baden in dem klaren Seewasser von etwa noch zehn Grad war deshalb absolut nicht zu denken.

Michael Michalowitsch hatte bald seinen Alkohol-Minimalspiegel erreicht und brauchte dringend Nachschub. Doch alle nahegelegenen Kioske waren verbarrikadiert. Vermutlich war es deshalb seine miese Stimmung, die ihn dazu verleitete, uns auf dem Rückweg zum Bahnhof durch ein Flussbett zu treiben. Seine Begründung dafür war, dass ein echter Sibirier keine Straßen und Wege benutzen würde und wir sollten das respektieren. Das klingt zwar komisch, doch wir widersprachen ihm nicht und fügten uns drein. Der Wasserlauf war ohnehin nur knöcheltief und unsere Gummistiefel hielten diesem Stresstest stand und blieben dicht.

Am Bahnhof angelangt, erreichten die Eiszapfen an den Dachrinnen des Gebäudes schon wieder die stattliche Länge von einem halben Meter, und das Außenthermometer am Gebäudeeingang zeigte minus acht Grad an.

Die einstündige Wartezeit auf den Zug nach Irkutsk war an den Gleisanlagen dennoch sehr amüsant. Entspannt konnte man die vielen vorbeifahrenden Züge mit ihren schwer beladenen Güterwagen beobachten. Immer wieder, wenn eine Wagenachse einen Schienenstoß passierte, sanken die belasteten Schienen-Enden um drei bis vier Zentimeter tief in ihr Bett, danach richteten sie sich wieder auf. Ich zählte über 50 Waggons pro Zug, die meisten mit vier Achsen. Oh, war das eine Zusatzarbeit, die von den zwei Diesellokomotiven geleistet werden musste!

Die Bahnstrecke war zweigleisig, zum Glück, sonst wäre die Zugfahrt wegen der zusätzlich notwendigen Ausweichmanöver für den Gegenverkehr noch gefährlicher gewesen. Böse Zungen behaupten ja, dass man sich bei dem Bau der Transsib vermessen habe, weshalb sich der eingleisige Schienenstrang zwischen Moskau und Wladiwostok nicht getroffen hat. Auf diese Weise sei die zweigleisige Bahnlinie entstanden.

Die Wahrheit stattdessen ist eine andere (/3.10/): Der russische Zar Alexander III. hatte im Jahr 1891 den Baubeginn für die Transsib proklamiert und unmittelbar danach den ersten Spatenstich vorgenommen. Den Bau, der zunächst eingleisig erfolgte, trieb man in verschiedenen Regionen gleichzeitig voran. Schon im August 1898 erreichte der erste Zug die Stadt Irkutsk. Doch je weiter der Bau von West nach Ost voranschritt, desto schwieriger wurde er. Wegen der extremen klimatischen Bedingungen von bis zu minus fünfzig Grad im Winter und Bodenfrost bis in den Juni hinein war der mögliche jährliche Arbeitszeitraum nur sehr kurz. Brücken wurden zunächst nur aus Holz und erst im Nachhinein aus Stein oder Stahl errichtet, um schneller voranzukommen. Im Oktober 1916 wurde die Transsib mit der Einweihung der Amurbrücke bei Chabarowsk fertiggestellt. Den zweispurigen Ausbau der Trasse konnte man erst nach dem Zweiten Weltkrieg – für die Sowjetunion war es der Große Vaterländische Krieg – vollenden.

Den zweiten Baikalausflug unternahmen Beate und ich gemeinsam, diesmal aber ohne Begleitung. Wir erreichten den Baikalsee in weniger als zwei Stunden. Unser Tragflächenboot »Raketa« raste die Angara hinauf bis zum 70 Kilometer entfernten Hafen Port Baikal am südlichen Ende des Sees. Doch diese kurze Zeit reichte uns aus, um Kontakte zu Mitgliedern einer nordamerikanischen Reisegruppe knüpfen zu können, die ebenfalls an Bord waren. Beate unterhielt sich mit russischen Emigranten, die eine neue Heimat in den USA gefunden hatten. Ich widmete mich Kanadiern, die der Auffassung waren, dass ihr Land mehr als Sibirien zu bieten habe. Leider konnte ich dazu keinen Standpunkt vertreten, denn damals hatte ich noch keine Gelegenheit, Kanada zu besuchen.

Die uns freundlich gesinnten »Kapitalisten« boten uns zwei Plätze in ihrem Reisebus an, der, auf dem Landweg aus Irkutsk gekommen, bereits am Hafen stand. So ging die Fahrt weiter nach Listwjanka am Baikalsee nahe der Stelle, an der die Angara den See verlässt. Gemeinsam besuchten wir das der Akademie der Wissenschaften gehörende Baikal-Museum. Es bot uns einen Überblick über die einmalige Flora und Fauna der Region. Überwältigend sind die riesigen Dimensionen des Baikal, dem 650 Kilometer langen, mit 1.625 Metern tiefsten und wasserreichsten Süßwassersee der Welt, der etwa 31.000 Quadratkilometer Oberfläche und 23.000 Kubikkilometer Wasservolumen aufweist (/3.12/).

Wir verbrachten noch weitere gemeinsame Stunden mit den Amerikanern und gelangten mit ihrem Bus sogar zurück nach Irkutsk. Im schriftlichen Reisebericht an die TU erwähnten wir die Begegnung mit den »Kapitalisten« vorsorglich nicht. Darüber war ich mit der mir gegenüber ziemlich reservierten Beate absolut einig.

Mehrere Dienstreisen konnte ich während meiner Tätigkeit an der TU Dresden auch zu den Hochschulen in Warschau, Prag, Budapest und Sofia unternehmen. Überall traf ich aufrichtige und freundliche Fachkollegen, mit denen ich mich gut verstand und schöne gemeinsame Erlebnisse hatte.

Natürlich entstanden aus diesen Reisen auch Verpflichtungen. Die Gastgeber im Ausland waren zum anderen Zeitpunkt auch Gäste der TU Dresden und mussten adäquat betreut werden. Für mich ergab sich daraus hin und wieder die Gelegenheit, gemeinsam mit ihnen die Dresdner Semperoper, die Dresdner Philharmonie oder die Dresdner Museen zu besuchen, wofür ich gern die Kosten übernahm. Für meine privaten Einladungen suchte ich aber lieber eine Gaststätte aus, denn ich schämte mich oft, die Gäste in meine bescheidene 25-Quadratmeter-Einraumwohnung zu bitten.

Es gab auch Versorgungs- und delikate Spezialwünsche, deren Erfüllung zu den Betreueraufgaben gehörte. Ein bekannter Professor aus Sofia war hinsichtlich seiner privaten Wünsche eine absolute Spitzenkraft. Einmal musste ich sogar seine bei einer Dresdner Freundin vergessene Unterwäsche abholen und bei nächster Gelegenheit mit nach Sofia nehmen. Dafür war er aber in seinem Land ein hervorragender Organisator von Exkursionen zu Kraftwerksanlagen, die sich in unmittelbarer Nähe zu touristischen Anziehungspunkten befanden. Stets waren diese Besichtigungen mit einem lukullischen Gelage verbunden, das der Professor den Kraftwerksbetreibern abverlangte. Zweimal besuchte ich mit einer Studentengruppe das Kraftwerk von Varna, und in beiden Fällen war das frühherbstliche Schwarze Meer noch badewarm. Ein anderes Mal besuchten wir ein Kraftwerk in Sofia und unternahmen Ausflüge in das nahegelegene winterliche Vitoscha-Gebirge. Rodelschlitten hatten wir nicht dabei, doch große Plastetüten erfüllten denselben Zweck.

Für die Erholung von der sitzenden Kopfarbeit in den stickigen Arbeitsräumen der TU fehlte mir das Wochenendhaus in Karsdorf, das ich infolge der Ehescheidung meiner Tochter übereignet hatte. Also suchte ich nach einer neuen Bleibe im Grünen und ich fand ein ruhig gelegenes Grundstück am Radebeuler Katzenloch. Dieser Name »Katzenloch« steht für einen mit Grundwasser vollgelaufenen ehemaligen Steinbruch in Radebeul-Lindenau, in dem früher ungeliebte Katzen ersäuft wurden. Zum Kriegsende 1945 soll dort die SS ihre Schusswaffen versenkt haben. Wahrscheinlich waren es auch diese Leute, die einige geschlossene Blechbehälter mit giftigen Chemikalien hineingeworfen hatten. In den späteren achtziger Jahren, nachdem ich schon mehrmals den Teich vom Laub der am Rande stehenden Eichen gesäubert hatte, richteten diese Chemikalien in kurzer Zeit allerhand Umweltschäden an. Vermutlich waren die Blechbehälter undicht geworden. Das Dasein der im Teich angesiedelten Fische wurde damit beendet.

Die Eigentümerin des Anwesens war die bereits betagte Rentnerin Frau Burghard. Eigentlich wollte sie nur einen Teil des Grundstücks verpachten. Doch nach einigen Überredungen und meiner Zusicherung, dass ich ihr bei Handwerks- und Gartenarbeiten auf ihrer verbleibenden, weit größeren Parzelle künftig behilflich sein wolle, verkaufte sie mir einen etwa 600 Quadratmeter großen Anteil des Anwesens.

Ich genoss den herrlichen Südblick auf eine zum Landschaftsschutzgebiet gehörende Rehwiese. Und ich hatte nun endlich wieder ein bauhandwerkliches Betätigungsfeld. Eine bauamtliche Genehmigung für ein Wochenendhaus und ein Fertigteilbungalow waren bald beschafft, und bereits im Herbst des Jahres 1979 war dieses etwa 30 Quadratmeter große Häuschen errichtet. Es stand auf einem Keller und einer Garage, in die gerade ein Auto vom Typ Wartburg-Kombi passte.

Dieses Auto konnte ich mir leisten, nachdem unserer Mutter ein Erbe eines in Oslo verstorbenen Verwandten der Mehlhorner Linie ausgezahlt worden war. Sie überschrieb dieses Erbe ihren drei Söhnen zu gleichen Teilen. Das Geld wurde uns über ein Berliner Anwaltsbüro in Westmark ausgezahlt, nicht ohne davon einen stattlichen Teil für die ungesetzliche Transaktion einzubehalten. Besaß man nun wie wir ein paar tausend Westmark, so konnte man sich sofort ein Auto vom Typ Wartburg in der gewünschten Farbe auswählen und im Herstellerwerk abholen. Die reguläre Bestellung eines Normalbürgers auf der Basis der DDR-Mark wäre dagegen erst nach einer Wartezeit von zwölf bis fünfzehn Jahren beliefert worden.

Wir hatten uns an diese Mangelverwaltungspraxis in der DDR gewöhnt, so dass wir unser Leben auch mit vielen Einschränkungen genießen konnten. Doch das neue Auto auf Westgeldbasis war für mich eine große Freude, zumal der alte klapprige Lada fast fünfzehn Jahre auf den Achsen hatte.

Natürlich gab es auf dem Lindenauer Grundstück auch in den Folgejahren noch viel zu tun. Ich übte mich im Verkleiden der Außenwände mit Pirnaer Sandstein und im Bau von Trockenmauern, aber auch mit Kunst am Bau aus Stahl und Kupfer.

In die Bauzeit des Wochenendhauses am Katzenloch um das Jahr 1980 fällt auch der Beginn meiner Männerfreundschaft mit Christian, einem damals alleinstehenden acht Jahre jüngeren Fachkollegen aus dem deutschen Norden. Wir lernten uns über das postgraduale Studium Fernwärmeversorgung an der TU Dresden kennen, an dem er teilnahm und zugleich als Kursussprecher die Interessen der Zuhörer vertrat.

Komisch dabei war, dass wir beide schon mehrere Jahre im selben Hochhaus am Hauptbahnhof in einer gleichgroßen Einraumwohnung lebten, uns aber bis zu diesem Weiterbildungsstudium noch nie begegnet waren.

Hin und wieder trafen wir uns dann daheim zum gemeinsamen Abendessen. Regelmäßig fuhren wir an den Wochenenden hinaus auf unsere Wochenendgrundstücke, um dort gemeinsam zu bauen. Er hatte in der malerischen Umgebung des Osterzgebirges ein Pachtgrundstück erworben und darauf ein individuell gestaltetes Häuschen in Holzskelett-Bauweise errichtet. Dieses Gebäude stand auf einem erhöhten Betonfundament, das wir nun in gemeinsamer Arbeit mit Sandsteinen verkleideten.

Auch auf meinem Lindenauer Grundstück waren es Sandsteine, mit denen wir unter anderem die Garagenwände verzierten. Wir trafen uns samstags bei ihm, sonntags bei mir, am Folgewochenende umgekehrt. Für die Beköstigung war immer der Gastgeber verantwortlich. Meist war es aber nur ein Fertiggericht aus dem Feinkostladen, das uns dabei einfiel und das es nur warmzumachen galt.

Christian war und ist immer noch sehr sportlich. Einmal leisteten wir uns einen gemeinsamen Wintersporturlaub in den bulgarischen Rhodopen. Auch später, nachdem er seine Jugendliebe, die aus Thüringen stammende Irmi wiederfand und heiratete, trafen wir uns zum gemeinsamen Skilanglauf in der Dresdner Heide. Diese Freundschaft, auch mit Irmi, besteht noch heute und uns verbinden viele schöne gemeinsame Erlebnisse.

Natürlich bemühte auch ich mich viele Jahre um eine neue stabile Partnerschaft. Doch bei meinem beruflichen Engagement und meinen oft zu hoch gegriffenen Erwartungen musste ich feststellen, dass es nicht leicht war, eine liebe Gefährtin für das weitere Leben zu finden.

Mein erster Versuch nach der Scheidung hieß Uschi. Sie war blond, schlank, sportlich, charmant, begehrenswert, schlagfertig und sechs Jahre jünger als ich. Im Jahr 1977 lernte ich sie auf der Grundlage einer Annonce kennen und verliebte mich sehr bald in sie. Aus einer ostsächsischen Kleinstadt stammend, hatte sie ein Ingenieurökonom-Studium absolviert. Zu unserer Zeit war sie persönliche Referentin des technischen Direktors eines Dresdner Großbetriebes. Nach geschiedener Ehe wohnte sie mit ihrem zwölfjährigen Sohn Michael in einer Zweiraumwohnung eines Dresdner Wohnblocks.

Zu Michael hatte ich von Anfang an einen guten Draht. Wir empfanden uns als Kameraden unterschiedlichen Alters, und er war offen für meine väterlichen Ratschläge. Er hantierte gern mit einer leistungsstarken Stereoanlage, die ich in Uschis Wohnung stationiert hatte. Wenn er allein in der Wohnung im achten Obergeschoss war, hörte ich das Radio bei meinem Kommen bereits auf der Straße.

Ich bemühte mich damals sehr um diese Partnerschaft. Wir erlebten in den zwei gemeinsamen Jahren zwei erholsame Urlaubsaufenthalte in den slowakischen Bergen. Uschi nahm auch an einem Dreitage-Wochenendausflug teil, den ich einmal für die TU-Arbeitsgruppe im Osterzgebirge organisiert hatte. Doch die sie stets begleitende geheimnisumwitterte Zurückhaltung, die sie von Anfang an ausstrahlte, legte sie mir gegenüber nie ab. Eines Tages offenbarte sie mir dann, dass ihr unsere Beziehung für eine dauerhafte Partnerschaft nicht ausreiche. Offenbar fehlte mir das gewisse dominante Etwas, das ein Mann vom Schlage ihres Chefs ausstrahlen konnte. Doch Näheres zu dieser Beziehung habe ich nie erfahren. Was hätte es auch genützt? Innerlich war ich sehr enttäuscht, doch schließlich musste ich diese hoffnungsvolle Bekanntschaft als Niederlage verarbeiten.

Einige Monate später, es war im April 1979, lernte ich Regina kennen. Der Vorname hatte sich mir ja aus früherer Zeit eingeprägt, doch alles andere war völlig neu für mich. Mit ihrem Sohn Carsten aus ihrer geschiedenen Ehe wohnte sie in einer Dreiraumwohnung im Südosten von Dresden. Sie war schwarzhaarig, schlank, attraktiv, selbstbewusst, einige Jahre jünger als ich und liebte die grellen Farben. Sie lebte nach der Devise, Schönheit vergeht nicht, sie braucht nur Jahr für Jahr etwas länger. In der Tat dauerte es zu unserer Zeit morgens mindestens eine halbe Stunde, bis sie ihren Schminkprozess absolviert hatte. Doch dann strahlte ihr Antlitz wieder in vollendeter weiblicher Schönheit.

Ihren Wunschfarben entsprach auch ein postkutschengelbes Auto der Marke Skoda, das bereits seine besten Jahre hinter sich hatte. Eine meiner ersten Aufgaben in dieser Beziehung war es deshalb, das Batteriefach und den Kofferraumboden durch einen Korrosionsschutzanstrich vor dem völligen Durchrosten zu schützen.

Doch Reginas Farbenfreudigkeit hatte auch ihre Grenzen. Als ich einmal von einer Dienstreise aus Moskau zurückkehrte, brachte ich eine Flasche mit rotem russischem Sekt mit. Im Flugzeug vom Typ Il 18 hatte sie unter meinem Fenstersitz am Luftaustritt der Klimaanlage gestanden und der Flug war ziemlich turbulent. Vermutlich deshalb hatte sich der Flascheninhalt noch nicht beruhigt, als er am selben Abend noch getrunken werden sollte. Beim Öffnen der Flasche spürte ich den starken Druck und hielt den Korken fest in der Hand. Doch die volle Flasche rutschte mir durch die Beine nach hinten. Als ungesteuerte Rakete schoss sie in schwungvollen Escarpaten über den Fußboden, bis sie sich des schäumenden Inhalts entledigt hatte. Unangenehm dabei war weniger der Verlust der kostbaren Flüssigkeit, viel mehr, dass sich zwischen Flasche und Fußboden ein fast neuer beige-gelber Perserteppich befand. Darauf zeichnete sich nun ein eindrucksvolles Bild in kräftigem Rot ab. Ein Unbeteiligter hätte das vermutlich als ein interessantes Fußbodengemälde gedeutet. Doch meine Gastgeberin und die Gäste, deren Blicke erschreckt von den leeren Sektgläsern auf die Spuren im Teppich wechselten, empfanden diese meine Unterhaltungseinlage als nicht besonders gelungen. Mir war dieser Vorfall außerordentlich peinlich.

Als studierte Ökonomin war Regina in einer Dresdner Kombinatsleitung für die Verteilung der finanziellen Mittel an die unterstellten Kombinatsbetriebe verantwortlich. Dabei musste sie jene gewisse Härte beweisen, die bei Übertragung großer Geldmengen an fordernde Betriebe eben notwendig ist. Schließlich trug sie damit eine große Verantwortung, bei der es auch galt, unbegründete Forderungen schlitzohriger oder hart kämpfender Persönlichkeiten abzuwehren.

Diese Härte war ihr aber auch im persönlichen Leben zu eigen. Bereits am Morgen unserer Hochzeit im Oktober 1979 war ich mir deshalb nicht sicher, ob ich dieser Härte gewachsen bin und in dieser Ehe dauerhaft glücklich sein kann. Mein Fehler war, dass ich diese Bedenken verdrängte und bei dem sinnwidrigen Standpunkt blieb, dass »Mann« halten müsse, was »Mann« versprochen hatte.

An unseren unterschiedlichen Charakteren und den ungelösten Tagesproblemen zerbrach unsere Ehe innerhalb eines Jahres. Die größten Probleme waren das gegenseitig schwindende Vertrauensverhältnis und die Versetzungsgefährdung von Reginas Sohn Carsten. Sehr sensibel, fühlte er sich zu seinem Vater hingezogen. Ihm ähnelte er in seinen Neigungen, Interessen und Empfindungen. Der mir gegenüber zurückhaltende Junge konnte die Scheidung seiner Eltern nicht verwinden. Doch Vater und Sohn durften sich monatlich nur einmal treffen, denn Regina hatte das Sorgerecht. Nicht nur deshalb, wohl auch infolge unserer ehelichen Spannungen igelte sich Carsten immer weiter ein. Seine Mutter und ich waren ratlos. Während ihres Kuraufenthaltes zu Beginn des Jahres 1981 vertrat ich ihr Sorgerecht. In diesen Wochen suchte ich Kontakt und Hilfe bei Carstens Vater. Eigentümlicherweise fanden wir zwei sofort einen offenen Draht, sogar Sympathie zueinander. Doch meiner ehelichen Beziehung war die Begegnung mit Carstens Vater überhaupt nicht zuträglich, auch nicht mein anschließendes Gespräch mit Carstens Lehrerin. Ich hatte damit wohl doch meine Kompetenz überschritten. Es kam zum Streit und ich zog im Frühjahr 1981 wieder in meine Wohnung im Hochhaus am Dresdner Hauptbahnhof. Im Juli 1981 wurde diese zweite Ehe geschieden.

Dieses erneute Fiasko einer gescheiterten Partnerschaft, war sie auch nur von kurzer Dauer, empfand ich wiederum als eine schwere persönliche Niederlage. Ich brauchte erst einmal eine Zeit der Besinnung. Eine Hilfe dabei waren die gemeinsamen Bauarbeiten mit Christian an unseren Wochenendhäusern und unsere Gespräche.

Christian hatte auch zwei zuverlässige Bezugsquellen für interessante Literatur. Das war sowohl sein Bruder als Lyrikprofessor an der Greifswalder Universität als auch eine Bekannte in einem Pirnaer Buchladen. Nie wieder in meinem späteren Leben fand ich so viel Zeit zum Lesen schöngeistiger Literatur.

In den Jahren 1982 und 1983 begann neuer Stress an der TU Dresden. Ich hatte mir in den Kopf gesetzt, eine weitere Dissertation zu schreiben. Deshalb widmete ich mich intensiv den technischen Fragen zur wirtschaftlichen Wärmeversorgung mittels der Kraft-Wärme-Kopplung. Es handelte sich um die Wärmeauskopplung aus dem im Bau befindlichen Kernkraftwerk Stendal, das die Stadt Magdeburg und kleinere Anliegerstädte künftig mit Fernwärme versorgen sollte. Unvorhergesehener Stress entstand deshalb, weil nacheinander zwei Mitarbeiter ausfielen, die an der Bearbeitung meines Staatsplanthemas beteiligt waren. So erlitt ich im Herbst 1983 einen Hinterwand-Infarkt, der mich für drei Monate zur Ruhe zwang. Die heute allgemein bekannten Nachsorgemaßnahmen, verbunden mit einem dosierten Herzsport, waren damals – zumindest in meiner Umgebung – noch unbekannt. Meine späteren gesundheitlichen Einschränkungen hätte ich damit sicher mildern können.

Es war auf einer Bahnfahrt von Dresden nach Magdeburg, als ich im Sommer 1984 Christel kennenlernte. Sie war mit ihren beiden Töchtern zu ihrer Mutter im Anhaltinischen unterwegs und intensiv bemüht, den Mädchen beim Russischpauken zu helfen. Dank meiner häufigen Moskau-Aufenthalte war es damals ein Leichtes für mich, sie dabei etwas zu unterstützen.

Christel war von natürlicher Schönheit, fast zehn Jahre jünger als ich, Ärztin von Beruf, eine ausgezeichnete Köchin und hatte eine nachahmenswert einfühlsame Fähigkeit, mit Kindern umzugehen.

Für mich war diese Beziehung eine große Herausforderung, insbesondere um die Anerkennung der beiden Mädchen zu erlangen. Die beiden, sie waren damals zwölf und zehn Jahre alt, waren sehr intelligent und vielseitig interessiert. Ich staunte, woher Almut, die Jüngere von beiden, ihr breites Wissen von den verschiedenen nordamerikanischen Indianerstämmen hernahm. Doch die zwei Mädchen hatten einen sehr guten Kontakt zu ihrem Vater und offenbar die Vorstellung, die geschiedenen Eltern wieder zusammenführen zu können. Verübeln kann man es den Kindern nicht. Ich hatte dabei einen schweren Stand. War ich doch für sie ein Eindringling, ein Störenfried, der nicht zur Familie gehörte. Hinzu kam, dass ich mir auf diesem ungewohnten Terrain ziemlich hilflos vorkam. An den gemeinsamen Wochenenden bei Sport und Spiel war ich gehemmt und ich benahm mich gegenüber den Mädchen offenbar ziemlich linkisch und gekünstelt. So kam ich keinen Schritt weiter, um das Vertrauen der Kinder zu erlangen. So schön das Beisammensein mit Christel war, so spannungsgeladen war die Atmosphäre mit den Mädchen. Sie wollten mich einfach nicht und zogen sich zurück, sobald ich kam.

In dieser Zeit stellte ich mir monatelang die Frage, wie es mit unserer Beziehung weitergehen könnte. Das abendliche Treffen mit Christel genügte mir nicht. Für Christel war natürlich das Wohl ihrer Kinder das Wichtigste. Ich wollte mehr, auch mal einen gemeinsamen, aber spannungsfreien Urlaub mir ihr und ihren Kindern erleben, vielleicht sogar eine neue Ehe schließen. Möglicherweise hatte ich den Kindern gegenüber zu wenig Geduld und Engagement bewiesen. Hatte ich bereits in meinen jungen Jahren versäumt, an der kindlichen Entwicklung unserer Tochter Kerstin intensiven Anteil zu nehmen, so fiel es mir im fortgeschrittenen Alter noch schwerer, den richtigen Draht zu den pubertären Mädchen zu finden. Allein aus dem Grunde endete unsere Beziehung im Frühjahr des Jahres 1986.

So widmete ich mich wieder verstärkt der Lehre und Forschung an der TU, erwarb den hochschulpädagogischen Abschluss und arbeitete an der Dissertation B.

Im Sommer 1986 bot sich mir die Gelegenheit, ein westlich orientiertes Land auf legalem Wege für einen Zeitraum von drei Jahren kennenzulernen. Die ehemalige DDR brauchte dringend Devisen, um die Zinsen der Kredite zahlen und den ständig wachsenden Schuldenberg abtragen zu können. Das Ministerium für Hochschulwesen hatte deshalb einen Vertrag mit der algerischen Regierung abgeschlossen. Darin war vereinbart, spezielle Hochschullehrer als Gastprofessoren oder Dozenten zu einem dreijährigen Einsatz an der Technischen Hochschule in der algerischen Stadt Blida zu verpflichten. Mich reizte diese Aufgabe, zumal diese am Rande des Atlasgebirges gelegene Stadt mit damals etwa 170.000 Einwohnern (/3.13/) auch landschaftlich sehr interessant schien.

Die Voraussetzung für diesen Einsatz war die Beherrschung der französischen Sprache. Nach meiner erfolgreichen Bewerbung wurde ich zu einer zehnmonatigen Sprachintensiv-Ausbildung in Jena delegiert. Wir waren dort fünf Männer im Alter zwischen 30 und 52 Jahren, die von Montagmittag bis Freitagnachmittag gemeinsam im Seminarraum saßen und von einer charmanten, aber strengen Russin und einem locker-lustigen Muttersprachler getrimmt wurden. Unsere Voraussetzungen für diese Sprachausbildung waren sehr unterschiedlich. Die drei jüngeren Teilnehmer um die Dreißig besaßen solide Vorkenntnisse aus ihrem Französisch-Unterricht an der Oberschule. Professor Wiegleb, ein um ein Jahr älterer Wasserwirtschaftler, und ich hatten es dagegen schwerer. Wir zwei über Fünfzigjährigen quälten uns über alle zehn Monate in Jena, um die gepaukten Vokabeln einigermaßen zu behalten. Dabei war die Ausbildung nach der Methode »Sehen – Hören – Lesen – Sprechen«, die sich um die lustigen Geschichten von Pierre und Marie rankte, für die damalige Zeit sehr modern und effektiv. Das Handicap der fehlenden Sprachkenntnisse und des reiferen Alters bedeutete für uns zwei jedoch, dass wir jede freie Minute an den Wochenenden nutzen mussten, um den erlernten neuen Stoff zu pauken und zu vertiefen. Sogar die Bahnfahrten zwischen Dresden und Jena nutzten wir dafür. An eine Feierabendtätigkeit für Nebenverdienste, an die ich mich seit vielen Jahren gewöhnt hatte, war überhaupt nicht zu denken.

Schließlich schaffte ich diese Sprachausbildung im Frühsommer 1987. Doch zu einem Einsatz in Algerien kam es glücklicherweise nie. Ich wurde abgelehnt. Wäre ich in Algerien gelandet, so hätte ich die Wende in Deutschland verpasst. Professor Wiegleb, der bis 1991 drei Jahre in Algerien verbrachte, erzählte mir später, dass es ein hartes Brot gewesen sei, das ihm dort vorgesetzt wurde. Er musste viele zusätzliche unbezahlte Unterrichtsstunden für Nachhilfeunterricht leisten, weil das von den Studenten mitgebrachte Wissen oft zu lückenhaft war. Seine Ehefrau durfte ihn nur selten besuchen.

Der Grund für meine Ablehnung durch die »Staatsorgane«, sprich die Stasi, war meine damals neue Freundin und nun langjährig treu gebliebene Karin, mit der ich inzwischen über 27 Jahre glücklich verheiratet bin. Doch darüber werde ich im nächsten Kapitel erzählen.

Wir lernten uns an einem Wintersamstag des Jahres 1987 bei einem Nachmittags-spaziergang durch Radebeul kennen. Es war der 21. Februar, einer jener Samstage, an denen man zwar den Stress der Arbeitswoche abgeschüttelt hatte, als Single je-doch das beklemmende Gefühl des Alleinseins mit sich herumträgt. Bei mir sprang der Funke sofort über. Es war wohl Zeit und Anlass für einen Neubeginn.

Abends war ich von Christians Irmi zum Geburtstag eingeladen. Deshalb war unser erstes Treffen relativ kurz.

Karin wohnte damals mit ihrer einzigen Tochter, der siebzehnjährigen Susi, in einer Dreizimmer-Erdgeschosswohnung in Radebeul.

Karin ist ein ausgeprägter Steinbock und deshalb weiß sie, was sie will. Sie wurde am 6. Januar des Kriegsjahres 1943 etwa 15 Minuten nach ihrem Zwillingsbruder Volker geboren. Das war im schlesischen Seifersdorf im heutigen Polen. Ihre Mutter Irmgard zog wenige Monate später mit den beiden Kindern nach Görlitz.

In ihrer Kindheit muss Karin ein toller Wildfang gewesen sein. Kein Baum war ihr zu hoch, um ihn zu erklimmen, kein Graben zu breit, um über ihn hinwegzu-springen. Wohl auch deshalb hat sie ihr erstes Berufsleben dem Sport gewidmet. Kinder- und Jugendsportschule mit Abitur in Dresden und Hochschulstudium mit Sportlehrerdiplom an der DHfK (Deutsche Hochschule für Körperlultur) in Leipzig waren die Etappen und die Grundlage für ihren Lehrberuf an ostdeutschen Ingeni-eurschulen. Das zweite Lehrfach Russisch hatte sie gewählt, weil damals ihr Wunsch-fach Biologie ausgebucht war.

Wie es in der ehemaligen DDR üblich war, konnten die frisch gebackenen Lehrer für die ersten zwei Arbeitsjahre den Ort ihrer Tätigkeit nicht selbst bestimmen. Der Staat brauchte Karin im Harz. Dort arbeitete sie zunächst in Oschersleben und später an der Agraringenieurschule in Wernigerode, wo auch Susi zur Welt kam. Von Wernigerode zog sie im Jahr 1980 zusammen mit Susi zu ihrem Ehemann nach Radebeul.

Als ich Karin kennenlernte, unterrichtete sie an der Ingenieurschule für Geodäsie und Kartographie in Dresden. Anmutig, sportlich, schlank und durch ihre gepflegten, blonden, dichten Haare wirkte sie wesentlich jünger als mit ihren damaligen 43 Jahren.

Wir konnten uns anfangs nur an den Wochenenden treffen, denn von Montag bis Freitag saß ich bis zum Juni 1987 auf der Jenaer Sprachschulbank.

Karin hatte zu dieser Zeit allerhand Unannehmlichkeiten bei ihrem Arbeitgeber auszustehen. Die Ingenieurschule für Geodäsie und Kartographie gehörte wegen des Umgangs mit geheim zu haltendem Kartenmaterial zum Ministerium des Innern der DDR. Deshalb bestand man dort auf dem Verzicht aller Kontakte zu Verwandten oder Freunden in Westdeutschland. Die Frage, ob eine Sport- und Russischdozentin Zugang zu speziellen geheimen Landkarten haben könnte, wurde dabei nie gestellt. Deshalb musste auch Karin eine solche Verzichtserklärung unterschreiben.

Nun meinte eine böswillige Person, der Ingenieurschule zutragen zu müssen, dass Karin einen Weihnachtsgruß ihrer Cousine Lisa aus dem westlichen Helmstedt erhalten, aber der Schule nicht gemeldet hatte. Wegen dieses ihres »Vergehens« vollzog sich daraufhin ein wahrer Spießrutenlauf. Ihre bevorstehende Ernennung zur Abteilungsleiterin wurde annulliert, die vorgesehene Gehaltserhöhung gestrichen. Vor der Parteiversammlung sollte sie ihren Fehltritt reumütig bedauern. Das aber ließ ihre Würde nicht zu, was für sie zu weiterem Ärgernis an dieser Einrichtung führte. Das alles hatte sie aber seelisch so stark belastet, dass sie nach einigen Monaten das Arbeitsverhältnis kündigte und an die Medizinische Fachschule in Arnsdorf bei Radeburg wechselte.

Die neue prickelnde Bekanntschaft mit Karin verstrickte mich von Woche zu Woche mehr mit inneren Zweifeln am Sinn meines geplanten Auslandseinsatzes. Was sollte ich drei Jahre lang allein in der algerischen Stadt Blida, wenn mir dadurch eine neue harmonische Partnerschaft in der Heimat entgleiten könnte? Andererseits hatte ich aus der Sicht des Hochschulministeriums kein hinreichendes Argument, um meine dafür abgegebene Verpflichtung zu widerrufen.

Dann gab es eine exzellente Fügung. Die Sicherheitsorgane – dahinter verbarg sich vermutlich irgend ein Ressortverantwortlicher in der Dresdner Stasizentale auf der Bautzener Straße – ließen mir nach meiner bestandenen Sprachprüfung ohne Begründung mitteilen, dass mein Blida-Einsatz abgelehnt worden sei. Oh, war ich glücklich über diese Entscheidung!

Die zeitnahen Konsequenzen aus dieser Ablehnung für den Auslandseinsatz waren für meine weitere berufliche Tätigkeit an der Uni überschaubar und durchaus erträglich. Das postgraduale Fernstudium war während meiner einjährigen Abwesenheit an meinen Fachkollegen Wolfgang übertragen worden. Doch ich blieb weiterhin wissenschaftlicher Oberassistent des Wissenschaftsbereiches. Zum Bereichsleiter war zwischenzeitlich Professor Bernstein berufen worden, und er war nun mein neuer Chef. Er kam aus der Industrie und hatte nach dem Ausscheiden des emeritierten Professor Altmann die Arbeitsgruppe Kraftwerkstechnik übernommen. Offiziell zwar auf parteitreuer Linie war er umgänglich und verständnisvoll, hin und wieder sogar kameradschaftlich. Kurz nach der Wende starb er mit 64 Jahren viel zu früh an einem Herzinfarkt.

Fachlich konnte ich der Arbeitsgruppe Energiesystemtechnik von Professor Munser treu bleiben und meine Dissertation B fertigstellen. Im Herbst 1987 reichte ich sie ein und verteidigte sie im Jahr 1988 (/4.1/). Nach der Wende wurde sie mir als Habilitationsschrift anerkannt.

Doch welche Konsequenzen hatte die Ablehnung meines Auslandseinsatzes für unser persönliches Leben, für meine Partnerschaft mit Karin? Wir liebten uns beide. Karin war bezüglich einer neuen festen Bindung aber zurückhaltender als ich. Schließlich hatte sie erst kurze Zeit vorher ihre Ehescheidung erlebt und Tochter Susi war gerade erst 18 Jahre alt geworden. Nach abgeschlossener Zehnklassen-Schulausbildung hatte Susi zu dieser Zeit das erste Lehrjahr als Versicherungskauffrau absolviert und brauchte die mütterliche Unterstützung für die noch bevorstehenden zwei weiteren Lehrjahre.

Andererseits konnte ich mir nur geringe Chancen für eine harmonische Partnerschaft mit Karin vorstellen, falls wir nach dem Auszug des Exmanns zu dritt in der Radebeuler Dreizimmerwohnung leben würden. Musste mich doch Susi nach den Enttäuschungen mit Mutters Partner erst einmal kennenlernen, um mich bestenfalls als einen väterlichen Freund akzeptieren zu können. Meine früheren Probleme mit heranwachsenden fremden Kindern und Jugendlichen hatten bei mir tiefe Spuren hinterlassen.

Also erlebten Karin und ich erst einmal einen gemeinsamen, erholsamen Wanderurlaub in der slowakischen Weißen Tatra. Anschließend zog sie mit in meine Einraumwohnung im Hochhaus am Dresdner Hauptbahnhof. Glücklicherweise lernte Susi in dieser Zeit ihren Freund und späteren Partner und Ehemann Thomas kennen.

Die beiden sind nun schon über 27 Jahre ein Paar und haben zwei liebe Kinder, die heute fast erwachsene Paula und den jüngeren Fußballer Willi.

Im Februar des Jahres 1988 heirateten Karin und ich. Einige Monate später konnten wir die Einraumwohnung gegen eine AWG-Zweizimmerwohnung mit 47 Quadratmeter Wohnfläche im Dresdner Stadtzentrum tauschen. Sie lag im Dachgeschoss im vierten Stock und hatte nur nach Süden gerichtete Fenster. Wegen der fehlenden Dachisolierung herrschten dort im Sommer bis zu 40 Grad Raumtemperatur. Aber zum Glück hatten wir ja noch das Wochenendhaus in Radebeul-Lindenau, das wir bis zum Spätherbst nutzen konnten.

Die politische Missstimmung in der DDR hatte sich, besonders seit dem Jahr 1987, immer weiter zugespitzt. Wenn wir uns mit Freunden trafen, ganz gleich wo das war, so brauchten wir nicht mehr wie früher erst einige Stunden oder drei Gläser roten Weins, um über die verfahrene wirtschaftliche Situation in der DDR und über die unsinnige Abschottung nach dem Westen zu diskutieren. Doch es blieb dabei nicht nur beim Schimpf, wir glaubten auch an Lösungen und stritten darüber. Angeregt wurden wir durch den von Michael Gorbatschow in der ehemaligen UdSSR seit 1986 eingeleiteten Entwicklungsprozess, bekannt unter den Begriffen »Glasnost« (Offenheit) und »Perestroika« (Umstrukturierung) (/4.2/). Er zeigte uns einen möglichen Ausweg aus der bestehenden Situation in der damaligen DDR. Umso unverständlicher war die weiter bestehende harte politische Linie der Betonköpfe an der ostdeutschen Spitze. Die Öffnung nach dem Westen, die in der Sowjetunion durch die Aufgabe der Breschnew-Doktrin im Jahr 1988 eingeleitet wurde, »erlaubte den osteuropäischen Staaten, die Demokratie einzuführen« (/4.2/). In Polen und Ungarn nahm dies seinen Anfang.

In Dresden fanden erste Demonstrationen von ausreisewilligen Bürgern auf dem Altmarkt statt (/4.3/).

An der Technischen Universität Dresden wurde jetzt offen über notwendige politische und wirtschaftliche Veränderungen diskutiert. Folgendes Beispiel macht das kenntlich: Als ich mich im Kreise von Energiewirtschaftlern wieder einmal über die Sinnwidrigkeit der zu niedrigen Wärmepreise und der verschwenderischen pauschalen Heizkostenabrechnung echauffierte, antwortete mir Professor Kraft sarkastisch: »Was willst du denn mit einem solchen Detail? Wenn du den Wärmepreis erhöhst, dann werden die Leute ihre Öfen mit Semmeln heizen, die haben auch einen Heizwert und sind dazu spottbillig.« Mit den Semmeln meinte er die sächsischen Brötchen. Wie recht er hatte, mit Detailmaßnahmen allein war keine Lösung in Sicht. Professor Kraft hatte mir bei der Formulierung meiner B-Dissertation wertvolle Hinweise gegeben. Dazu lud er mich mehrfach in sein Haus im Dresdner Südosten ein. Ich habe ihn hochachtungsvoll geschätzt, und zwischen uns bestand ein offenes und herzliches Verhältnis.

Der Freiheitswille der Menschen in der ehemaligen DDR begann sich im Sommer des Jahres 1989 unwiderruflich zu verselbstständigen. An folgende politische Ereignisse kann ich mich erinnern: Im Juni kam Gorbatschow zu einem Staatsbesuch in die Bundesrepublik. In einer »gemeinsamen Erklärung« bekräftigte die Sowjetunion erstmals das Recht eines jeden Staates, »das eigene politische und soziale System frei zu wählen« (/4.2/). Am 27. Juni folgte dann die medienwirksame Geste der beiden Außenminister von Ungarn und Österreich, indem sie den Grenzstacheldraht zwischen ihren Ländern durchschnitten.

Die DDR-Regierung konnte die Ferienreisen ihrer Bürger nach Ungarn und in die

Tschechoslowakei zum Glück nicht verhindern, denn das hätte einen Volksaufstand hervorgerufen. Als Karin und ich während unseres zweiten gemeinsamen Sommerurlaubs mit dem Auto auf einem Budapester Campingplatz übernachteten, standen viele abgestellte Trabis auf dem Parkplatz. Sie waren von den nach Österreich geflüchteten Urlaubern hinterlassen worden. Wir zwei wollten uns nicht anschließen und fuhren mit unserem Wartburg-Kombi weiter nach Bulgarien. In Sosopol erlebten wir einen spartanischen und abenteuerlichen Urlaub. Dort wurde geklaut, wie man es nur von den diebischen Elstern her kennt. Abends mussten wir von unserem vor dem Haus abgestellten Auto die Scheibenwischer, die Kunststoff-Heckleuchten und vieles andere demontieren. Erst als ich nach mehreren Ersatzteil-Betteleien der Einwohner einen mitgebrachten Keilriemen verschenkt hatte, beruhigte sich die Lage. Der eindrucksvolle Urlaub am Schwarzen Meer ist uns dennoch in angenehmer und bleibender Erinnerung.

Parallel zu den Montagsdemonstrationen in Leipzig, die am 4. September 1989 mit 1.200 Teilnehmern begannen und ihren Höhepunkt mit einer halben Million Beteiligten am 6. November erreichten (/4.4/), steigerten sich auch an der TU Dresden die auf einen Wandel zielenden Aktivitäten.

Ich hatte mir in den Kopf gesetzt, die in meiner Habilitationsschrift enthaltenen Ergebnisse zu energiewirtschaftlichen Problemen in einer Petitionsschrift an die Regierung zusammenzufassen. Dafür fand ich auch die Zustimmung von elf weiteren Wissenschaftlern der Sektion Energieumwandlung, die das Pamphlet mit unterzeichneten. Die darin genannten technischen Lösungen zur verstärkten Umweltenergienutzung und Anwendung der Kraft-Wärme-Kopplung sind in modifizierter Form noch heute aktuell. Ich arbeitete daran wie ein Besessener. Selbst als ich zwei

Tage lang gemeinsam mit einigen jüngeren Assistenten mit dem Zug nach Sofia unterwegs war, feilte ich an dem Entwurf. Die anderen erfreuten sich unterdessen beim Skatspiel.

Für die Rückkehr hatte ich einen Flug am 3. Oktober 1989 nach Berlin gebucht. Weil es auf dem Sofioter Flughafen zu einer ungewöhnlich langen Verzögerung kam, sprach ich den Flugkapitän an, der im Kreise seiner Crew gelangweilt auf einer Nachbarbank ausharrte. Von ihm erfuhr ich von Tumulten in Berlin und der deshalb ausstehenden Fluggenehmigung. Mit massiver Verspätung stieg die Maschine am Abend doch noch auf. In Berlin-Schönefeld erreichte ich gerade noch den letzten Zug nach Dresden. Doch dann gab es wieder eine Panne. Gegen zwei Uhr des folgenden Morgens blieb der Zug in Coswig vor Dresdens Toren unverrückbar stehen. Es dauerte wohl bis gegen sechs, bis er sich wieder in Bewegung setzte und eine halbe Stunde später den Dresdner Hauptbahnhof erreichte. Auf dem Wiener Platz vor dem Bahnhof sah es aus wie auf einem Schlachtfeld. Hier lag ein umgekipptes ausgebranntes Auto, dort waren Fensterscheiben der Bahnhofshalle eingeschlagen, und ungewohnt lagen überall Berge von Müll und Schmutz herum.

Als ich endlich daheim war und sich Karins Unruhe infolge meiner Verspätung gelegt hatte, erzählte sie mir von den Ereignissen der Nacht. Die Ausreisewilligen, die wochenlang in der Prager Botschaft der Bundesrepublik ausgeharrt hatten und nach den Verhandlungen des Außenministers Genscher mit der DDR-Regierung über das DDR-Territorium ausreisen durften, wurden seit dem 1. Oktober mittels 14 Sonderzügen über Dresden nach Hof befördert. Das blieb den Dresdnern nicht verborgen. Weitere Ausreisewillige wollten in der Nacht vom 3. zum 4. Oktober an Bord des passierenden Zuges gelangen. Im Angesicht einer Kette von Polizisten, die mit Sichtschutzhelm, Schild und Schlagstöcken ausgerüstet waren, entwickelte sich vor dem Hauptbahnhof eine spontane Demonstration. Im Chor hallte es durch die Nacht: »Freiheit, Freiheit!« Noch keine der schaulustigen Privatpersonen hatte zuvor den anrollenden monströsen Wasserwerfer gesehen. Am Morgen des 4. Oktober stiebten die Menschen auseinander, als er gegen die demonstrierenden Bürger eingesetzt wurde (/4.5/).

Der nächtliche Krach am Bahnhof hatte Karin animiert, dort einmal nachzuschauen. Im Gedränge traf sie meinen Bruder Rüdiger, der ebenso neugierig war wie sie.

Die von Partei und Staat organisierte Feier zum 40. Jahrestag der DDR zum 7. Oktober 1989 in Berlin war eine Farce im alten Stil und sie endete im Desaster. Konträr zu den offiziellen Feierlichkeiten fand auf dem Alexanderplatz eine Gegendemonstration statt, an der sich bis zum Abend etwa 7.000 Menschen beteiligten. Dort ertönten immer wieder die Rufe: »Gorbi, hilf uns!« und der Slogan: »Wir sind das Volk!« Als die sowjetische Delegation noch an diesem Festtagsabend abgereist war, schlugen die »Sicherheitskräfte« zu und verhafteten etwa 1.000 Personen (/4.6/).

Eingeprägt hat sich bei vielen Menschen der berühmte Spruch des eingeladenen Michael Gorbatschow: »Wer zu spät kommt, den bestraft das Leben«, mit dem er Honecker vor dem bedrohlichen Reformstau in der DDR gewarnt haben soll. Doch dokumentiert ist diese programmatische Aussage nur indirekt. Ein Mitschnitt der Aktuellen Kamera anlässlich Gorbatschows Empfangs auf dem Berlin-Schönefelder Flughafen am 5. Oktober enthält nur die Redewendung: »Ich glaube, Gefahren warten nur auf jene, die nicht auf das Leben reagieren.« In seinen Memoiren schreibt Gorbatschow, dass er in einem Vieraugengespräch mit Honecker am 7. Oktober gesagt habe: »Das Leben verlangt mutige Entscheidungen. Wer zu spät kommt, den bestraft das Leben.« (/4.7/)

Am 18. Oktober trat Honecker zurück und am 9. November fiel endlich die Berliner Mauer. Es war zunächst ein Missverständnis, als das Regierungsmitglied Schabowski bei einer Pressekonferenz am Abend des 9. November den vorgefertigten Text für eine neue Regelung zur »ständigen Ausreise« vorlas. Auf die Frage eines Journalisten nach dem Zeitpunkt der Grenzöffnung sprach er die entscheidenden zwei Worte »ab sofort«. Die Grenzkontrollstellen waren an diesem Abend noch nicht auf die Öffnung vorbereitet, doch es gab kein Halten mehr (/4.8/).

Zum Zeitpunkt der Wende weilte ich wegen meiner Herz-Kreislaufprobleme in einer Kurklinik am Rande der ostsächsischen Lebkuchenstadt Pulsnitz. In den vier Wochen meines Pulsnitzer Aufenthaltes hatte ich genügend Zeit, um mit gleichgesinnten Patienten darüber zu spekulieren, wie es nach dem vollendeten Mauerfall nun weitergehen könnte.

Alle waren wir uns einig darüber, dass die D-Mark-Einführung das wichtigste mehrheitliche Anliegen der DDR-Bürger war. Zu verlockend war die Aussicht, endlich ein moderneres Auto kaufen zu können, möglicherweise ein gebrauchtes, aber dafür preisgünstiges. Die Aussicht darauf, zum nächsten Jahresurlaub die lang ersehnte Übersee-Auslandsreise oder die bisher verwehrte Wanderung in den österreichischen Alpen unternehmen zu können, musste das Herz jedes Normalbürgers höher schlagen lassen. Die Erfüllung so vieler Wünsche war nun in greifbare Nähe gerückt.

Doch was wird die D-Mark jeden Einzelnen von uns im Vergleich zur Ostmark kosten? Den bisher üblichen Tauschkurs von Ost- in Westgeld im Verhältnis vier zu eins konnte kein ostdeutscher Normalbürger bezahlen.

Wie wird es wirtschaftlich im Osten weitergehen, wenn die D-Mark kommt?

Was passiert mit dem Ex- und Importhandel mit den Ostblockstaaten? Können diese Länder dann mit der D-Mark zahlen, wenn diese alleiniges Zahlungsmittel in Ostdeutschland sein wird? Und wenn ja, wollen sie das auch weiterhin mit unseren ostdeutschen Betrieben tun?

Was wird sich politisch und rechtlich für Ostdeutschland ergeben? Soll es weiterhin zwei deutsche Staaten geben oder ein wiedervereintes Deutschland, und wenn ja, zu welchem Preis für den Osten?

Wird man in dem größeren Westen akzeptieren, dass nicht alle Bürger der kleineren DDR, die bisher nicht an den Montagsdemonstrationen teilgenommen hatten, nicht zwangsweise Mitarbeiter der Stasi oder Politfunktionäre der SED waren?

Wird man im Westen anerkennen, dass auch die Menschen im Osten ihre eigenen Lebenserfahrungen gesammelt und die älteren Leute in Ostdeutschland bereits ihre Lebensleistung vollbracht und ein Recht auf einen gesicherten Ruhestand haben und dass es auch viele fleißige Menschen im Osten gibt, nicht nur in dem reicheren Westen?

Welche Konsequenzen wird es rechtsstaatlich und militärisch geben? Immerhin standen sich zum Zeitpunkt der Wende zwei Militärblöcke gegenüber, die sowjetischen Streitkräfte des Warschauer Paktes im Osten und die Streitkräfte der Nato im Westen. Sie waren im Kalten Krieg verfeindet, zum Zeitpunkt der Wende aber immer noch hoch gerüstet. Atombomben lagerten noch immer in den Bunkern auf deutschem Gebiet, im Osten wie im Westen. Doch wie viele waren es tatsächlich, keiner wusste es, denn nichts drang damals nach außen zum Volk.

Was wird mit dem Friedensvertrag zwischen den vier Siegermächten und den zwei deutschen Staaten oder dem gemeinsamen Deutschland? Wird er kommen, und wenn ja, wann? Wann ziehen die ausländischen Truppen ab aus Deutschland?

Solche Fragen stellten wir uns und oft ging das so lange, bis uns die Schwestern am fortgeschrittenen Abend auf unsere Klinikzimmer schickten.

Als ich Wochen später meine Arbeit an der TU Dresden wieder aufnahm, war der Austritt aus der SED eine meiner ersten Handlungen. An meinen Lehraufgaben änderte sich zunächst nichts.

Was ereignete sich aber in dieser Zeit insgesamt in Ostdeutschland?

So wie wir Gleichgesinnte während meines Kuraufenthaltes zur Wendezeit in Pulsnitz vermutet hatten, kam die D-Mark sehr schnell in die DDR, fast über Nacht. Die Menschen erzwangen sie mit ihren Füßen. Im Umlauf war der Slogan »Kommt die D-Mark nicht zu uns, so gehen wir zu ihr«, wie sich ein Zeitzeuge später erinnert (/4.9/). Allein im Zeitraum von November 1989 bis März 1990 siedelten dieser Quellenangabe zufolge über 350.000 Menschen von Ost nach West. Vorwiegend gut ausgebildete und jüngere Leute waren es, die der DDR den Rücken kehrten (/4.9/). Das verursachte aber nicht nur ein Problem für die ausblutende ostdeutsche Wirtschaft, sondern auch für die westdeutsche, deren Sozialhaushalt aus den Fugen geriet. Eile war daher auch aus westdeutschem Interesse geboten.

Entgegen früheren Absprachen der Politiker wurde deshalb die erste freie Volkskammerwahl in der DDR vorgezogen. Am 18. März 1990 wurde die zwischenzeitlich in PDS umbenannte SED entmachtet und die Übergangsregierung unter Lothar de Maizière gewählt. Sie war bis zur politischen Vollendung der deutschen Einheit am 3. Oktober 1990 im Amt. Kurz nach ihrer Wahl verkündete der damalige Bundeskanzler Helmut Kohl, dass die Einführung der D-Mark zur Schaffung der Wirtschafts-, Währungs- und Sozialunion am 1. Juli 1990 erfolgen werde. Bereits dadurch wurde die Auswanderung nach dem Westen reduziert.

In der damaligen Situation war die D-Mark-Einführung ein glückbringender warmer Regen für die Menschen im Osten, und auch aus technischer Sicht war sie ein großer Erfolg. Unter dem hohen politischen Druck wurde eine begrenzte Summe im Verhältnis eins zu eins umgetauscht. Das waren für Kinder bis zum 14. Lebensjahr 2.000 DM, für Erwachsene bis zur Vollendung des 60. Jahres 4.000 DM und für Bürger älter als 60 Jahre 6.000 DM. Darüber hinaus wurde im Verhältnis eine D-Mark zu zwei DDR-Mark getauscht (/4.9/).

Die Rechnung für diesen Geldsegen wurde den ostdeutschen Bürgern erst in den Folgejahren präsentiert. Die blühenden Landschaften im Osten, die der damalige Bundeskanzler Kohl anlässlich seiner Fernsehansprache zur DM-Einführung am 1. Juli 1990 vollmundig versprach, waren für die nächsten zehn Jahre nur eine irrlichtige Fata Morgana.

Wahr ist schon, dass sich nun all jene, die das Geld hatten, das lang ersehnte Auto kaufen konnten. Sehr schnell leerten sich die riesigen Abstellflächen von Gebrauchtwagen im Westen, natürlich gegen gutes Geld, das den Autohändlern zufloss. Und mit dem Ausverkauf der Altautos stiegen auch deren Preise. Wir, Karin und ich, hatten im Frühjahr 1990 in Bad Hersfeld in Hessen einen schmucken VW Jetta mit synchronisiertem Dreiganggetriebe angezahlt. Als wir ihn im Juli dort abholten, sollte er schon 1.000 DM teurer sein. Der Händler und wir einigten uns schließlich, und wir freuten uns über den in der Westsonne glänzenden Gebrauchtwagen. Das war schon ein erheblicher Qualitätssprung gegen den älteren Wartburg-Tourist mit seinem stinkenden Zweitaktmotor.

Anschließend unternahmen wir unsere erste Urlaubsreise in die österreichische Bergwelt. Dort trafen wir uns mit Karins Cousine Lisa und deren Ehemann Gerhard und erlebten zwei erholsame Wochen in Gosau am Dachsteingebirge.

Doch was passierte in den nächsten Monaten und Jahren mit der Wirtschaft in Ostdeutschland? In dieser Folgezeit blieb nichts übrig von der gepriesenen »sozialen« Marktwirtschaft. Harte Konkurrenz trieb jeden Betrieb in den Abgrund, der sich nicht schnell genug auf die unnachgiebigen Gesetze der »brutalen« Marktwirtschaft umstellen konnte. Und das betraf fast ausnahmslos alle Betriebe im Osten.

Der Markt in den osteuropäischen Ländern, lebenswichtig für die ostdeutsche Wirtschaft, brach in wenigen Wochen zusammen. Die Vertragspartner in diesen Ländern konnten die neuen hohen DM-Preise nicht bezahlen. Folglich wurden die abgeschlossenen Verträge gekündigt, neue nicht mehr unterzeichnet. Eine Kompensation dieser chaotischen Ausfälle war nicht möglich. Die ostdeutschen Betriebe hatten zum westlichen Markt nur in den seltensten Ausnahmefällen einen Zugang. Die meisten gerieten in den Konkurs. Die Mitarbeiter wurden entlassen, die Schlangen der Arbeitslosen vor den neu geschaffenen Arbeitsämtern wurden immer länger. Wie wenig verstanden doch die führenden Politiker von den Gesetzen der freien Marktwirtschaft! Mahnungen von Fachleuten, die allerdings nicht gehört wurden, gab es vorher genug.

So traf es zum Beispiel auch Karins Zwillingsbruder Volker. Er hatte große Berufserfahrung in der Metallbearbeitung und war mehrere Jahrzehnte als anerkannter Spitzendreher im Waggonbau Görlitz tätig. Als ein Hauptauftraggeber des Betriebes, das sowjetische Bahnunternehmen, keine Aufträge mehr erteilte, musste der im Jahr 1990 gebildete Nachfolgebetrieb, das Tochterunternehmen der Deutschen Waggonbau AG, vielen Mitarbeitern kündigen und Teilbetriebe abspalten. Der ausgelagerte Betriebsbereich Instandhaltung, in dem Volker tätig war, konnte sich mit den übertragenen Instandhaltungsarbeiten längerfristig nicht über Wasser halten. So wurde Volker für mehrere Jahre arbeitslos. Erst als der Görlitzer Waggonbau im

Jahr 1998 von dem kanadischen Unternehmen Bombardier übernommen wurde, erinnerte man sich an Volkers Fähigkeiten und Erfahrungen. Als Kundendienst-Mitarbeiter fand er wieder Arbeit im auswärtigen Einsatz, unter anderem, um Gewährleistungsansprüche der Kunden zu erfüllen. Acht Jahre lang arbeitete er dann als Senior in einer Montagetruppe. Heimfahrten nach Görlitz waren für ihn nur aller zwei Wochen möglich.

Ich erinnere mich auch an die mit Vorhängeschlössern versperrten Werktore von ehemaligen Dresdner Maschinenbau-Betrieben. Über diesen Toren wehten noch die Spruchbänder, einige bereits vom Sturm eingerissen, andere von der Sonne vergilbt. »Der Letzte macht das Licht aus« und ähnliche Slogans standen darauf. Verschaffte man sich dann den Zutritt zu dem Gelände und weiter zu den verlassenen Werkhallen, so fand man dort die Reste von Betonfundamenten mit Kabelresten der demontierten Werkzeugmaschinen. Nachdem diese Betriebe an westdeutsche Mittelständler verhökert worden waren, lösten diese Unternehmer den neu erworbenen Zweitbetrieb wieder auf, als die Aufträge nur noch für ihren Stammbetrieb im Westen reichten. Die brauchbaren Maschinen nahmen sie mit. Der Grund und Boden samt der Immobilie wurde später oftmals für teures Geld verkauft.

Dieser Anblick von verfallenem und ausgeräumtem Betriebsareal ist mir deshalb noch in so bildhafter Erinnerung, weil ich diesen Anblick bereits als zehn- bis zwölfjähriges Kind erlebt hatte. Damals waren die ostdeutschen Betriebe durch die sowjetischen Besatzungstruppen ausgeräumt und die Maschinen als Reparationsleistung auf Züge gen Osten verladen worden. Damals hatten wir Kinder dafür von den russischen Truppen täglich ein warmes Mittagessen aus der Gulaschkanone bekommen. Jetzt bekamen wir stattdessen vom Westen die D-Mark. Sind das wirklich keine Parallelen?

Die Verantwortung für die Überführung der ehemaligen volkseigenen Betriebe (VEB) in Privateigentum lag bei der Treuhandanstalt. Als bundeseigene Anstalt öffentlichen Rechts war sie bereits in der Spätphase der DDR als »Anstalt zur treuhänderischen Verwaltung des Volkseigentums« gegründet worden (/4.10/).

Doch die Pläne für das Wirken dieser Anstalt lagen der Literaturquelle »monopoli« (/4.11/) zufolge bereits seit den 60er-Jahren in den Schubläden der bundesdeutschen Ministerien. Sie gehen zurück auf die Arbeit des Forschungsbeirates für Fragen der Wiedervereinigung Deutschlands. Der wurde in den 50er-Jahren von der Adenauerregierung gegründet und von Nazi-Größen mit »Annexionserfahrungen im Zweiten Weltkrieg« geleitet (/4.11/).

Zum Stichtag 1. Juli 1990 wurden alle im Register der volkseigenen Wirtschaft eingetragenen volkseigenen Betriebe im Auftrag der Treuhandanstalt in Kapitalgesellschaften umgewandelt. Das waren der Quelle /4.10/ zufolge 8.500 Kapitalgesellschaften mit etwa vier Millionen Beschäftigten in 45.000 Betriebsstätten. Später wurden es 14.600 Gesellschaften, die in den Jahren nach der Wende im Osten neu entstanden.

Politisch begleitet wurde die Auflösung der ostdeutschen Großbetriebe mit der gebetsmühlenartigen Wiederholung der dargestellten Unwirtschaftlichkeit dieser ehemals »volkseigenen« Betriebe. Diese Begründung stimmt sachlich aber nur teilweise. Weder in der Presse noch im öffentlich rechtlichen Fernsehen konnte man damals davon erfahren, dass sich zwei völlig unterschiedliche Finanzierungsprinzipien der Volkswirtschaften im Osten und im Westen gegenüberstanden. Die ostdeutschen Großbetriebe waren von der SED-Parteiführung und Regierung der ehemaligen DDR gezwungen worden, neben ihrer bestimmungsgemäßen Produktion zusätzliche materielle Sozial- und Fremdleistungen zu realisieren. In der freien Marktwirtschaft dagegen wurden und werden die Sozialleistungen aus Steuermitteln finanziert und von den Kommunen, den Ländern oder dem Bund verwaltet und verteilt, und die Fremdleistungen sind speziellen Unternehmen außerhalb des produzierenden Betriebes zugeordnet.

Wo sollten in der Ex-DDR denn die Gelder für Leistungen herkommen, die von den Großbetrieben erbracht werden mussten, zum Beispiel für die Betriebsgaststätten, die Betriebskinderkrippen und -kindergärten, die Betriebsakademien und -berufsschulen, die Betriebspolikliniken und die Betriebsferienheime? Zu bezahlen waren nicht nur die Löhne und Gehälter für die betreffenden Mitarbeiter, Lehrer, Ärzte und Verwaltungsleiter, sondern auch die Ausgaben für den Bau und die Unterhaltung der dafür notwendigen Immobilien und Ausstattungen. Sogar der Zuschuss für das betriebliche Mittagessen gehörte dazu. All die dadurch entstandenen Kosten wurden im Osten dem Endprodukt des jeweiligen Betriebes zugeschlagen, wodurch die eigentlichen Selbstkosten für die Erzeugnisse verteuert und damit verfälscht wurden.

Nach der Einführung der D-Mark verglichen die Politiker dann die Kosten für diese Endprodukte in Ost und West, eben wie man Äpfel und Birnen miteinander vergleicht. Dieser Vergleich führte zu dem logischen Ergebnis, dass die ostdeutschen Erzeugnisse viel teurer als die aus der freien Marktwirtschaft sein mussten, und das war eben auch eine politisch geeignete Begründung für die Unwirtschaftlichkeit der ostdeutschen Betriebe.

Der Gesamtwert der ostdeutschen Unternehmen wurde von der Modrow-Regierung zu Beginn des Jahres 1990 auf 1,2 Billionen DM geschätzt (/4.12/). Im September

1990 kalkulierte die Treuhandanstalt die erzielbaren Veräußerungserlöse jedoch nur noch auf 600 Milliarden DM. Bei der Auflösung im Dezember 1994 fehlten der Treuhand davon 200 Milliarden DM, ein Drittel der von ihr veranschlagten Summe (/4.12/).

Die Ursachen für diese Mindereinnahmen waren teilweise Übereignungen bei Arbeitsplatz- oder Investitionszusagen der Bieter anstatt einer Vergabe an die Höchstbieter, aber auch die Inkompetenz von Verkäufern der Treuhand, die Korruption und die Wirtschaftskriminalität (/4.12/). Interessant an dieser Stelle ist, dass die Mitarbeiter der Treuhand einer Entscheidung der Bundesregierung folgend von der Haftung entbunden worden waren, zeitlich begrenzt sogar bei grober Fahrlässigkeit (/4.10/). Einem ehrlichen und hohen Engagement konnte das nicht zuträglich sein.

Von uns ehemaligen DDR-Bürgern wurde die Treuhandanstalt überwiegend als Betriebsschließer wahrgenommen, die unsere Wirtschaft abwickelte (/4.10/). Da potenzielle ostdeutsche Käufer kaum existierten, gelangte die von der Treuhandanstalt verwaltete Masse zum größten Teil an Banken, Immobilienfirmen und wohlhabende Unternehmer in Westdeutschland. Der Quelle /4.12/ zufolge betrug der Anteil der Gesamtmasse, der an ostdeutsche Käufer gelangte, nur sechs Prozent.

Kleinere und mittlere Betriebe wurden an erfolgreiche Unternehmer aus dem Westen veräußert, oftmals nur zum symbolischen Preis von einer DM. Ich erinnere mich in diesem Zusammenhang an einen durchaus sympathischen ehemaligen Busunternehmer aus dem Bodensee-Raum. Bei einem Glas trockenen Rotweins in der spanischen Abendsonne erzählte er mir, wie ihm von der Treuhandanstalt ein mitteldeutsches Busunternehmen mit einem Dutzend Ikarus-Bussen zum Preis von einer DM angeboten worden war. Die längere Bekanntschaft meines Gesprächspartners mit ostdeutschen Kommunalpolitikern spielte dabei offensichtlich eine beachtliche Rolle.

Soweit die industriellen Unternehmen mittlerer Größe ihren Stammsitz in den alten Bundesländern hatten, konzentrierten sie ihre Forschungs- und Entwicklungskapazitäten in ihrem westlichen Stammbetrieb. Im Osten unterhielten sie nur eine Niederlassung, die vom Westen gelenkt und finanziert wurde. Die Steuern für ihren ostdeutschen Zweitbetrieb bezahlten sie im Westen.

Großbetriebe, die für etwas mehr als eine DM und für eine befristete Arbeitsplatzgarantie an in- und ausländische Konzerne veräußert wurden, erhielten anschließend Fördermittel in Millionenhöhe. Das waren Anteile jener Milliarden von DM, die von allen Bürgern Deutschlands als Solidaritätsbeitrag für den Aufbau Ost geleistet wurden. In vielen Fällen gerieten diese Konzerne einige Jahre später unter den Versteigerungshammer und in den Konkurs. Drei bekannte Beispiele dafür sind die Warnow-Werft in Rostock, die Stickstoffwerke in Piesteritz oder die Niles-Werkzeugmaschinenwerke im sächsischen Chemnitz (/4.11/).

Mit der Aufbauhilfe für die neuen Bundesländer, die in den Jahren 1990 bis 2003 etwa 250 Milliarden Euro betrug (/4.12/), wurde natürlich vieles erreicht. Die Erneuerung der maroden Straßen, der Neubau und die Verbreiterung der Autobahnen, auch die Neuverlegung von Bahngleisen, die seit ihrer Demontage für Reparationsleistungen an die Sowjetunion in Ostdeutschland fehlten, verschlangen Riesensummen der von den Steuerzahlern einbehaltenen Milliarden.

Doch man muss dabei auch die Transferleistungen in der Richtung von Ost nach West berücksichtigen. Es waren Firmen aus den alten Bundesländern, die zumindest in den ersten Nachwendejahren allein die Realisierungsaufträge erhielten. Ihre Steuern bezahlten sie auch nur im Westen. Aus dem Osten jedoch kamen die Billiglöhner, die man für die einfachen und körperlich anstrengenden Bauarbeiten brauchte, um hohe Profite zu erzielen.

Zu Beginn des 21. Jahrhunderts, nachdem die ostdeutsche Wirtschaft durchweg privatisiert worden war und sich die Betriebsstrukturen bereits etwas gefestigt hatten, war die Situation auf dem ostdeutschen Arbeitsmarkt noch immer prekär. Im Jahr 2001 betrug die Anzahl der Arbeitslosen in den fünf neuen Bundesländern immer noch etwa 1,5 Millionen, wobei etwa sechs Millionen Personen beschäftigt waren (/4.13/ und /4.14/). Das entspricht einer mittleren Arbeitslosenquote von 20 Prozent. Im größeren Westen dagegen betrug die mittlere Arbeitslosenquote zu dieser Zeit noch etwa acht Prozent. Dort hat die Zunahme der Beschäftigten um etwa zwei Millionen Personen in den vorangegangenen fünf Jahren zu dieser positiven Entwicklung beigetragen.

Nachdem ich mich bisher nur an die wirtschaftlichen Auswirkungen der DM-Einführung in Ostdeutschland erinnert habe, möchte ich nun einige Gedanken äußern, die mich seit der Wendezeit hinsichtlich der neueren politischen Entwicklung in Deutschland beschäftigen.

An der TU Dresden hatte sich bereits wenige Wochen nach der Wende ein Arbeitskreis des Bündnis' 90 etabliert, an dem ich mich gern beteiligte und zu Fragen der Energiewirtschaft äußerte. Wir trafen uns mindestens montags am Abend, oft auch noch einmal zusätzlich in der Woche. In diesem Arbeitskreis gab es viele unterschiedliche Meinungen und differierende Standpunkte zur weiteren politischen Entwicklung. Mehrheitlich konnten wir uns zu dieser Zeit durchaus vorstellen, dass im Falle der Wiedervereinigung beider deutscher Staaten auch einiges Vorwärtsgewandtes vom Osten übernommen werden könnte.

Das betraf nicht nur den später oft zitierten grünen Pfeil für die Rechtsabbieger an der Straßenkreuzung. Das betraf zum Beispiel die Organisation des einheitlichen Schul- und Bildungswesens, moderne Aspekte bezüglich der Gleichberechtigung der Geschlechter, sowohl im Beruf als auch in der Ehe und in der Familie. Das betraf aber auch Elemente des Gesundheitswesens, beispielsweise die Übernahme der Polikliniken mit ihren dort konzentrierten Arztpraxen, vom Allgemeinarzt bis zu den stark frequentierten Spezialisten.

Das Grundgesetz der Bundesrepublik bot nach Artikel 146 zwei Möglichkeiten für die Wiedervereinigung beider deutscher Staaten. Zum einen konnte man sie auf der Grundlage einer neuen gesamtdeutschen Verfassung realisieren (/4.15/). Dabei hätten auch positive ostdeutsche Erfahrungen, beispielsweise wie die oben genannten, im geeinten Deutschland verwirklicht werden können. In diesem Fall wäre es möglich gewesen, die Chance für eine europaweite Abrüstung zu nutzen, für ein neutrales Europa, zum Beispiel nach dem damaligen österreichischen Vorbild. Eine solche Vorstellung bestand auch in Russland. Michael Gorbatschow hatte sie mehrmals geäußert.

Doch dieser Weg lag keinesfalls im Interesse der westdeutschen Wirtschaft und der sie vertretenden Kohl-Regierung. Für sie galt es, die Kosten der Währungsumstellung durch den Privatisierungsverkauf der ostdeutschen ehemals volkseigenen Wirtschaft zu finanzieren und das möglichst mit hohem Gewinn. Auch gab es noch die Schulden der ehemaligen DDR, die vom Westen übernommen werden mussten. Dass die erwarteten Verkaufserlöse von der Treuhand aus den oben genannten Gründen nicht vollumfänglich zu erzielen waren, konnte man im Einigungsjahr

1990 noch nicht voraussehen. Aber ein Ventil blieb damals schon offen, denn was nicht durch den Verkaufserlös zu decken war, sollte durch den Altlasten-Tilgungsfonds getilgt werden. Die noch verbliebenen Restschulden sind heute Bestandteil der Gesamtverschuldung Deutschlands.

Eine gleichberechtigte Wiedervereinigung beider deutscher Staaten lag aber auch nicht im Interesse der westlichen Alliierten, übereinstimmend mit der Auffassung der Bundesregierung. Ihnen ging es um die künftige Osterweiterung der NATO. Die Einbeziehung Ostdeutschlands in die NATO war für sie der Schlüssel dafür, ihre Einfluss-Sphäre zu einem späteren Zeitpunkt auch auf die osteuropäischen Länder, zum Beispiel auf Polen, Tschechien und Ungarn, ausweiten zu können (/4.16/).

Mindestens aus diesen zwei genannten Gründen erfolgte die Wiedervereinigung in Form des »Beitritts der ehemaligen DDR zur Bundesrepublik«. Und das entsprach der zweiten verfassungstreuen Möglichkeit gemäß Artikel 23 des Grundgesetzes der BRD.

Nur auf diese Weise gab es keine Widersacher gegen die Privatisierung der ehemaligen volkseigenen Betriebe und Ländereien. Nur mit diesem Trick konnte die Zustimmung des damaligen sowjetischen Präsidenten Gorbatschow zur Wiedervereinigung anlässlich der Zwei-plus-Vier-Konferenz so umgesetzt werden, damit für die USA und ihre Verbündeten der Weg für die NATO-Osterweiterung frei werden konnte.

Die Sowjetunion hätte der Gegenpol zu dieser Entwicklung sein können. Aber sie war wirtschaftlich viel zu schwach, um einen entsprechenden Druck auf den Westen ausüben zu können. Die Aussagen von sowjetischer Seite bei den damaligen Verhandlungen kann man deshalb auch nur als ein diplomatisches Schattenboxen bewerten. Denn bei der abschließenden Pressekonferenz nach dem Treffen mit Bundeskanzler Kohl am 16. Juli 1990 äußerte sich Gorbatschow wörtlich wie folgt: »Die Frage, welchem Bündnis es [gemeint ist das wiedervereinigte Deutschland] angehören möchte, mit wem es zusammengehen möchte, ist eine Frage der vollen Souveränität, die dieser Staat erhält« (/4.17/). Weiter heißt es dort: »Wir haben Übereinstimmung darüber erzielt, dass die NATO-Struktur nicht auf das Gebiet der ehemaligen DDR ausgeweitet wird. Und wenn auf der Basis unserer Verabredungen die Sowjettruppen in einem Zeitraum von drei bis vier Jahren aus der DDR abgezogen werden, so gehen wir davon aus, dass dort keine anderen ausländischen Truppen erscheinen, da haben wir Vertrauen und sind uns der Verantwortung dieses Schrittes bewusst.« Oh, was waren denn das für Aussagen? Er konnte doch nicht so naiv sein, das zu glauben, was er so gesagt hatte. Dagegen spricht jedenfalls, dass sich die UdSSR das Zugeständnis zum NATO-Beitritt Ostdeutschlands mit einem Handelsvertrag zwischen den USA und der Sowjetunion bezahlen ließ, der später auch erfüllt worden ist (/4.18/).

Die Verhandlungsergebnisse Gorbatschows hat man in der Sowjetunion später schwer bereut. Gorbatschow hatte deshalb im eigenen Land niemals die hohe Anerkennung erhalten, die man ihm in Deutschland zollte.

Realität ist, dass die Sowjettruppen vertragsgemäß bis zum Jahr 1994 von dem Gebiet der ehemaligen DDR und Ostberlin abgezogen wurden. Insgesamt waren das 380.000 russische Soldaten und 210.000 Zivilpersonen, die ostdeutsches Gebiet verließen. Laut Jelzins Abschiedsrede am 31. August 1994 gingen sie als Freunde (/4.19/). Die letzten Kernwaffen der Sowjettruppen waren bereits drei Jahre vorher aus Ostdeutschland abtransportiert worden (/4.20/).

Auch die Westalliierten verringerten ihre Truppen in der Bundesrepublik, und zwar im Rahmen der konventionellen Abrüstung in Europa. Bis September 1994 wurden zwei Drittel von etwa 400.000 Soldaten der bisher stationierten Truppen abgezogen (/4.19/). Auch das Atomwaffen-Arsenal wurde im Westen wesentlich reduziert. Doch heute, im Jahr 2015, lagern immer noch Atomwaffen auf westdeutschem Gebiet. Es sind atomare Fliegerbomben vom Typ B61 als NATO-Kontingent. Sie befinden sich im Fliegerhorst Büchel im Landkreis Cochem-Zell (/4.20/).

Realität ist weiterhin, dass die NATO-Struktur unmittelbar nach dem Truppenabzug im Jahr 1994 auf das Gebiet der ehemaligen DDR ausgedehnt wurde, im selben Jahr auch auf Österreich. Seit dem Jahr 1999 sind die ehemaligen Vertragsstaaten des Warschauer Paktes Polen, Tschechien und Ungarn Mitglied der NATO. Seit dem Jahr 2004 gehören die Länder Bulgarien, Estland, Lettland, Litauen, Rumänien, Slowakei und Slowenien dazu, seit 2009 auch die Länder Albanien und Kroatien. Weitere Kandidaten und Interessenten haben sich angemeldet. Seit der Krise in der Ukraine steht sogar diese Grenzregion zu Russland im Fokus der Politik (/4.16/).

In Russland wird die NATO-Osterweiterung bis heute als Vertragsbruch des Westens wahrgenommen, auch wenn sie auf Ersuchen der ehemaligen Sowjetrepubliken oder der Vertragsstaaten des Warschauer Paktes erfolgte. Diesen Standpunkt vertreten alle politischen Lager des riesigen, teilweise zu Europa gehörenden Russlands, nicht nur Putins Partei »Einiges Russland« (/4.16/).

Nach meiner Überzeugung beinhaltet diese NATO-Osterweiterung ein riesiges neues Konfliktpotenzial mit der Gefahr eines neuen Kalten Krieges auf europäischem Boden. Warum kann man sich unter den beteiligten Nationen nicht auf eine neutrale Zone ohne Raketenbasen und ohne Spionageeinrichtungen einigen, die von beiden Lagern kontrolliert wird? Warum muss man sich wieder bis an die äußerste Grenze bewaffnen, was von Russland unweigerlich als Bedrohung empfunden werden muss?

Russland hat sich für Deutschland immer als ein zuverlässiger Handelspartner erwiesen und der Handel mit russischem Erdgas ist lebenswichtig für beide Partner, mindestens in den nächsten drei Jahrzehnten.

Heute gibt es viele Anzeichen dafür, dass sich Russland mehr auf die Partnerschaft mit dem riesigen China orientiert, während die USA mit ihren Spionagepraktiken und dem geplanten Freihandelsabkommen unser Europa an sich zu binden versucht.

Unser europäisches Problem dabei ist der zunehmende Zweifel, ob man in den USA künftig mit genügend weitsichtigen und weltoffenen Politikern rechnen kann, um auf sie vertrauen zu können. Denn woher sollen diese klugen Menschen in den USA auch kommen, wenn der Informationsquelle /4.21/ zufolge 48,8 Prozent der US-Amerikaner sich »absolut sicher« sind, »dass Gott das All und die Erde kreiert hat und auch den Menschen erschaffen oder zumindest an seiner Entstehung mitgewirkt hat«. Wie soll man auf Vernunft und Sachverstand bauen können, wenn nur 9,5 Prozent der US-Bürger glauben, »dass sich das All und der Mensch völlig ohne das Zutun Gottes oder einer anderen höheren Macht entwickelt hat.« Und das alles läuft auf einem so niedrigen Niveau ab, das sich aus dem Bildungsgleichstand eines zwölfklassigen Abiturienten in den USA mit einem Zehnklassenabgänger in Deutschland ergibt.

Und dennoch ist es kein Widerspruch, dass die größten Erfolge der Wissenschaft oftmals heute noch aus den USA stammen. Doch ein Grund dafür ist auch, dass in diesen freiheitsliebenden Vielvölkerstaatenbund viele kreative Fachleute aus der ganzen Welt kommen und dort effektiv arbeiten können.

In Deutschland ist die Zahl dieser »Kreatonisten«, welche die Bibel wörtlich nehmen und die Evolutionstheorie Darwins ablehnen, glücklicherweise bedeutend kleiner als in den USA. Doch das in 16 Bundesländern unterschiedliche deutsche Bildungssystem lässt in einzelnen Regionen genügend Raum, um der Pseudo-Wissenschaft »Kreatonismus« gesellschaftlichen Raum und Einfluss zu verschaffen (/4.22/).

Gewiss ist der Zusammenhang zwischen Glauben und Politik insgesamt ein schwieriges Thema. Als Atheist sehe ich das nüchtern und emotionslos, aber recht kritisch.

Ich weiß und schätze es, dass jeder Mensch das Recht und die Freiheit hat, nach seinem inneren Glauben zu leben und zu handeln. Doch halte ich in diesem Zusammenhang sehr viel von Lessings Ringparabel, die ein friedliches Band zwischen Juden, Christen und Moslems zu knüpfen versucht.

Dagegen aber wird der Glaube, heute ebenso wie früher, in vielen Ländern als Machtmittel missbraucht. Die gegenwärtige reale Gefahr besteht bei allen Glaubensrichtungen im zunehmenden Extremismus, den man überall auf der Welt beobachten kann.

Das betrifft nicht nur die jungen Al-Kaida-Muslime, die in dem Glauben töten, dafür von Allah im Jenseits mindestens zehn Frauen zu bekommen. Diese irregeleiteten Menschen stehen ohnehin im Focus der Sicherheitssysteme und der öffentlichen Medien.

Das betrifft ebenso die fanatischen Menschen im Nahen Osten, Moslems wie Juden. Mit ihrer unfairen Siedlungspolitik und der Beschneidung von Menschenrechten im Gaza-Streifen verursacht die israelische Regierung ständig neuen Hass von radikalen Palästinensern. Die USA könnten sicher mehr schlichtenden Einfluss auf die Befriedung dieser Region nehmen. Wir Deutsche aber, deren Vorfahren den jüdischen Menschen unermessliches Leid zugefügt hatten, haben uns in diesem Zwist zurückzuhalten.

Die zunehmende religiöse Radikalisierung betrifft aber auch die christlichen Fanatiker im Staatenbund der USA. Die daraus erwachsende Gefahr schätze ich deshalb so hoch, weil in den Medien immer wieder darauf hingewiesen wird, direkt oder versteckt, dass selbst im christlichen Lager des 21. Jahrhunderts Kirche und Staat nicht getrennt sind.

Und das Letztere gilt auch für unser Europa mit seiner christlich geprägten Vergangenheit. De facto sind in Deutschland auch heute Kirche und Staat noch nicht getrennt.

Das einzig wirksame Heilmittel gegen all den Spuk der Irreführung der Untertanen mit Hilfe des Glaubens und im Interesse von Politik und Wirtschaft ist aus meiner Sicht viel mehr wissenschaftliche Bildung aller jungen Menschen.

Also Parlamentarier, ihr gewählten Volksvertreter, tut etwas dafür!

Diesen Exkurs in die große Politik habe ich mir erlaubt, um aus meiner Sicht zu versuchen, die objektiven Ursachen für die psychologischen Auswirkungen bei vielen von uns Ostdeutschen darzulegen, die letztendlich eine Folge des Beitritts zur Bundesrepublik Deutschland auf der Basis des Einigungsvertrages (/4.15/) waren.

Zum Glück ist sie heute überwunden, diese Etappe der »Besser-Wessis« und der in der Ex-DDR unterdrückten und deshalb »in jeder Hinsicht« zurückgebliebenen »Ossis«. Dieses Phänomen war schließlich eines der zwischenmenschlichen Resultate aus der Entscheidung der hohen Politik über diesen ostdeutschen »Beitritt zum Westen«.

In der Generation unserer Enkelkinder sind heute keine politisch motivierten Unterschiede zwischen Ost und West mehr zu erkennen. Doch unter den älteren Bundesbürgern treffe ich bei unseren Reisen hin und wieder mal einen, der mir gesteht, dass er es schon immer abgelehnt hat, in die »Zone« zu reisen und das wohl in seinem restlichen Leben auch nicht mehr tun wird.

Leider fehlt unseren führenden Politikern aber immer wieder das notwendige Feingefühl, um die restlichen Schranken der Wiedervereinigung in den Köpfen der Menschen niederzureißen. Beispielsweise zeigt sich das erneut bei der Korrektur der Mütterrente im Sommer des Jahres 2014. Mittels eines Festbetrages wird nun endlich korrigiert, dass bei der Geburt eines Kindes vor dem Jahr 1992 bisher nur ein statt zwei Freistellungsjahre bei der Rentenbemessung anerkannt wurden. Aber warum erhält jetzt, ein viertel Jahrhundert nach der Wiedervereinigung, eine Mutter, die ihr Kind im Osten geboren hat, immer noch weniger als eine Mutter aus dem Westen? Ist deren Kind mehr wert als das aus Ostdeutschland?

Nicht die fehlenden Finanzen sind es, was sich rechnerisch vielleicht begründen lässt, sondern der Mangel an politischem Willen und an menschlichem Feingefühl. Viele brüskierte Bürger im Osten empfinden es deshalb als tendenzielles Prinzip, als minderwertiger gegenüber denen im Westen behandelt zu werden.

In diesen Auswirkungen auf die menschliche Psyche liegt vielleicht auch die Antwort auf die Frage, warum sich gegenwärtig gerade im Osten so starker Widerstand gegen die Integration von Ausländern formiert. Viele enttäuschte Ostdeutsche wollen nicht schon wieder benachteiligt werden und an andere abgeben müssen. Die älteren Bürger erinnern sich auch noch der früheren Reparationsleistungen Ostdeutschlands an die ehemalige Sowjetunion. Als damalige Kinder hatten sie jedoch keinen Anteil an dem Leid, das vom kriegführenden Nazideutschland ausging und den Menschen in anderen Ländern beigefügt wurde. Nun glauben manche, es sei jetzt das dritte Mal in ihrem Leben, in dem sie für andere zahlen sollen. Dabei ist gerade diese Hilfe für die schutzsuchenden nordafrikanischen Vertriebenen ein dringendes Gebot der doch so »christlichen« Nächstenliebe.

Für mich, der 15 Jahre Lehre und Forschung an der TU Dresden während der DDR-Zeit erlebt hatte, war mit dem politischen Neubeginn auch die Zeit gekommen, einen Neuanfang in der Selbstständigkeit zu wagen. Trotz meines etwas »reiferen« Alters waren die Bedingungen für diese Entscheidung günstig, denn mir oblagen interessante zukunftsträchtige Ingenieuraufgaben.

Mit den mir an der TU zugeteilten Diplomanden arbeitete ich schon seit einigen Monaten an zwei Computerprogrammen für die Berechnung von Rohrnetzen. Zielsetzung war es dabei, die Druck- und Wärmeverluste in den Fernwärme-Sekundärnetzen zu quantifizieren. Diese Sekundärnetze sind jene Fernwärmeleitungen, die direkt oder indirekt über Wärmeübertragerstationen aus dem für höhere Drücke und Temperaturen ausgelegten städtischen Primärnetz gespeist werden, um die Wärme in den Anschlussstationen an die Abnehmeranlagen abzugeben.

Die Berechnungsprogramme wurden aber auch für die Wärmeversorgung des zu modernisierenden Altbau-Wohngebietes der Dresdner Äußeren Neustadt benötigt. Der Fernwärmeanschluss dieses Areals konnte infolge des ausgelasteten Dresdner Fernwärmenetzes nur durch eine größere als die damals übliche Temperaturspreizung bereitgestellt werden. Maßnahmen zur Senkung der Rücklauftemperatur waren deshalb zu realisieren. Damit wurde auch der Weg frei für die Einführung der kanallosen Rohrverlegung, mit der die Investitions-Kosten gesenkt und die Wärmeverluste reduziert werden konnten (/4.3/).

In den Monaten nach der DM-Einführung wandten sich zunehmend Fachleute aus den ostdeutschen Energieversorgungsbetrieben ratsuchend an unser Institut in der TU Dresden, um spezielle Fragen bei der Modernisierung ihrer Versorgungsanlagen zu beantworten. So sprach mich eines Tages auch der Technische Leiter des Energieversorgungsunternehmens Inselsberg aus dem thüringischen Tabarz an, um ihn bei der Modernisierung der weit verzweigten Fernwärmeversorgung des Einzugsgebietes zu unterstützen. Daraus ergab sich die Aufgabe, ein technisches Versorgungskonzept zu erarbeiten und Detail-Untersuchungen vor Ort vorzunehmen. Das war mein erster Privatauftrag, den ich übernahm, als ich noch an der TU Dresden tätig war. Als Legimitation dafür erteilte mir die Industrie- und Handelskammer im August 1990 die Zulassung zur Führung eines Ingenieurbüros für TGA und Energietechnik.

Aus der Zeit meiner Betreuung des postgradualen Studiums für Fernwärmeversorgung kannte ich viele Fachkollegen aus den ehemaligen Energiekombinaten Dresden, Leipzig und Karl-Marx-Stadt (jetzt wieder Chemnitz). Ich konnte mir dabei sicher sein, dass sie zu einer fairen fachlichen Zusammenarbeit bereit sein würden, wenn es um die Lösung von technischen Sanierungsaufgaben in ihrem Arbeitsbereich ging. Von dort erhielt ich einige Zusagen, nachdem ich ihnen mein eigenes Grundkonzept zur Modernisierung vorgestellt hatte.

Dieses Konzept entsprach meiner prinzipiellen Auffassung, dass man nicht – entweder euphorisch geblendet oder maßlos verbittert – alles ungeprüft über Bord werfen sollte, was aus der alten »roten« Zeit stammte. Ich stand dabei im krassen Widerspruch zu den ersten technischen Beratern, die aus den alten Bundesländern kamen. Sie wollten natürlich ihre klugen Ratschläge gegen teures Geld verkaufen. Dabei gingen sie – übereinstimmend mit ihrem Vorbild, der staatlichen Treuhandanstalt – mit der niederreißenden Sense vor, um neue technische Anlagen aus der bundesdeutschen Wirtschaft zu verkaufen und in den Versorgungsbetrieben einzusetzen. Dazu lockten sie mit großzügigen Krediten auf der Basis von schön gerechneten Wirtschaftlichkeitsnachweisen.

Nach meiner Grundauffassung galt es stattdessen, in jedem Fall neu zu prüfen, ob die Restlebensdauer der strittigen Bauelemente, unter anderem der Rohrleitungen, Armaturen und Wärmeüberträger, deren längerfristige Weiternutzung zuließ. Nur die technisch oder/und moralisch verschlissenen Elemente, wie zum Beispiel Pumpen, Regelungs- und Steuerungsanlagen, mussten dann erneuert werden. Im Zusammenhang mit schaltungstechnischen Änderungen waren diese »Sanierungskonzepte« in den meisten Fällen energetisch ebenbürtig, aber wesentlich preisgünstiger und deshalb längerfristig auch wirtschaftlicher als eine Kompletterneuerung.

Aus der Sicht eines Unternehmers bot mir dieses Grundkonzept nicht nur ein persönliches Betätigungsfeld für technisch fundierte Wirtschaftlichkeitsuntersuchungen, sondern auch die Basis für detaillierte Fachplanungen durch die Mitarbeiter des eigenen Ingenieurbüros.

Im Thüringer Energieversorgungsbetrieb am Inselsberg hatte ich mit dieser Vorgehensweise aber nur Anfangserfolge. Dann unterlag ich den gewieften Beratern aus Hessen. Sie waren räumlich näher am Objekt und sie lockten mit einem kostenlosen Frühstücksgeschirr für das ganze Büropersonal, ausgefallen sechseckig und in schwarzer Farbe. Danach rüsteten sie die Büroräume des Betriebes mit preisgünstigen neuen Computern aus. Da konnte ich nicht mithalten. Für die Überprüfung der alten technischen Anlagen vergeudeten diese hessischen Berater dagegen keine Zeit.

Statt der von mir empfohlenen Sanierung der Nahwärme-Kernnetze in den Orten Tabarz und Friedrichroda, die einen späteren Ausbau durch eigenwirtschaftliche

Kraft-Wärme-Kopplung unter Einsatz von Block-Heizkraftanlagen gestattet, wurden dezentrale Gasheizanlagen installiert. Dafür hatten die Berater ein lockendes Finanzierungskonzept vorgelegt, das vom Thüringer Versorgungsbetrieb übernommen wurde.

Doch ein Jahr später gewann ich mit meinem Konzept in Dresden einen Wettbewerb zwischen mehreren Ingenieurbetrieben, woraus sich langfristige Arbeitsangebote in großer Fülle entwickelten.

Während ich an den Wochentagen als Angestellter der TU Dresden noch meine Lehraufgaben wahrnahm und einige technische Gutachten bearbeitete, saß ich an den Wochenenden in einem schmalen Büroraum im elterlichen Haus. Diesen Raum hatte mir die damalige Mieterin, die kommunale Wohnungsverwaltung Dresden-Ost, zwischenzeitlich überlassen. Das war natürlich stressig und keine Dauerlösung. Eine Teilbeschäftigung an der TU Dresden, die ich vorerst anstrebte und beantragte, lehnte mir der Rektor ab. Ganz oder gar nicht, das war die Frage, die ich nun zu entscheiden hatte.

Also kündigte ich meine fünfzehnjährige Tätigkeit per 31. Dezember 1990, nachdem mir weitere Aufträge von der Sächsischen Wohnungsgenossenschaft Dresden zur Modernisierung ihrer Mietwohnblöcke in Aussicht gestellt worden waren.

Mit zweien meiner an der TU Dresden verbliebenen Fachkollegen gründete ich vorher noch einen eingetragenen gemeinnützigen Verein mit dem Namen »Institut für Energieeinsparung e. V.«. Er sollte als eine Plattform zur Vertragsgestaltung mit künftigen Interessenten dienen, um das schmale Gehalt eines TU-Mitarbeiters durch private Ingenieuraufträge aufbessern zu können.

Zu Beginn des Jahres 1991 standen meinem jungen Ingenieurbüro im elterlichen Haus in der Blasewitzer Oehmestraße fünf Erdgeschossräume und eine Toilette auf der halben Treppe zur Verfügung. Die kommunale Wohnungsverwaltung war bereits ausgezogen.

Als erste Mitarbeiterin gewann ich Frau Helga Willmann. Das war eine etwa gleich alte und in ihrem Wesen sehr verbindliche Teilkonstrukteurin, die ich aus der Zeit unserer früheren gemeinsamen Tätigkeit bei EPD kannte. Sie suchte damals eine neue Tätigkeit. Unter ihren Händen entstanden präzise Originalzeichnungen aus meinen handschriftlichen Skizzen. Entsprechend der damaligen Technik wurden sie in einer Lichtpausanstalt kopiert.

Mit Helgas Unterstützung entwarf ich auch das Firmenlogo GESA. Die sehr praktisch orientierte Kollegin brachte anfangs wenig Verständnis für diese Arbeit auf, warteten doch eine Menge Zeichnungskonzepte auf sie.

Mit dem neuen Logo wollte ich einerseits an unsere Gläserschen Vorfahren erinnern. Mein Großvater Eugen benutzte schon ein großes G mit einem hineingesetzten E. Diese zwei Buchstaben sollten unbedingt in meinem Logo enthalten sein. Zum anderen sollte sich darin das Arbeitsprogramm der neuen Firma wiederfinden. Das waren die Sanierung energiewirtschaftlicher Anlagen und die Planung von Heizungs-, Lüftungs- und Sanitäranlagen. Folglich nannte ich die Firma »Ingenieurbüro für Energiewirtschaftliche Sanierung und Anlagenplanung Gläser«. Das G stellte ich voran und so entstand GESA.

Nun musste ich mir nur noch Gedanken über die Farben machen. Auf jeden Fall sollten sie optimistisch sein, zukunftsweisend. Mit Karins und Frau Willmanns Unterstützung fiel so die Wahl auf die Farbe Orange mit weißem Innenfeld und schwarzer Schrift.

Firmenlogos von Eugen Gläser und der GESA

Erst nach meiner Zeit bei GESA wählten die neuen Eigentümer die Farbe Grau statt Weiß für das Innenfeld.

Wertvolle Hinweise für die Büroorganisation eines Ingenieurbüros hatte ich mir Jahrzehnte vorher bereits im Ingenieurbüro des Herbert Oehrl geholt. Seine mustergültige Ordnung von Firmenschriften, Prospekten und Arbeitshinweisen nach Sachgebieten hatte mich damals sehr beeindruckt. Aber das lag über dreißig Jahre zurück. Doch wie sollte man das im letzten Jahrzehnt des 20. Jahrhunderts handhaben?

Karl Hörnig, mein Freund aus der gemeinsamen Berufs- und Ingenieurschulzeit, gab mir dafür sehr gute Tipps. Bereits seit den sechziger Jahren führte er ein Ingenieurbüro für Heizungs-, Lüftungs- und Sanitärtechnik in Stuttgart-Vaihingen. Das war eine gewachsene und lang erprobte Arbeitspartnerschaft mit seinem Kollegen Hahn, einem um zehn Jahre älteren promovierten Automatisierungstechniker. Die beiden hatten ein gutes Verhältnis zueinander, obwohl sie beim distanzierenden »Sie« geblieben waren.

Karle hatte nach seinem Sprung über die innerdeutsche Grenze in Stuttgart seine Traute gefunden und mit ihr drei Kinder großgezogen. Als Karin und ich die beiden im Jahr 1990 das erste Mal besuchten, arbeiteten etwa zwanzig Ingenieure, Techniker und weitere Mitarbeiter in diesem Büro. Traute war die alles zusammenhaltende Chefsekretärin und Stenotypistin. Sie schrieb damals noch alle Projekte mit der Schreibmaschine, wofür sie die handschriftlichen Notizen der Mitarbeiter benutzte. Die neueste Errungenschaft war damals ihr Faxgerät. Karle zeigte mir mit Stolz, wie man die DIN-A0 großen Zeichnungskopien in 21 Zentimeter breite Streifen schneiden, mittels Faxgerät zum Architekten senden und dort wieder zusammenkleben konnte. Einfach toll und doch mit etwas Schmunzeln in den Mundwinkeln, wenn man dies mit den Möglichkeiten der heutigen CAD-Systeme vergleicht, sogar für die dreidimensionale Anlagenplanung.

Bereits im Herbst 1990 hatte ich Kontakt zu zwei tüchtigen Diplomanden des Lehrstuhls Technische Gebäudeausrüstung von Professor Kraft aufgenommen, nachdem ich entsprechende Hinweise von seinen Mitarbeitern erhalten hatte. Diesen zwei jungen Leuten bot ich einen Arbeitsvertrag für eine unbefristete Tätigkeit auf dem Gebiet der Heizungs- und Sanitärtechnik nach erfolgreichem Diplomabschluss. Frau Vogel und Herr Waurick begannen ihre Tätigkeit im Frühjahr 1991. Herr Waurick arbeitete sich schnell ein und entwickelte sich prächtig, er wurde ein sehr zuverlässiger Mitarbeiter unseres GESA-Büros. Frau Vogel war sehr freundlich und arbeitseifrig. Als Jahre später ihr Ehemann ein eigenes Ingenieurbüro eröffnete, verließ sie uns und folgte in sein Büro.

Von Beginn an schrieben unsere Mitarbeiter ihre Projekte auf ihrem betriebseigenen Computer selbst. Die Berechnungen, die handschriftlichen Notizen und das anschließende Korrekturlesen lagen nach Ablauf der Einarbeitungszeit im eigenen Verantwortungsbereich des Bearbeiters.

Nun waren wir schon fünf Mitarbeiter des Ingenieurbüros Gläser. Wieso fünf und nicht vier? Ja, ohne meine Karin ging es nicht.

Karin hatte im Herbst 1990 mit Unterstützung ihres damaligen Direktors an der Medizinischen Fachschule Arnsdorf eine neue Tätigkeit gesucht, weil ihre Lehrfächer Sport und Russisch in die Freizeitgestaltung verbannt worden waren.

Susi, damals noch Lehrling bei der Sozialversicherung Dresden, erfuhr im Gespräch, dass eine Betriebsänderung bevorstand und daraus die AOK Sachsen entstehen sollte. Unter diesem Namen sollte sie ab Januar des Jahres 1991 firmieren. Künftige Mitarbeiter wurden bereits geschult. Karin bewarb sich, hatte Glück, nahm an den Schulungen teil und begann ihre AOK-Tätigkeit bereits im Januar 1991. Mit ihrer langjährig gewonnenen Lebenserfahrung, ihrer Zuverlässigkeit und ihrem verbindlichen Umgangston erwarb sie sich schnell Anerkennung. Ihre Aufgabe bestand im Recherchieren säumiger Betriebe und im Eintreiben von überfälligen Versicherungsbeiträgen dieser Unternehmen. Die Arbeitsatmosphäre unter mehreren neuen Kolleginnen empfand sie als sehr angenehm und sie fühlte sich dort wohl.

Parallel dazu führte Karin von Beginn an aber auch die kaufmännischen Arbeiten unseres neuen Ingenieurbüros aus. Anfangs tat sie das in ihrer Freizeit. Später reduzierte sie das AOK-Arbeitsverhältnis auf eine Halbzeittätigkeit, abwechselnd vor- und nachmittags.

So entwickelte sich in unserem Büro ein nahezu familiäres und herzliches Verhältnis zueinander. Entweder Karin oder Frau Willmann kochte Kaffee, und zum Frühstück gab es belegte frische Brötchen.

Drei der Büroräume konnten wir nach den Malerarbeiten unverändert benutzen und mit überwiegend neuen Büromöbeln ausstatten. Die ehemalige Küche richteten wir als Pausenraum ein. Dazu gehörten eine neue Holz-Zwischendecke, die Wasser- und Elektroinstallationen, die Fliesenleger- und Malerarbeiten. Diese Arbeiten erledigten wir mit Ausnahme der Elektroinstallationen selbst, wann sonst als an den Wochenenden. Der Umbau des ehemaligen Ladens musste noch etwas warten, zumal damals noch kein weiterer Platzbedarf bestand.

Auf diese Weise kamen fast zwei Jahre lang wöchentlich 70 bis 80 Arbeitsstunden zusammen, die ich im Büro verbrachte. Doch ich fühlte mich tatkräftig und angenehm wohl, zumal es ständig bergauf ging.

Kredite von Dritten brauchten wir nie aufzunehmen. Mein Vater lieh uns für den Start zinsfrei einige tausend DM, die wir für die Büroausstattung nutzten und später zurückzahlten. Auch die monatlich fälligen Gehälter waren immer auf dem Konto, denn die Kunden zahlten einigermaßen pünktlich. Dazu hielten wir die eigenen Ausgaben in Grenzen.

Meine prinzipielle Auffassung zur eigenen Geschäftsführung war die Sparsamkeit, auch im Eindruck, den wir nach außen vermittelten. Ich wollte durch Leistung überzeugen, nicht durch zur Schau gestellte Großzügigkeit. Statt eines neuen Mercedes der E- oder S-Klasse war es deshalb ein Renault 19, den wir fuhren. Später nutzten auch die Mitarbeiter solche Wagen. Erst zum Eintritt in das Rentenalter leisteten sich Karin und ich einmal einen Mercedes der C-Klasse.

Das Sanierungskonzept für die Fernwärme- und Abnehmeranlagen, das ich den Versorgungsunternehmen Dresdner Wärmeversorgung GmbH und der ESAG (Energieversorgung Sachsen AG) empfohlen hatte, fand in beiden Unternehmen Zuspruch. Nach dem Prinzip der sinnvollen Weiternutzung vorhandener Bauelemente und der begrenzten Erneuerung von intelligenten Baugruppen ließen sich nahezu alle Dresdner Wärmeübertragungsstationen mit den angeschlossenen Sekundärnetzen modernisieren. Die durchgängig gleichbleibenden Ziele waren die Absenkung der Fernwärme-Rücklauftemperatur, die nachhaltige Energieeinsparung und die Minimierung der Kosten. Da gab es viel Arbeit für die nächsten fünf Jahre.

Neben einem Wettbewerbsbetrieb unter Leitung von Dr. Wolfgang Hesse, einem geschätzten Fachkollegen aus früheren Jahren, hatte ich die Chance, zahlreiche Aufträge aus dem Dresdner Fernwärmebereich zu erhalten. Auch in Chemnitz und in Leipzig boten sich Möglichkeiten dafür, doch hatte ich kaum die Kraft, um diese zu nutzen.

Zu dem energetisch orientierten Aufgabenkomplex kam hinzu, dass riesiger Modernisierungsrückstau in den Wohnblöcken der Dresdner Wohnungsgenossenschaften und der Wohnungsgesellschaften WOBA Dresden-Süd und -Nord bestand. Für die Erneuerung der Heizungs- und Sanitärinstallationen dieser Wohnblöcke waren entsprechende Planungsarbeiten in Aussicht. Um einen solchen Auftrag zu erhalten, musste man dem Kunden ein hervorstechendes Musterprojekt vorlegen und ihn mit einem günstigen Preis-Leistungs-Angebot für die Planung überzeugen. Dann war der erste Auftrag sicher und mit weiteren Aufträgen konnte gerechnet werden.

Zu einer umfassenden Planungsleistung gehörten aber auch die Elektroanlagen. Nur so konnten dem Kunden die Planungskoordinierung abgenommen und Wettbewerbsvorteile gegenüber anderen Planungsbüros erzielt werden. Doch mein Problem war, dass die Elektroanlagentechnik nicht zu meinem Metier gehörte.

Bereits damals war erkennbar, dass die Bauüberwachung, möglicherweise sogar die Bauleitung der Modernisierungsmaßnahmen, ein weiteres eigenes Tätigkeitsfeld bietet, auch um den Wohnungsgenossenschaften bzw. -gesellschaften die eigene Arbeit zu erleichtern. Nur mit einer koordinierten Vorbereitung und einer straffen Organisation der geplanten Bauarbeiten und Installationen war es möglich, dass die Wohnungen, zumeist ohne Auszug der Mieter, kürzestmöglich und mieterfreundlich modernisiert werden konnten.

Es war ein riesiges Betätigungsfeld, das vor uns lag. Doch um diese anstehende Aufgabe wahrnehmen zu können, musste sie richtig angepackt werden. Deshalb war die Zeit nun reif, ernsthaft über die Vergrößerung unseres Büros nachzudenken.

Im Frühjahr des Jahres 1992 unternahmen Karin und ich zusammen mit meinem Neffen Ralf und seiner Freundin Katrin einen einwöchigen Kurzurlaub in die tschechischen Berge. Dort erlebten wir gemeinsam erholsame Tage in sehr entspannter Atmosphäre. Karin und ich freuten uns besonders darüber, dass Ralf eine so anmutige und sympathische Partnerin gefunden hatte. Später heirateten die beiden und schenkten zwei intelligenten und hübschen Mädchen das Leben.

Nach diesem Urlaub dachten Karin und ich über eine künftige Zusammenarbeit mit Ralf nach. Ich hatte dabei so eine Anwandlung von Vatergefühlen, zumal meine einzige Tochter Kerstin der Planungstätigkeit bereits den Rücken gekehrt und ihre berufliche Laufbahn bei der Dresdner Niederlassung der Messgerätefirma ISTA GmbH begonnen hatte.

Natürlich musste ein solcher Schritt der Zusammenarbeit mit einem Juniorpartner, vorausgesetzt, dass er daran interessiert wäre, gründlich überlegt sein. Ralf, damals knapp über 30 Jahre alt, hatte als junger und Erfolg versprechender Diplomingenieur auf dem Gebiet der Energietechnik einen relativ sicheren Arbeitsplatz bei der Dresdner ESAG und vermutlich auch dort Entwicklungschancen.

Zum einen schätzte ich ihn durchaus für befähigt ein, das Ingenieurbüro nach meinem späteren Ausscheiden aus dem Berufsleben erfolgreich weiterführen zu können. Diese Aussicht gefiel mir.

Zum anderen wusste ich aber auch, dass er seine Kindheit mit seinen Eltern im Einflussbereich des Armeesportklubs in Leipzig erlebt hatte. Damals hatten seine Eltern als hauptberufliche Sportler ihre großen Erfolge im Kanuslalomsport erzielt und in mehreren Teildisziplinen den Weltmeistertitel errungen. Solche Höchstleistungen erreicht man nur, wenn man neben dem eigenen Talent die Kraft für ein außergewöhnlich hartes Training aufbringt, wenn man starken Willen, eiserne Disziplin und Entschlossenheit beweist, um sich bis zum Sieg nach oben kämpfen zu können.

Was hat der Sohn davon geerbt und was daraus für sein Leben gelernt? Wie verträgt sich seine daraus gewonnene Auffassung mit unserem sparsamen Wirtschaften und dem daraus resultierenden Büroarbeitsstil? Wie soll es funktionieren, wenn zwei solche Alfa-Typen, er als vorwärtsstrebender agiler Junior und ich als berufserfahrener und sicherheitsorientierter Senior, nicht der gleichen Meinung sind? Was passiert, wenn sich solche Meinungsverschiedenheiten wiederholen? Bin ich dem psychisch überhaupt gewachsen? Besonders bewegte mich deshalb die Frage: Werden wir gemeinsam für ein harmonisches Arbeitsklima sorgen können und Freude an einer gemeinsamen Arbeit haben?

Immerhin hatte ich mein eigenes Büro bislang erfolgreich geführt. Dort empfanden wir eine gute Arbeitsatmosphäre. Und so viele Jahre bis zum Eintritt in das

Rentenalter lagen auch nicht mehr vor mir, denn ich war damals bereits 57 Jahre alt. Auch ein paar Leute könnte ich ja noch einstellen, ohne ein höheres Risiko einzugehen.

Doch wer sollte das Ingenieurbüro nach mir weiterführen? Was geschähe mit den Mitarbeitern, wenn sich kein geeigneter Nachfolger finden sollte? All diese Gedanken bewegten uns, Karin und mich. Wir diskutierten gründlich und überlegten reiflich.

Nachdem ich dann erst einmal vorsichtig vorgefühlt hatte, bekundete Ralf Interesse an der gemeinsamen selbstständigen Planungsarbeit. Der weitere Weg war damit vorgezeichnet. Zur Einarbeitung bot ich ihm dann für ein paar Monate verschiedene nebenberufliche Arbeiten an, die er gern übernahm.

Dass Karin ebenfalls Gesellschafterin wird, falls wir eine GmbH gründen, war ohnehin klar. Sie war bereits meinem Wunsch gefolgt, die kaufmännischen Aufgaben des Büros hauptberuflich zu übernehmen. Schweren Herzens hatte sie deshalb ihren sicheren AOK-Arbeitsplatz gekündigt, die eigenverantwortliche Tätigkeit dort hatte ihr sehr gut gefallen.

Für die Bildung der gemeinsamen GmbH mit drei Gesellschaftern einigten wir uns auf einen Kompromiss, den ich mir vorbehalten hatte. Er bestand in dem notariell und steuerrechtlich gesicherten Recht zur parallelen Führung eines eigenen Ingenieurbüros. Das wollte ich weniger für den Fall aller möglichen Fälle, vielmehr als Basis für eine Gutachtertätigkeit als öffentlich bestellter und vereidigter Sachverständiger, gewissermaßen als weiteres Standbein.

Das hatte folgenden Gründe: Während meiner Hochschultätigkeit hatte ich bereits einige energietechnische Gutachten zur gerichtlichen Klärung von Rechtsstreitigkeiten bearbeitet und Freude an dieser Arbeit empfunden. Deshalb besuchte ich im Jahr 1992 auf Empfehlung der neuen Industrie- und Handelskammer (IHK) Dresden einen Qualifizierungslehrgang und legte die zugehörige Prüfung in Stuttgart ab. Einziger weiterer Prüfling aus Sachsen war mein Dresdner Fachkollege und früherer Studienfreund Günter Lautenbach. Die schwäbischen Prüfer waren sachverständige Meister, die sich offenbar keine eigene Konkurrenz im Osten schaffen wollten. Die Lösung für sie bestand darin, Günter Lautenbach nur für das Fachgebiet Sanitärtechnik und mich nur für die Heizungstechnik zuzulassen. So mussten die Gerichte zwei Gutachter benennen, wenn es sich um Probleme der Heizungs- und Sanitärtechnikbranche handelte und dafür die Wahl auf uns fiel. Bei Gutachtern aus den alten Bundesländern brauchten die Gerichte dagegen für dieselbe Aufgabe nur einen Gutachter. In den Folgejahren konnten wir deshalb die Anzahl der beauftragten Gerichtsgutachten nur an den Fingern abzählen. Erst einige Jahre später, als die Dresdner IHK mehr Durchsetzungskraft gewonnen hatte, wurde mir auch das Fachgebiet Sanitärtechnik für die Sachverständigentätigkeit zuerkannt. Dann häuften sich auch die gerichtlich beauftragten Gutachten für mich.

So kam es, dass wir im Dezember des Jahres 1992 zu dritt den notariell beglaubigten Gesellschaftervertrag abschlossen. Darin behielt ich mir die absolute Mehrheit vor.

Mit Wirkung vom 1. Januar 1993 übergab mein privates Ingenieurbüro der neuen GESA mbH ein Auftragspaket mit einem Wertumfang von etwa 600.000 DM, ein komplett eingerichtetes Büro mit Mietvertrag im elterlichen Haus und ein eingearbeitetes Planungsteam von fünf Personen. Karin als Prokuristin und ich gehörten dazu. Mit meinem Neffen Ralf als Junior-Geschäftsführer waren wir bald sechs.

Im Verlaufe der Jahre 1993 und 1994 wuchs die Zahl der Beschäftigten auf etwa 15 Ingenieure, Teilkonstrukteure und uns drei Gesellschafter. Diese Erweiterung war verbunden mit dem ständigen Ringen um die Schaffung von räumlichen Voraussetzungen und angemessenen Arbeitsbedingungen. Zunächst richteten wir als weiteres Büro im Erdgeschoss den Laden an der Ecke zur Tolkewitzer Straße ein. An den Wochenenden betätigten wir uns als Malermeister und schufen eine umlaufende hölzerne Wandverkleidung. Das ergab schon drei neue Arbeitsplätze, nämlich für Frau Willmann mit ihrem Zeichenbrett und uns zwei Geschäftsführer.

Dann kamen die Werkstatträume im Keller an die Reihe. Handwerker mussten jetzt ins Haus, denn allein konnten wir den Umbau nicht bewältigen. Doch so viel wir uns auch bemühten, ideale Arbeitsbedingungen ließen sich in dem hundertjährigen Baukörper nicht mehr schaffen. Ganztags musste bei künstlicher Beleuchtung gearbeitet werden, weil das durch Lichtschächte einfallende Tageslicht nicht ausreiche. Und muffig roch es noch dazu, trotz einer verbesserten Be- und Entlüftung.

Im September 1994 starb zunächst unsere Tante Hilde als Folge eines Darmdurchbruchs. Mein fast zehn Jahre älterer Vater litt sehr an diesem Verlust, denn sie hatten viele schöne gemeinsame Jahre in Harmonie erlebt. Deshalb bemühten sich Karin und ich im Herbst besonders um ihn. Doch dann traf es ihn selbst. Am 20. Dezember kam er durch einen Unfall auf tragische Weise ums Leben. Es war ein grauer verregneter Wintertag und gegen 17 Uhr war es bereits stockdunkel. Da wir damals mittags immer zu dritt aßen, wollte er dafür seinen Beitrag leisten und für den nächsten Tag noch ein Glas Apfelmus kaufen. Sein Augenlicht war aber infolge seines chronischen Bechterew-Leidens und der damit verbundenen Regenbogenhautentzündung so stark vermindert, dass er unter den unwirtlichen Bedingungen kaum sehen konnte. Beim Überqueren der Tolkewitzer Straße musste er sich deshalb auf seinen weißen Blindenstock verlassen. Doch unglücklicherweise hatte ein Autofahrer meinen Vater nicht bemerkt und frontal getroffen. Im Krankenhaus verstarb er an seinen inneren Verletzungen.

Danach war sich die Erbengemeinschaft des Anwesens Oehmestraße 10 bald darin einig, das elterliche Grundstück zu verkaufen. Bereits im Frühjahr 1995 konnte das erfolgen.

Die GESA mbH war zu dieser Zeit gerade in angemietete neue und großzügige Arbeitsräume im Wohn- und Geschäftshaus Justinenstraße 3 am Schillerplatz umgezogen. Dort hatten wir Platz genug, um weitere Mitarbeiter einstellen zu können. Wir leisteten uns als erstes ein gemeinsames Sekretariat. Frau Manke, unsere neue Sekretärin, fand dort einen angemessenen Arbeitsplatz.

Für die Planung von Elektroinstallationen ergab sich bald eine ausgezeichnete Lösung. Im Gründungsjahr der GmbH hatte mein Schwiegersohn Harald seine Dissertation auf dem Gebiet der Automatisierungstechnik an der TU Dresden fertiggestellt und verteidigt. Als junger Dr.-Ingenieur suchte er ein solides und künftig tragfähiges Betätigungsfeld in der Praxis und bezeugte Interesse an der angebotenen Zusammenarbeit. Doch für beide Seiten, sowohl für ihn als auch für die GESA mbH, war erst einmal eine Kennenlernphase sinnvoll, denn wir wussten damals noch so wenig voneinander. Für Harald bot sich damit die Möglichkeit zu prüfen, ob ihn dieses Tätigkeitsfeld längerfristig erfüllt und ob es ihn auch quantitativ auslastet. Möglicherweise ließ sich sein Arbeitsgebiet später auch auf die Fachgebiete Mess- und Regelungstechnik sowie die Automatisierungstechnik ausdehnen.

So einigten wir uns zunächst auf Haralds befristete wirtschaftliche Selbstständigkeit. Die Aufträge und den Arbeitsplatz erhielt er von der GESA mbH. Seine Arbeit stellte er uns in Rechnung. Die Erlöse rechnete er als Selbstständiger über sein eigenes Ingenieurbüro ab. So konnte er seinem eigenen Arbeitsrhythmus nachgehen, denn seine tägliche Hauptschaffensperiode lag damals in der späteren Tageszeit.

Das lief gut und im Jahr 1994 wechselte Harald in die GESA mbH. Er wurde zunächst weiterer Prokurist, später einer der drei Geschäftsführer. Natürlich stand auch außer Frage, dass er als Mitgesellschafter an dem Unternehmen GESA mbH beteiligt werden sollte. Mir kam es dabei darauf an, dass die beiden Juniorpartner Ralf und Harald gleichberechtigt sein sollten, obwohl Harald erst später zu uns gekommen war. Diese Gleichberechtigung setzte die Änderung der bisherigen Gesellschafteranteile und Zugeständnisse voraus. Einvernehmlich reduzierten wir meinen Anteil von 51 auf 25 Prozent und einigten uns auf je ein weiteres Viertel für Karin, Ralf und Harald.

Karin war bereits voll in das Unternehmen integriert. Sie trug den Hauptanteil an der kaufmännischen Leitung und mit ihrer verbindlichen Art daran, eine gute soziale Betriebsatmosphäre in dem sich ständig vergrößernden Unternehmen zu wahren.

Die Ehepartnerinnen der Junioren gingen damals bereits eigenen beruflichen Ambitionen nach. Ralfs Ehefrau Katrin, sie hatte an der TU Dresden zum Dr.-Ingenieur für Wassertechnik promoviert, war bereits im Sächsischen Staatsministerium für Umwelt und Landwirtschaft tätig. Meine Tochter und Haralds Ehefrau Kerstin hatten ihre bei der ISTA GmbH begonnene Berufslaufbahn bereits erfolgreich gefestigt.

Ich war damals der Überzeugung, dass mit dieser gleichberechtigten Beteiligung der zwei Generationen die Probleme der Zusammenarbeit stets im gegenseitigen Einvernehmen lösbar sein würden. Mein heutiger Standpunkt zur Geschäftsleitung in zwei Generationen ist jedoch – und das gilt unabhängig von irgendwelchen familiären Beziehungen –, dass ein Seniorgeschäftsführer nur zwei Möglichkeiten für eine ihn erfüllende Tätigkeit hat. Entweder er ist und bleibt der Chef mit einem dominanten Betriebsanteil oder er überlässt das Aktionsfeld den Jüngeren, zieht sich systematisch auf ein anderes Wirkungsgebiet zurück, wirkt aber weiterhin als Erfahrungsträger und Berater im Hintergrund mit, einvernehmlich mit den leitenden Junioren. Der erste Weg war verbaut. Für den zweiten Weg waren zum damaligen Zeitpunkt die Voraussetzungen noch nicht gegeben, die GmbH war gerade erst zwei Jahre alt.

Im Verlaufe des Jahres 1995 verschlechterte sich mein Gesundheitszustand zunehmend und schließlich dramatisch. Ich hatte mich bereits im Januar 1994 einer Bypass-Operation in Leipzig unterziehen müssen. Dieser Eingriff war aber nur ein Teilerfolg. An die Hinterwand-Arterie meines Herzens kamen die Operateure nicht heran. Deshalb operierten sie nur den Hauptstamm und setzten dort eine Vene aus dem Wadenbein ein. Dem eindringlichen Rat der Ärzte, in meinem weiteren Leben Negativstress zu meiden und mehr Sport zu treiben, konnte ich aber nicht folgen.

Besonders psychische Probleme bereitete mir der innere Druck, monatlich Gehälter in der Größenordnung von 100.000 DM zahlen zu müssen. Das war mehr als das Fünffache von dem in meinem vorangegangenen kleineren Büro. In den weiteren Jahren verdoppelte sich diese Summe sogar, eben entsprechend der Vergrößerung der GESA mbH auf über 30 Mitarbeiter.

Diesen inneren Druck empfand ich infolge eines mir eigenen hohen Sicherheitsbedürfnisses. Das wird mir oft als übertrieben nachgesagt, ich kann es aber nicht abstreifen. Objektiv gab es keinen Grund für größere Bedenken hinsichtlich unserer Leistungsfähigkeit und der Zahlungsmoral unserer Kunden. Die GmbH lief ausgezeichnet, und überwiegend wurden die Rechnungen in der normalen Frist bezahlt. Wir verdienten gut und auch die Mitarbeiter waren zufrieden, soweit ich das beurteilen kann. Ich hatte eben meine eigenen Probleme mit der übernommenen Verantwortung und der inneren Umstellung vom früheren Gehaltsempfänger auf einen expandierenden Arbeitgeber. Immerhin hatte ich vor meiner Selbstständigkeit etwa 40 Berufsjahre lang monatlich Gehalt bezogen, regelmäßig und ohne jeden Gedanken daran, dass es einmal ausbleiben könnte.

Im Sommer 1995 hatten Karin und ich eine größere Mietwohnung auf den Kottenbergen in Radebeul-Lindenau bezogen. Vom Bahnhof Radebeul-West erreichte man die Wohnung zu Fuß normalerweise in zwanzig Minuten. Auf dem Weg mit geringer Steigung musste ich aber aller hundert Meter stehen bleiben und verschnaufen, weil ich keine Luft mehr bekam.

An einem Dezember-Samstag war meine Luftnot so groß, dass mich Karin ohne meine Widerrede in die Notaufnahme der Medizinischen Akademie einliefern musste. Das war mein Glück, denn dort hatte ich zunehmend Herzprobleme, war jedoch in sicherer medizinischer Obhut. Bei der Kathederuntersuchung stellte man dann fest, dass der knapp zwei Jahre vorher operierte Venen-Bypass wieder verschlossen war. Die zweite Bypass-Operation musste unverzüglich als Not-Operation noch während der Nacht erfolgen. Sie soll über sechs Stunden gedauert haben. Der Operateur Prof. Schüler hatte mich mit einer Brustwand-Arterie und einer Hinterwand-Vene aus dem zweiten Bein wieder zurück ins würdige Leben befördert. Auch ein vorübergehendes Nierenversagen konnte behoben werden. Zum Glück kam meine einzige Niere wieder ins Lot. Die Genesung dauerte dieses Mal allerdings länger, denn die zweite Brustwandöffnung hatte mich stark geschwächt.

Doch von nun an musste ich mein Leben ändern, um es noch eine Weile zu erhalten.

Ich blieb zwar weiterhin Senior-Geschäftsführer, versuchte aber gesünder zu leben und schrittweise weniger zu arbeiten. So wie die Junior-Geschäftsführer in der Folgezeit mehr Verantwortung übernehmen konnten, reduzierten wir meine Arbeitszeit und mein Einkommen. Auch mental stellte ich mich darauf ein, dass meine Tätigkeit in der GESA mbH gemäß dem abgeschlossenen Geschäftsführer-Anstellungsvertrag mit Vollendung meines 65. Lebensjahres beendet werden sollte. Damit wurde mein Kopf wieder frei für die angenehmen Dinge im Leben.

Karin und ich waren uns einig, dass wir uns statt der Beibehaltung unseres bisherigen Mietwohnverhältnisses ein eigenes Heim schaffen wollten, nicht zuletzt, um finanziell für unser Alter vorsorgen zu können. Die vorangegangenen Bemühungen, das Wochenendhaus am Katzenloch in ein stabiles Wohnhaus zu verwandeln, scheiterten an der unmöglichen Genehmigungsfähigkeit in diesem Landschafts-Schutzgebiet. Nach dem Verkauf des Elternhauses in der Oehmestraße trennten wir uns deshalb auch von dem Lindenauer Wochenendhaus, ebenso von dem Grundstücksanteil in Aue, den ich von meiner Mutter geerbt hatte. So kam es, dass wir im Sommer des Jahres 1997 in unser Fertigteilhaus in der Johannesstraße in Radebeul einziehen konnten. Auch die beiden Juniorpartner der GESA mbH schufen sich in diesen Jahren eigenes Wohneigentum.

Im April des Jahres 2000 endete mein Arbeitsverhältnis in der GESA mbH. Karin arbeitete dort noch zwei weitere Jahre. Wir verkauften unsere Anteile an die Junioren und einen bisherigen Mitarbeiter, der dann zum dritten Geschäftsführer avancierte.

Ich hätte mich natürlich gern auch später noch für die GESA mbH nützlich gemacht. Mein Ingenieurbüro hielt ich noch lange bereit, um den einen oder anderen Auftrag zu übernehmen. Doch die Politik eines erfolgreichen Betriebes wird allein durch seine Eigentümer bzw. Geschäftsführer bestimmt, und dazu gehörte ich nun nicht mehr.

Ich konzentrierte mich deshalb auf meine Arbeit als öffentlich bestellter und vereidigter Sachverständiger. Die Gerichte schätzten meine Kenntnisse und Erfahrungen. Nicht nur für die sächsischen Amts- und Landgerichte, sondern auch für das Oberlandesgericht Dresden war ich wiederholt tätig, bis ich das 71. Lebensjahr vollendet hatte. Dann endete meine Zulassung. Doch konnte ich bis zum 74. Lebensjahr weiterhin für einige Gerichte im ostsächsischen Raum tätig sein. Dann war auch unser letzter Kredit getilgt.

Zweimal noch haben Karin und ich die Arbeitsräume der GESA mbH besucht. Das erste Mal waren es noch die Räume in der Justinenstraße 3. Der Anlass waren die Ergebnisse einer Betriebsprüfung, denen zufolge an uns gerichtete finanzielle Forderungen zu begleichen waren.

Der zweite Anlass war der 50. Geburtstag meines Neffen, den wir in den neuen Büroräumen auf der Zwinglistraße besuchten. Zufällig erkannte ich dort in einer Hälfte des Doppelhauskomplexes dasselbe Gebäude wieder, das ich als Kind schon einmal besuchsweise betreten hatte. Das damals reparaturbedürftige Haus gehörte ursprünglich entfernten Verwandten aus der Mehlhorn-Linie meiner Mutter. Doch nun nach der Modernisierung erstrahlte es in hellem Glanze. Großzügig eingerichtete Räume und viele junge fremde Gesichter, das waren meine Eindrücke. Erfreut war ich, aus meiner GESA-Zeit die Zeichnerinnen Frau Klaut und Frau Klose in diesem Hause wiederzusehen.

Ich habe nie davon gehört, ob die Geschäftsführer der jüngeren Generation in ihrer später alleinigen Verantwortung mehr Freude an ihrer Arbeit hatten und materiell zufriedener wurden als während unserer gemeinsamen Zeit. Allein ein großer Mercedes für jeden sagt darüber nichts aus. Doch über ihre erfolgreiche Entwicklung und ihre heutigen Tätigkeitsfelder kann ich vieles aus dem Internet erfahren. Was mir an positivem eigenem Erleben aus dieser Zeit verblieben ist, ist die innere Bewusstheit, dass wir den Jüngeren einen guten Start in die selbstständige Ingenieurtätigkeit ermöglicht hatten. Später, anlässlich der Feier zum zwanzigjährigen Bestehen der GESA mbH, zu der Karin und ich in das prunkvolle Schloss Wackerbarth eingeladen wurden, sagten sie mir öffentlich Dank dafür. Und das tat mir gut.

5 *Reifere Lebensfreude, auch mit Emaille auf Kupfer*

Der Weg zur Freude am künstlerischen Emaillieren war für mich ein ewig steiniger, sogar im Rentnerdasein. Das verlegten wir, Karin und ich, gemeinsam zeitweise nach Spanien, nachdem wir endlich der Hektik des neuen Turbokapitalismus entfliehen konnten. Diese Hektik in der Nachwendezeit umgab uns überall in unserem geliebten heimatlichen Sachsen, in dem doch früher so viele Generationen von gemütlichen Menschen lebten.

Es war im September des Jahres 1997, als Karin und ich das erste Mal die iberische Halbinsel bereisten. Die warmen Herbstabende im Freien, das noch badewarme Mittelmeer und die noch farbenfreudige Pflanzenwelt hießen uns in Moraira in der Comunidad Valencia willkommen. Die Comunidad Valencia liegt an der Mittelmeerküste. Mit mehr als 500 Kilometern Stränden und einem gesunden, milden Klima ist sie der Inbegriff des mediterranen Spaniens. Sie ist auch eine der sonnenreichsten der 17 autonomen Regionen, wie die Bundesländer in Spanien heißen (/5.1/).

Es waren aber auch die freundlichen und aufgeschlossenen Menschen, die uns dort umgaben und uns dazu anregten, bald wiederzukommen. Das taten wir dann auch. Im Frühjahr 1998 waren wir gleich viermal zu verlängerten Wochenendaufenthalten in der Umgebung von Moraira. Und von Mal zu Mal gefiel es uns dort besser.

Ich konnte auch feststellen, dass ich in diesem angenehmen Klima an der Mittelmeerküste merklich weniger blutdrucksenkende Medikamente einnehmen musste als in Deutschland. So kam es, dass wir uns im Herbst des Jahres 1998 ein Grundstück auf dem Cumbre del Sol kauften, das von einer norwegischen Firma veräußert wurde.

Der Cumbre del Sol, auf Deutsch ist es der ‚Gipfel zur Sonne', liegt etwa vier Kilometer von Moraira entfernt und ragt bis zu 450 Meter über dem Meer. Unsere Parzelle ist nicht groß, sie hat etwa 650 Quadratmeter Grundfläche. Etwas hängig und nach Süden orientiert, befindet sie sich in 280 Meter Höhe über dem Meer. Im Winter können wir vom Fenster die aufgehende Sonne sehen und ganzjährig den Sonnenuntergang, sofern er nicht durch Wolken verdeckt wird.

Dieser Flecken steinigen Bodens gehört zu der Gemeinde Benitachell, deren Verwaltung wegen fortlaufender Querelen immer mal wieder in den spanischen Schlagzeilen erschien. Doch heute hat sie endlich einen Gemeindevorstand, mit dem man gut kooperieren kann.

Weil wir von der auserwählten Lage begeistert waren, entschieden wir uns schließlich, noch einmal zu bauen. So wählten wir bei dem dominanten Bauträger dieser Gemeinde, der Firma VAPF S. L., einen der kleineren angebotenen Typenbauten aus, der unseren finanziellen Möglichkeiten entsprach. Mit einigen standortbedingten Änderungen – immerhin hat das Gelände einen Höhenunterschied von etwa zehn Metern – erteilten wir dann den Bauauftrag.

Zufrieden waren wir mit diesem Bauträger nicht. Zu sehr spürten wir dessen Monopolstellung und den Pfusch, den er bei seinem algerischen Nachauftragnehmer durchgehen ließ. Bei der Rohbauabnahme stellte ich eine Maßabweichung einer Außenwand, sage und schreibe es waren 14 Zentimeter, von der Senkrechten fest, und das auf einer Höhendifferenz von nur sechs Metern. Mit hartnäckiger Beharrlichkeit gelang es uns aber schließlich, dass dieser Baumangel und weitere bis zur Fertigstellung beseitigt wurden. Vielleicht war ich aber damals noch zu genau und hätte kleinere Missgeschicke und Abweichungen großzügiger hinnehmen sollen, 14 Zentimeter Maßabweichung natürlich nicht. Einige Reibereien hätte ich mir dadurch erspart.

Der Möbelwagen aus Deutschland konnte im Frühjahr des Jahres 2000 vorfahren, kurz nachdem ich meine Geschäftsführertätigkeit bei der GESA mbH beendet hatte. Dann feierten wir endlich Einzug in unserem Häuschen auf dem Cumbre, das etwa der Größe einer 80 Quadratmeter großen Dreizimmerwohnung entspricht.

Nun besaßen wir zwar eine trockene und sichere Bleibe in Spanien, doch anheimelnd war es in der uns umgebenden Steinwüste noch lange nicht. Deshalb gaben wir nicht auf und bauten weiter.

Aus Deutschland hatten wir nicht nur unsere alte Computerausrüstung mitgebracht, damit ich die beauftragten Gerichtsgutachten unter spanischem Himmel schreiben konnte. Es war auch ein leistungsstarker Elektro-Boschhammer dabei. Mit dessen Hilfe konnte ich den felsigen Boden im Kellerbereich aufbrechen, um die notwendige Raumhöhe für eine kleine Einlieger-Gästewohnung zu schaffen.

Vorsorglich hatten wir im Untergeschoss eine Garage und einen Abstellraum einbauen lassen, was nicht nur eine erhöhte Erdgeschosslage gestattete, sondern auch die Voraussetzungen für den nachträglichen Kellerausbau schuf. So arbeitete ich mich wochenlang in den felsigen Untergrund hinein, täglich sechs bis acht Stunden lang. Hin und wieder war ich dabei zufrieden, wenn ich aus den harten Felsplatten kleine Splitter herausbrechen, zusammenfegen und damit in einer Stunde einen Wassereimer füllen konnte. Insgesamt waren es wohl an die 100 Kubikmeter, die ich im Verlaufe mehrerer Wochen mit der Schubkarre ans Tageslicht beförderte.

Ein freundlicher junger Bauunternehmer namens Pepe Muñoz baute dann mit seinen spanischen und südamerikanischen Mitarbeitern das Untergeschoss aus, und es entstand eine gemütlichen Souterrainwohnung. Zu den Bauleistungen von Pepes Firma gehörten auch eine überdachte Sommerküche, zwei befestigte Terrassen und ein bescheidenes Schwimmbecken.

Ich war in diesen zwei Jahren bis 2002 oftmals über mehrere Wochen allein in Spanien, während Karin noch über ihren Büroarbeiten bei der GESA mbH saß. In dieser Zeit suchte und fand ich engeren Kontakt zu den bei uns tätigen Bauarbeitern. Dass ich ihnen zum Frühstück einen Kaffee kochte und mich zu ihnen setzte, gehörte zu den täglichen Ritualen. Es waren zwar keine anspruchsvollen Gespräche, die dabei geführt wurden. Doch bei diesem Smalltalk lernten wir uns allmählich kennen und ich die einfachen spanischen Vokabeln dazu. Dass ich bei dieser Gelegenheit auch auf das Ergebnis ihrer Arbeiten schaute, versteht sich von selbst.

Meine Fortschritte im Erlernen der spanischen Amtssprache, des Castellano, hielten sich aber in Grenzen. Immer wieder vergaß ich einen Teil der im Gespräch benutzten Vokabeln. Doch bei meinen autodidaktischen Bemühungen half mir auch der verbliebene Rest aus dem früheren Französisch-Intensivkurs in Jena. Schließlich ähneln sich die romanischen Sprachen und bei zahlreichen Verben ist nicht nur der Wortstamm, sondern auch deren Konjugation sehr ähnlich. Der besondere Vorteil des Spanischen gegenüber dem Französischen ist aber, dass das gesprochene Wort auch so geschrieben wird.

Ich lernte bei der Zusammenarbeit mit den Spaniern auch ihre angenehme Mentalität kennen. Diese unterscheidet sich fundamental von der Eigenart der Deutschen. Die Spanier wollen ihr Leben genießen und nicht ständig auf die Uhr schauen. Sie brauchen ihre persönliche Freiheit, Hektik ist ihnen fremd. Sie sind offen, sehr menschlich und humorvoll, teamfähig und gesellig. Ihre Lebenszentren sind ihre Familie und ihre Freunde. Zu Fremden sind sie zuvorkommend, aufmerksam und freundlich. Doch eine gewisse Schranke der Zurückhaltung überschreiten sie gegenüber Ausländern nur selten, solange man sich noch nicht näher kennt.

Uns Deutsche beurteilen die Spanier als zuverlässig und technisch einwandfrei. Sie wissen sehr wohl, dass wir exakte Pläne haben und diese unbedingt einhalten müssen, dass wir nichts auf morgen verschieben, was man heute erledigen kann, aber auch, dass wir nicht locker sein können. Aus ihrer Sicht sind wir zu peinlich genau und sehr unangenehm pünktlich. Ihre Vorurteile gegenüber uns Deutschen sind, dass wir zu Unzufriedenheit neigen, aber sehr gern zeigen, was wir haben und was wir sind.

Und sie können überhaupt nicht verstehen, dass unsere Regierung den europäischen Südländern einen zu harten Sparkurs vorgibt und keine Toleranz bezüglich niedrigerer Zinsen, längerer Kreditlaufzeiten und endlich Arbeit schaffender Investitionen zulässt. Sie können auch nicht verstehen, dass man in Deutschland nicht darüber spricht, dass es der damalige Schuldenerlass der westlichen Siegerländer war, der zu Erhards Zeiten maßgebend der westdeutschen Wirtschaft zum Wohlstand verholfen hatte. Und sie erwarten deshalb, dass ein zukunftsträchtiges Projekt Europa mehr Zugeständnisse von Deutschland erfordert, als unter seiner christlich orientierten Regierung für lange Zeit gewährt wurden. Doch christliche Nächstenliebe ist schon von jeher ein Gebot, das nur für das niedere Fußvolk gilt.

Spanische Insider nennen uns Deutsche deshalb »cabeza quadrata«. Wörtlich heißt das »Quadratschädel«. Doch diesen Ausdruck habe ich bislang nur zweimal gehört. Höflicher ausgedrückt sagten sie mir dagegen mehrmals, dass sie uns Deutschen mehr Gelassenheit und größere Solidarität wünschten. Und das kann ich aus meiner heutigen Sichtweise nur unterstreichen.

Bei der Qualitätskontrolle der Bauarbeiten der Firma Muñoz verinnerlichte ich meine früheren Erfahrungen mit dem Bauunternehmen VAPF. Ich beherzigte jetzt die spanische Sichtweise. Und ich hielt mich daran, dass man hier auf dem Lande nur eine mittlere Ausführungsqualität voraussetzen darf, aber nicht mehr. Groben Pfusch kann man selbstverständlich nicht durchgehen lassen, doch pingelig darf man nicht sein. Die strengeren Qualitätsanforderungen in den spanischen Industriezentren und Großstädten galten und gelten hier auf dem Lande nicht.

Dennoch kann ich im Verlaufe unserer Spanienaufenthalte auch hier eine spürbare positive Entwicklung feststellen. Heute sieht es auf den hiesigen Baustellen nicht mehr so aus, als sei dort ein zentnerschwerer Meteorit eingeschlagen. Das Baumaterial wird jetzt geordnet zwischengelagert. Auch die Europanormen für den Arbeitsschutz werden ernst genommen. Die Bauarbeiter tragen Schutzhelme und unter schwebenden Lasten darf man sich nicht mehr aufhalten. Ohrenschützer bei Arbeiten mit Lärmeinwirkung gehören heute zur Normalität, auch Arbeitsschutzschuhe anstelle von luftigen Bastlatschen haben sich nun durchgesetzt. An den Baustellenzäunen der VAPF liest man heute Hinweisschilder mit der Aufschrift »Normas de uso obligatorio«. Sie erinnern jeden Bauarbeiter an die Einhaltung dieser Normen und zugleich an die Rechtslage, falls den Vorschriften zuwider gehandelt wird. Auf diesen Schildern ist auch vermerkt, dass Fremde keinen Baustellenzutritt haben. Mit all diesen Maßnahmen konnte die Unfallhäufigkeit in den letzten Jahren erheblich vermindert werden.

Ich nutzte die Zeit und Gelegenheit während der Bauarbeiten, die Gartenflächen auf unserem Grundstück mit behauenen Natursteinmauern zu terrassieren. Dazu benutzte ich zusammengelesene felsige Bruchsteine, schaffte weitere heran und brach sie in die gewünschte Form und Größe. Diese Arbeit war zwar sehr kräftezehrend, aber sie bereitete mir Freude. Schließlich konnte ich das Ergebnis meiner eigenen Mühe unverzüglich sehen und messen. Nach meinen bescheidenen Maßstäben ging diese Arbeit auch flott von der Hand, immerhin hatte ich einige Erfahrungen bereits beim Bau von erdgebundenen Trockenmauern am Wochenendhaus »Am Katzen-loch« gesammelt. Doch hier musste ich die Steine stabil in Zementmörtel setzen.

Diese Garten-Terrassierung mit stabilen Natursteinmauern hat auf dem Cum-bre eine besondere Bedeutung. Gäbe es keine solche Befestigung, so würden die im Herbst einsetzenden Regenfälle größere Schäden verursachen. Ein besonderes herbstliches Wetterphänomen ist die »Gota Fria«, bei der schon Niederschlagsmen-gen von 400 Litern pro Quadratmeter in 24 Stunden gemessen wurden. Diese »Gota Fria«, auf deutsch heißt das »der kalte Tropfen«, wird durch die kalten herbstlichen Westwinde über der spanischen Hochebene provoziert, wenn sie auf die Warmluft über dem Mittelmeer prallen und dadurch heftige Gewitter und sintflutähnliche Regenfälle auslösen. Mit hoher Wahrscheinlichkeit würde auf einer schiefen Ebene der Mutterboden weggeschwemmt.

Für die trockenen Witterungsperioden des Jahres schufen wir uns natürlich auch eine Regenwasser-Nutzungsanlage. Das auf den befestigten Wegen anfallende Nie-derschlagswasser wird gesammelt, ebenso wie das der Dach- und Terrassen-Entwäs-serungen, und in einen unterirdischen Regenwasserspeicher geleitet. Unter Einsatz einer Pump- und Filteranlage dient es der Bewässerung der Pflanzen.

Als die Firma Muñoz im Sommer des Jahres 2002 ihre Arbeiten endlich abgeschlos-sen und der Möbelwagen aus Deutschland zum zweiten Mal seine Rückfahrt an-getreten hatte, konnten wir in den neuen Räumen unsere ersten Gäste empfan-gen. Das waren meine damals einundzwanzigjährige Enkeltochter Julia und ihre künstlerisch begabte Freundin mit dem Kosenamen »Steinchen«, die sich hier zwei Urlaubswochen gönnten. Auf dieses Zusammensein mit Julia hatte ich mich sehr ge-freut, war es doch das erste Mal, dass sie für längere Zeit in meiner Umgebung war.

Im Jahr 2002 konnte auch Karin, die sich schon lange auf mehr Zeit in Spanien gefreut hatte, ihre Arbeit bei der GESA mbH beenden. So fanden wir beide mehr Gelegenheit, unsere deutschen Nachbarn auf dem Cumbre kennenzulernen. Wir trafen uns zu einem gemeinsamen Mittagessen oder zu einem Imbiss und einem Glas spanischen Rotweins am Abend. Es gab dann vieles zu erzählen, waren doch alle dank der neuen Eindrücke unter der spanischen Sonne in Hochstimmung. Weil Karin und ich die einzigen »Ossis« unter uns Deutschen waren, erlangten wir mit unseren Ansichten die besondere Aufmerksamkeit der anderen.

Was sind das für Leute, diese deutschen Nachbarn, langjährige Bekannte und Freunde? Da ist erst einmal ein fleißiges Handwerker-Ehepaar aus dem Dachdecker-beruf. Er steigt noch mit 70 Jahren auf das Dach der schwäbischen Kunden, um seinen Sohn und Nachfolger zu unterstützen, während seine umsichtige Ehefrau noch immer die finanziellen Fäden in der Hand hält. Weil beide kaum Rente beziehen, müssen sie im Alter selbst ihre Immobilien verwalten und instand halten.

Von einem weiteren Ehepaar war er ein rechtschaffener leitender Beamter. Mit 60 Jahren erhielt er seine Pension, danach verdiente er als freischaffender Bauinge-nieur noch einiges hinzu. Sie war und ist die warmherzige und sparsame Ehefrau, die ihr Leben der Familie und der Erziehung der gemeinsamen drei Kinder widmete. Der frühzeitige Herztod eines Sohnes hat beide sehr getroffen.

Unser unmittelbarer Nachbar ist ein ehemaliger hoher Offizier der Bundeswehr, obwohl er aus dem ostsächsischen Kamenz stammt. Seine Ehefrau verwaltet die ge-meinsam erworbenen Immobilien und man glaubt, dass es beiden recht gut geht. Doch ihr Übergewicht und seine Altersdiabetis plagen beide, was den Genuss ihres Wohlstandes erheblich einschränkt. Mehr und mehr haben sie sich zurückgezogen.

Zu unserem Bekanntenkreis gehört auch ein Pärchen mit einem etwas größeren

Anwesen. Darin lebt ein gewiefter Senior gemeinsam mit seiner 25 Jahre jüngeren und charmanten Ehefrau. Nach dem Rockefeller-Vorbild hatte er als junger Mann ganz unten angefangen. Beim Eintritt in sein Berufsleben war er zwar kein Tellerwäscher, aber ein einfacher Polizist. Später schaffte er es zum Busfahrer, Busunternehmer, Fahrlehrer, Fluglehrer und Multi-Dienstleister. Dazu gehörten unter anderem ein Bestattungsunternehmen, zwei Reisebüros und ein vermietbarer Flugzeughangar. In seinem schwäbischen Wirkungsbereich galt und gilt er als erfolgreicher und zuverlässiger Unternehmer, als humorvoller Karnevals-Präsident und als geschätzter Sammler einer zweistelligen Anzahl von Oldtimer-Fahrzeugen. Für den Außenstehenden bleibt aber nicht verborgen, dass das Zusammenleben für beide infolge ihres großen Altersunterschiedes eine anstrengende Herausforderung ist.

In der spanischen Nachbarschaft kann man aber auch nachempfinden, wie einträglich die Tätigkeit eines deutschen Versicherungsmaklers sein kann, wenn seine Kunden hinreichend vermögend sind. Bei den früher von ihm betreuten Aktiengesellschaften Daimler, Bayrische Motorenwerke, Porsche und Volkswagen kann man das zweifelsfrei voraussetzen. Doch was nützt schon ein solch großes und zwischenzeitlich verkauftes Anwesen, wenn schwere Krankheit in der Familie das tägliche Dasein bestimmt.

Eine lange während Bekanntschaft, die nicht ohne Widersprüche und Komplikationen verlief, verbindet uns mit Joachim. In Leipzig geboren, gelangte er als Handwerksmeister schon in jungen Jahren über die deutsch-deutsche Grenze ins Schwabenland und lebte dort in erster Partnerschaft. In einer zweiten Ehe wollte er hier in Spanien noch einmal ganz neu beginnen. Dabei übereignete er all seine Habe seiner neuen Partnerin und späteren Ehefrau, einer Gastwirtin aus dem sparsamen Ländle. Fehlende Weitsicht und unzureichende Finanzplanung zwangen ihn zur Aufgabe seiner privaten Krankenversicherung und zu schwerer körperlicher Arbeit im reiferen Rentenalter. Schlussendlich verließ ihn diese Frau, selbst bereits an Alzheimer erkrankt, aber immer noch schlau genug, um all ihr und damit auch sein Eigentum an ihren einzigen Sohn zu überschreiben. Mit 82 Jahren musste Joachim, der arme Kerl, nun hier auf dem Cumbre fast mittellos ausharren, um das auch von ihm geschaffene Anwesen zu veräußern. Doch vorher verstarb er.

Ein heikles Thema, das in den Gesprächen immer wieder eine Rolle spielt, ist die häusliche Energieversorgung in Spanien. Die traditionsbewussten Schwaben sind in ihre Fußbodenheizung verliebt. Dabei ist dieses träge Heizungssystem unter den spanischen Bedingungen völlig ungeeignet. Wenn die Heizungsanlage morgens gegen sechs Uhr eingeschaltet wird, gibt sie gerade dann ihre wohlige Wärme ab, wenn die wärmende Sonne bereits hoch am Himmel steht. Wenn die bekannterweise sparsamen Schwaben jedoch die Anlage noch früher einschalten, damit sie am Morgen nicht frieren, dann klagen sie über die viel zu hohen Heizkosten. Weil diese Anlagen auf dem Cumbre mit Flüssiggas, einem Butan-Propan-Gasgemisch aus Flaschen oder Miettanks, beheizt werden, müssen die Hauseigentümer heute zusätzlich damit leben, dass sich der Gaspreis in den letzten zehn Jahren bereits verdoppelt hat.

Der Solarenergie zur Warmwasserbereitung und Heizungsunterstützung, die wir seit der Fertigstellung unseres Hauses intensiv nutzen, verschließen sich viele der deutschen Nachbarn und Bekannten noch heute. Vor Jahrzehnten wurde ihnen von konservativen Vertretern der Heizungsbranche vorgerechnet, dass sich eine solche Investition nicht lohne, weil deren Rückflussdauer zu groß sei. Und daran glauben sie noch heute. Trotz meiner Bemühungen ist es mir nur selten gelungen, sie vom Gegenteil zu überzeugen.

Auch die Wärmepumpe wird von den meisten Betreibern abgelehnt, obwohl sie auf Luft-Kältemittel-Basis in Spanien viel wirtschaftlicher als im kühleren Deutschland ist.

Wir nutzen die Wärmepumpentechnik selbstverständlich für unsere Raumheizung und in den heißen Sommermonaten dient sie uns reversiv zur Kühlung.

Sehr gern besuchen Karin und ich die urige Finca von Heidi und Karl-Heinz in der Gemarkung Benissa. Heidi hat als frühere Deutsch- und Spanischlehrerin in ihren Privatkursen viel dazu beigetragen, dass wir mit der spanischen Umgangssprache einigermaßen gut zurechtkommen. Seit einigen Jahren hat sich das jährlich mehrmalige Treffen auf der Finca zu einer speziellen Form des Rentnerballs entwickelt. Die in der Umgebung lebenden deutschen Residenten und Nichtresidenten finden sich dabei fröhlich zu Wein und Tanz zusammen und bestreiten mit ihren Spenden die Unkosten der Gastgeber. Wir beide gehören zu den Nichtresidenten, denn wir leben mehr als ein halbes Jahr in Deutschland und beziehen auch dort unsere Rente. Wären wir Residenten, so müssten wir uns in Spanien versichern und dort unsere Einkünfte voll versteuern.

Insgesamt ist das kulturelle Angebot auf dem Lande leider sehr begrenzt, wenn man von den sich jährlich wiederholenden Karfreitags-Prozessionen und den im Sommer stattfindenden Schaukämpfen zwischen Moros und Christianos absieht. Diese erinnern an die Zeit der Reconquista, der Rückeroberung der iberischen Halbinsel von den nordafrikanischen Mauren. Die über sieben Jahrhunderte während Besetzung der Mauren fand mit der Rückeroberung des andalusischen Granada im Januar des Jahres 1492 ihren unblutigen Abschluss. Die dadurch vom spanischen Königshaus – geführt von Ferdinand II. von Aragon und seiner Ehefrau Isabelle I. von Kastilien

– eingesparten Heeresgelder erhielt Christoph Columbus, der damit im selben Jahr seine Entdeckungsreise nach Amerika unternehmen konnte (/5.2/).

Für uns kulturell verwöhnte Dresdner wäre es natürlich auch möglich, die berühmte neue Opern- und Theaterbühne in Valencia, den Palau de les Arts Reina Sofia, zu besuchen (/5.3/). Doch die nächtliche, fast zweistündige Autobahnfahrt zurück zum Cumbre behagt uns nicht. Bisher konnten wir uns aber auch noch nicht dazu durchringen, allein wegen der Abendveranstaltung ein Hotelzimmer in Valencia zu buchen.

Die kulturellen Veranstaltungen in den Urlauberhochburgen, wie beispielsweise in Benidorm, Calpe oder Denia, finden zumeist an Samstagen statt. Sie beginnen mit einem mehrstündigen Abendmenü. Die eigentliche Kulturveranstaltung wird dann in der Nacht bis früh um ein oder zwei Uhr geboten. Das ist zwar im Regelfall etwas für jüngere Leute, als wir es sind, doch an eine derartige Veranstaltung erinnern wir uns gern. Die anmutigen Mädchen und Jünglinge, die zunächst den Gästen die Speisen und Getränke serviert hatten, verwandelten sich danach in vollendete feurige Flamenco-Tänzer in farbenprächtiger Kleidung.

Der Flamenco, das berühmte Genre der Unterhaltungskunst mit den Elementen Gesang, Tanz und Gitarrenspiel, gehört heute zum festen Bestandteil der spanischen Kultur. Im Jahr 2010 wurde er sogar zum immateriellen Welterbe der UNESCO erklärt (/5.4/). Ursprünglich geht der Flamenco auf das Volk der Sinti und Roma zurück, die gegen Ende des 15. Jahrhunderts von Indien über Ägypten und andere arabische Länder nach Andalusien kamen. Sie konnten damit ihr Leid und ihren Schmerz ausdrücken, die sie in einer Zeit der Inquisition, Unterdrückung und Armut erdulden mussten. Später hat er sich unter den Einflüssen der arabischen, jüdischen und ursprünglichen andalusischen Musik weiterentwickelt. Die besungenen Themen, um die es heute geht, sind die Liebe, das Leben, die Freude, die Traurigkeit und der Tod.

Über die Herkunft der Bezeichnung »Flamenco« gibt es noch immer unterschiedliche Theorien. Die einen glauben, dass der Tanz nach den eleganten Bewegungen der Flamingos benannt ist, andere dagegen, dass der im Jahr 1517 aus Flamen gekommene spanische König Karl der V. mit seinem lebensfrohen Gefolge auf ihrem Wege nach Süden die streng gläubigen und zurückhaltenden Kastilier mit diesen Tänzen beeindruckt hatte (/5.5/).

Nachdem uns die unmittelbare Umgebung auf dem Cumbre zum vertrauten Alltag und der meist blaue Himmel über uns zur Gewohnheit geworden war, wollten wir mehr vom Leben, der Kunst und der Kultur der Spanier erfahren. Und wir wollten auch die vielfältige Natur dieses großen Landes näher kennenlernen.

So trieb es uns über mehrere Jahre hinweg zu mehrtägigen bis zweiwöchigen Fahrten durch das weite Land. Mit unserem Auto reisten wir nach Andalusien und in die reizvolle Extremadura, auf den Fährten von Don Quijote in die weiten Ebenen von Castilla-La Mancha, in die Hauptstadt Madrid und in das vielgepriesene Toledo, nach Katalonien mit seiner faszinierenden Magistrale Barcelona, nach Aragonien mit der stolzen Kapitale Zaragossa, in das bergige Hinterland der Comunidad Valencia, wo einst der Papst Alexander VI., das Oberhaupt der Borchia-Familie, zuhause war, in das Baskenland mit Abstechern nach Cantabrien und Castilla-Leon und nicht zuletzt in die Weinbauzentren von Navarra und La Rioja. Mit dem Flugzeug gelangten wir auf die Insel Mallorca und auf die kanarischen Inseln Teneriffa und La Palma.

Unser Ziel auf der Insel La Palma war der Besuch meines Freundes Karl Hörnig. Gemeinsam mit seiner Traute bewohnt er dort, in 800 Meter Höhe über dem Atlantik, ein idyllisches kleines Häuschen auf einem fast einen Hektar großen Grundstück.

Auf diesen Reisen durch Spanien, aber auch in andere europäische und Übersee-länder nutzten Karin und ich jede Gelegenheit, um uns mit den Zeugnissen der Baukunst und der bildenden Kunst in den jeweiligen Regionen vertraut zu machen.

Bereits zu Beginn unseres Spanienaufenthaltes hatten wir erste Begegnungen mit den Werken der spanischen Maler und Bildhauer Pablo Picasso und Salvador Dali. In den Picasso-Museen von Madrid und Antibe an der Cote d´Azur hatten wir die Gelegenheit, einen Teil der Werke Picassos zu sehen. Und bereits dort teilten wir unsere Überzeugung mit der verbreiteten öffentlichen Meinung, dass kein anderer Künstler des 20. Jahrhunderts so umstritten war, keiner so bewundert wurde und keiner so berühmt geworden ist wie Pablo Picasso (/5.6/). So sehr wie wir über seine exzellenten Frühwerke staunten, so wenig konnten wir uns mit den Arbeiten in sei-ner surrealistischen Schaffensperiode und noch weniger mit seinen teilweise recht obszönen Spätwerken anfreunden.

Unsere Wahrnehmung zu Salvador Dali und seinen Werken ist differenzierter, obwohl seine surrealistischen Gemälde und Skulpturen unserer Meinung nach eher eine Augenweide für einen Kunsthistoriker sind als für uns heutige Betrachter. Wir besuchten sein Lebenszentrum und seine Wirkungsstätte in Cadaces und das Muse-um mit seinem Grab in Figueres, beide in Katalonien. Vor allem in Cadaces, seinem exzentrisch gestalteten und zugleich gemütlichen Wohnumfeld, konnte man seine genialen und witzigen Einfälle nachempfinden. Beispielsweise war ich überrascht von seiner ingenieurtechnischen Leistung, das morgendliche Sonnenlicht mit ge-schickt angeordneten Spiegeln so einzufangen, dass es ihm bei seinem Aufwachen in das Gesicht schien. Im täglichen Leben war aber auch er auf seine langjährige Gefährtin und Ehefrau angewiesen (/5.7/).

Weit mehr als die Werke von Picasso und Dali haben mich die Gemälde des spanischen Malers Joaquin Sorolla (1863-1923) beeindruckt. Als spanischer Vertreter des Impressionismus gilt er als Maler des Lichts und der Bewegung (/5.8/). Aus seinen Werken strahlt eine wohlige menschliche Wärme und eine die Sinne fesselnde Sensibilität. Fast jedes Bild, das ich von ihm betrachten konnte, machte es für mich zum Erlebnis. Die von ihm eingefangenen Lichtreflexe in ihrem Spiel von Weiß- und Blautönen, aber auch in leuchtendem Orange, Grün und Türkis, mit denen er eine typische Mittelmeerstimmung hervorzauberte, wirken ungeheuer anziehend auf mich.

Ebenso wie Picasso und Dali genoss auch Sorolla bereits zu Lebzeiten eine hohe Anerkennung. Zu seinen größten Erfolgen zählen die Gemälde des typischen Brauchtums und der Landschaften der spanischen Regionen, mit denen er sein Land durch die Ausgestaltung der Bibliothek der »Hispanic Society of America« in New York den Amerikanern näher brachte. Sogar der damalige US-Präsident Taft ließ sich von ihm porträtieren. In Sorollas Geburtsstadt Valencia trägt der neue, im Jahr 2010 errichtete Bahnhof für Hochgeschwindigkeitszüge seinen Namen (/5.9/, /5.10/).

Wir konnten Sorollas Bilder in einer Sonderausstellung im Kulturzentrum der Bancaja Valencia im Herbst des Jahres 2009 betrachten, bei der auch Leihgaben seiner Bilder von der Spanischen Gesellschaft von Amerika gezeigt wurden. Diese Besichtigung, bei der wir von unseren Radebeuler Gästen Ines und Holm sowie von Doti und Klaus Mählich begleitet wurden, war für mich ein nachhaltiges Erlebnis. Mit dem dadurch geschärften Blick erkennt man Sorollas Einfluss auf viele valenzianische Maler der Gegenwart. Das gilt beispielsweise auch für den in Alicante lebenden Maler Juan Araez, von dem wir schon einige Jahre vorher zwei Stimmungsgemälde in Öl erworben hatten.

Wenn auch auf anderem Gebiet, so war ich doch ähnlich tief von den architektonischen Zeugnissen der Hinterlassenschaften der maurischen Architekten beeindruckt. Den Höhepunkt dabei bildet die Alhambra Granadas. Ihre beherrschende Lage auf dem Sabica-Hügel zu Füßen der Sierra Nevada ist ein außergewöhnlicher Status für diesen einzigartigen Monumentalbau. Dieser herausragende Gebäudekomplex in seinen vielfältigen Strukturen und mit seinen zahlreichen filigranen Details ist ein stilles, aber beredtes Zeugnis der damaligen Baukunst. Geschaffen wurde er als eine Festung, als ein Palast und als eine kleine Stadt zugleich, was die Eigentümlichkeit dieser Gebäudevielfalt erklärt. Und wenn man wie wir als Gast durch den Löwenhof und die gepflegten Gärten des Generallife mit seinen verschlungenen Wegen und Wasserläufen schlendert, so kann man die angenehme Kühle nachempfinden, welche die damaligen Herrscher und ihr Gefolge bei ihren abendlichen Spaziergängen umgab.

Der Bau der Alhambra wurde von den Emiren aus dem Geschlecht der Nasriden im Jahr 1238 begonnen und von den Königen Jusifs I. und Muhammad II. im 14. Jahrhundert vollendet. Nach dem friedlichen Abzug der letzten Mauren von spanischem Boden im Jahre 1492 wurde sie christliche Residenz der katholischen Könige Granadas. Im 18. und zu Beginn des 19. Jahrhunderts verfiel die Alhambra, wurde aber ab dem Jahre 1870 zum Nationaldenkmal erklärt und später wie auch heute noch restauriert (/5.11/).

Zum Andenken an dieses Erlebnis haben wir uns von einer Porzellanmalerin in Benissa zwei Fliesenbilder mit Szenen der Alhambra anfertigen lassen, welche die Rückwand unserer Sommerküche auf dem Cumbre zieren. Diese farbenfreudigen Landschaftsaufnahmen in der Ausführung als Aufglasur-Malerei erinnerten mich wieder an meine früheren Ambitionen in meinen vierziger Jahren, Analoges mit Emaille auf Kupfer zu versuchen. Die Technologien sind sich durchaus ähnlich, denn auf die weiß glasierten Keramikplatten werden die nass aufgetragenen und getrockneten Farben bei Temperaturen zwischen 780 und 880 Grad Celsius gebrannt. Sie verbinden sich dadurch mit der Untergrundglasur (/5.12/) wie die Emaille mit dem Kupfer.

Eine schöne Tradition seit der Wende in Deutschland ist, dass unser harter und nun wiedervereinigter Kern der ehemaligen Chemnitzer Ingenieurstudenten jährlich ein dreitägiges Treffen organisiert, gemeinsam mit unseren Ehefrauen. Unser freundschaftliches Zusammensein in ausgewählten Gegenden Deutschlands und die damit verbundenen kulturellen Erlebnisse haben seither viel dazu beigetragen, dass Karin und ich unsere westlichen Bundesländer näher kennenlernen konnten. Leider wird der teilnehmende Personenkreis immer kleiner, denn das menschliche Leben ist halt endlich.

Im Jahr 2003 hatten wir für unser Treffen die Stadt Toronto in Kanada auserkoren, denn dort lebt Siegfried Langhammer zusammen mit seiner angetrauten Käthe. Karin und ich verbanden diese Reise mit einem Dreiwochenurlaub, der uns quer durch Südostkanada führte. Dafür mieteten wir wieder einmal einen Leihwagen, wie wir es von mehreren Reisen durch Südeuropa, die USA und Neuseeland her kannten und auch später noch unternahmen. Siegfried organisierte unter anderem eine gemeinsame Mehrtagesfahrt zu den Niagarafällen und nach Fort Erie, von dem man das US-amerikanische Buffalo jenseits des Erie-Sees erblicken kann.

Karin und ich reisten dann weiter in den Algonquin Provincal Park von Ontario und hinauf in die Provinz Quebec. Dort konnten wir einen herrlichen Indiansummer mit vielfarbigen Landschaftseindrücken erleben.

In Montreal bot sich mir ein besonderer Anblick, als wir das Atelier eines Emaillekünstlers inmitten eines großen Kaufhauskomplexes besuchten. Sein Name ist Bernhard Seguin Poirier. Dieser Name ist mit zahlreichen Galerieausstellungen und öffentlichen Veranstaltungen in der Provinz Quebec verbunden (/5.13/). In den von ihm gemieteten Räumen stand neben den Arbeitsplätzen für die abendliche Malschule der größte Emaille-Brennofen, den ich je gesehen habe. Mit Drehstromanschluss für einen Nennleistung von 20 Kilowatt bot er eine Brennfläche bis zu 60 mal 60 Zentimetern. Daneben, mit dem fahrbaren Brennwagen gekoppelt, befand sich eine hydraulische Presse zum Richten der aus dem Ofen gezogenen, noch heißen emaillierten Kupferplatten. Als wir das Atelier dieses Künstlers besuchten, war gerade eine Bildszene für das Wandbild einer Schule in Arbeit, das er aus acht solcher großen Platten schuf. Ich war nicht nur von der perfektionierten Technik der bildnerischen Emaillierkunst begeistert, sondern ebenso von der Kraft der leuchtenden Farben und der optimistischen Dynamik, die das werdende Bild ausstrahlte.

Aus den zahlreichen veröffentlichten Emaillebildern Poiriers ist seine Perfektion in der Siebtechnik erkennbar, einer speziellen Vorgehensweise beim trockenen Auftragen der Emaillefarben. Und diese Technik vermittelt er offenbar auch seinen Schülern, denn die dafür notwendigen Werkzeuge lagen während unseres Besuchs geordnet auf den für den Abend vorbereiteten Arbeitsplätzen.

Diese Begegnung mit dem Emaillekünstler Poirier war der letzte Anstoß dafür, dass wir, Karin und ich, noch im selben Jahr einen Emaillekurs im Aachener Raum absolvierten. Im Anschluss daran kaufte ich meinen ersten Brennofen. Das war mein Weihnachtsgeschenk im Jahr 2003. So begann ich, mich intensiver mit dem Malen und Brennen von Emaille auf Kupferplatten zu beschäftigen.

Karin dagegen hatte schon auf dem Cumbre die Gelegenheit zur künstlerischen Gestaltung von Specksteinfiguren genutzt und dafür ihr außergewöhnliches Talent offenbart. Zunächst traf sie sich mit anderen interessierten Freizeitkünstlern bei dem zwischenzeitlich leider verstorbenen Toni aus der Schweiz. Er stellte dafür seine großzügig eingerichtete Werkstatt zur Verfügung und bot das aus seiner Heimat mitgebrachte Material zum Kauf an. Nach seinem Tod wurde der Zirkel zwar ein paar Jahre lang weitergeführt, doch Karin arbeitete lieber selbstständig und allein, auch in Radebeul. Dafür nutzte sie das bei der Firma Gerstäcker in Dresden angebotene Rohmaterial. Einen Eindruck von ihrem künstlerischen Geschick im Umgang mit dem Speckstein vermittelt die nebenstehende Abbildung.

Geborgenheit,
Specksteinfigur, 19 cm hoch

Bei meinen nun über zehnjährigen Bemühungen, gebrannte Emaillefarben in ansprechender Weise auf die Kupferplatte zu bringen, musste ich viel experimentieren und viele Rückschläge hinnehmen. Doch zu meinen technischen Fortschritten auf diesem Gebiet trug auch das in mehreren Fachbüchern vermittelte Wissen aus der zweiten Hälfte des 20. Jahrhunderts wesentlich bei. Die Kenntnisse und Erfahrungen dieser Autoren halfen mir sehr, um mir vieles für die eigene Bildgestaltung mittels Emaille auf Kupfer autodidaktisch anzueignen.

In diesem Zusammenhang möchte ich daran erinnern, dass das kunsthandwerkliche Emaillieren von Gebrauchsgegenständen in der ehemaligen DDR weit verbreitet war. Wer damals eine Freude im Freundes- und Bekanntenkreis bereiten wollte, der nahm gern einen vom Kunsthandwerker gekauften Satz emaillierter Untersetzer oder eine emaillierte Blumenvase mit. Ein geschmackvoller silberner Anhänger mit emaillierter Vorderseite konnte einem Freier helfen, seine Angebetete von sich zu überzeugen. Bei Brepohl`s »Kunsthandwerkliches Emaillieren« findet man eine fundamentale Anleitung für diese künstlerischen Emaillearbeiten in den siebziger Jahren. Interessante Abbildungen ergänzen die Aussagen in diesem Fachbuch (/5.14/).

Zu dieser Zeit waren derartige Emaillierarbeiten auch in Westdeutschland eine beliebte Freizeitbeschäftigung. Bei Clarke wird sogar beschrieben, wie man sich mit einer Kochplatte behelfen kann, wenn kein Brennofen verfügbar ist (/5.15/). Ein reiches praktisches Wissen über die jüngeren Arbeiten mit Emaille und dazu ein breites künstlerisches Gedankengut vermittelt Rittmann-Fischer in ihrem im Jahr 1991 erschienenen Werk »Gestalten mit Email« (/5.16/).

Unter Hinweis auf diese Fachliteratur zum Handwerk des Emaillierens möchte ich es der Leserin und dem Leser ersparen, sich mit meinem Lernprozess, mit meinen anfänglichen Misserfolgen, den immer wieder aufgetretenen Überraschungen, den Mängeln durch unvorhersehbare Farbänderungen, den störenden Rissen, Einkerbungen und Verwerfungen, die ich nach dem Brennen immer mal wieder erkennen musste, zu langweilen.

Mehr interessieren vielleicht mein Anliegen und meine inhaltlichen Bemühungen um erkennbare Fortschritte bei der künstlerischen Gestaltung meiner Bilder. Die Freude an diesem Lernprozess und mein Glücksgefühl bei erlangten Teilerfolgen regten mich immer wieder dazu an, viel Zeit mit der Auswahl, dem Mischen, dem Auftragen und dem wiederholten Brennen der Emaillefarben zu verbringen. Auf dem Weg dahin gab es für mich viele neue interessante und schöne Erlebnisse.

Eines der gemeinsamen Anliegen von Karin und mir war und ist, den Kontakt zu Radebeuler und Dresdner Malern und Grafikern zu knüpfen und zu halten. Wollten wir doch zunächst mehr über das Denken und Fühlen dieser Menschen der bildenden Kunst kennenlernen, auch um ihre Beweggründe für diese unsichere selbstständige Tätigkeit und ihre Probleme im täglichen Leben besser verstehen zu können.

Einen ersten solchen Kontakt fanden wir zu dem Maler und Grafiker Marcus Retzlaff in seinem Kötzschenbrodaer »Atelier Oberlicht«. Wir wurden Mitglieder in seinem Förderklub und lernten ihn als einen sehr bescheidenen, talentierten und agilen Künstler kennen, als einen sehr angenehmen jungenhaften Gesellschafter, der sein freies ungezwungenes Leben liebt, aber oft auch die Wochenenden in seinem Atelier verbringt. Über diesen Förderclub lernten wir auch viele weitere Radebeuler Kunstinteressierte und Künstler kennen.

Auf diese Weise fanden wir auch freundschaftliche Kontakte zu den Radebeuler Malerinnen Edelgard Bellmann und der jüngeren Ines Sommer, letztere mit ihrem charmanten Ehemann Holm.

Edelgard hat sich über viele Jahrzehnte künstlerischen Schaffens zu einer scharf beobachtenden Künstlerin entwickelt. Ihre landschaftlichen Stimmungsbilder vermitteln dem Betrachter infolge der vielfältigen dezenten Farbnuancen eine beschwingte Leichtigkeit und eine vom Licht durchflutete Wärme, ganz gleich, ob sie in Öl auf Leinwand oder als Aquarell geschaffen wurden. Jede verfügbare Wandfläche ihres Hauses ist durch ihre Bilder belegt, denn sie kann sich nur schwer von einem ihrer Werke trennen.

Die sehr herzliche Ines hat sich als studierte Maskenbildnerin und nun selbstständige Malerin auf großformatige Ölgemälde spezialisiert. Ihre Werke sind voller leuchtender warmer Farben und manche ihrer Bilder haben einen doppeldeutigen Sinn. Ihre besondere Stärke sind die ausdrucksstarken Gesichtszüge, die sie auf die Leinwand zaubert.

Bei Doro, einer liebenswerten Radebeuler Künstlerin in nächster Nähe, gelangt man über eine steile, mit Kerzen beleuchtete Treppe in ihr »Atelier mit Weitblick«. Dort kann man nicht nur die weiten linkselbischen Berghänge erblicken, sondern auch sich weiten Blickes in den vielzähligen künstlerischen Kreationen verlieren, die sie für ihre Besucher bereithält. Ihre farbenfreudigen Bilder künden von dem unerschöpflichen Reichtum ihrer sprudelnden Einfälle. Beim Plaudern über ihre Arbeiten hat sie gewiss auch von ihren neuen Plänen zu berichten, mit denen sie sich gerade befasst. Ich bin gern mal auf einen Sprung in Doros Atelier. Sie hatte auch schon einige meiner Emaillebilder ausgestellt, und selten habe ich dieses Haus verlassen, ohne ein Mitbringsel aus Doros Galerie-Laden zu erwerben (/5.17/).

Auf eine andere Art beeindrucken mich die künstlerischen Arbeiten von Gudrun Zschernig, einer warmherzigen Ärztin, der Witwe meines Freundes Professor Joachim Zschernig. Als reifere Freizeitmalerin und in ihrem Wesen außerordentlich bescheiden, fängt sie die satten, beruhigenden Herbstfarben in der Dresdner Umgebung auf ihren Aquarellen ein.

Bereits im Jahr 2004 hatten Karin und ich die Gelegenheit genutzt, das Atelier des damals noch aktiven Dresdner Malers Werner Haselhuhn (/5.18/) in dem Hochhaus in der Freiberger Straße zu besuchen, das dreißig Jahre zuvor die Arbeitsstätte des Emaillekünstlers Rudolf Sitte gewesen war. Wie damals waren auch dieses Mal die großen Fensterflächen mit Zeitungspapier beklebt. Davor und an den Fensterbrüstungen standen zahlreiche fertige und fast fertige Ölgemälde in dick aufgetragener Spachteltechnik. Diese vielen an das Abstrakte grenzenden Landschaftsbilder, alle in sehr bunten Farben gehalten, vermittelten uns den Eindruck, als seien wir inmitten einer fiktiven farbigen Welt. Werner Haselhuhn, damals bereits fast 80 Jahre alt, erläuterte uns dazu, dass er noch täglich in sein Atelier kommt und immer mal wieder Ergänzungen an seinen Bildern vornimmt, weil ihm der eine oder andere Spachtelstrich noch nicht gefällt. Mir kam beim Betrachten seiner Bilder in den Sinn, dass man mit einer ebenso dicken Emaille, diese natürlich in mehreren Arbeitsschritten aufgetragen, eine noch größere Leuchtkraft mit intensiven Lichtspiegelungen hervorbringen könnte, als das technisch mit den in Öl gemalten und gespachtelten Bildern möglich ist.

Wir suchten uns zwei seiner Ölgemälde aus, die uns heute noch so sehr gefallen wie damals, dazu einige Drucke seiner unzähligen ausdrucksstarken kantigen Grafiken. Auch Werner Haselhuhn freute sich sehr über unsere Begegnung, denn er konnte mit diesem Ergebnis wieder einmal seine schmale Rente aufbessern.

Dennoch war dieser Kauf für uns mit einem unangenehmen Erlebnis verbunden. Wir hatten ein Jahr vorher die nähere Bekanntschaft mit einem ebenfalls an Jahren gereiften und kunstinteressierten Ehepaar gemacht. Erfreut über den Kauf, zeigten wir diesem Paar noch am Abend die von uns erworbenen Bilder. Am nächsten Morgen erhielt Karin einen Anruf mit massiven Vorwürfen bezüglich des Bilderkaufs. Diese Vorhaltungen lagen auf einem so niedrigen Niveau, das wir einer gebildeten und erfolgreichen Medizinerin nie zugetraut hätten. Abrupt endete damit eine Bekanntschaft, die aus unserer Sicht einmal eine Freundschaft werden sollte.

Nach einem solchen unangenehmen Erlebnis stellt man sich viele Fragen. Eine davon ist, was einen Menschen beim Bilderkauf noch bewegen könnte, außer dass er einfach Freude daran empfindet und in meinem Fall zusätzlich die Technik des Künstlers studieren möchte.

Die Antwort darauf hält der Kunsthandel bereit. Bilder wechseln heute weltweit ihren Eigentümer auf Auktionen, die einen ganzen Wirtschaftszweig ernähren. Dominantes Ziel dabei ist sicher, Geld anzulegen und zu vermehren. Bei noch lebenden bekannten Künstlern wird spekuliert, was einmal dessen Bild oder anderes Kunstwerk wert sein wird, wenn der Schöpfer tot ist, wenn von ihm nichts mehr hinzukommen kann.

Welchen Reichtum ein Kunsthändler mit dem Erwerb und Wiederverkauf von Werken weltbekannter bildender Künstler erzielen kann, beweist der im Jahr 2007 in Paris verstorbene Kunstsammler Heinz Berggruen. In seinem Buch »Haupt- und Nebenwege«, bei dessen Titel er sich auf das gleichnamige Bild des Expressionisten Paul Klee bezieht, beschreibt er seine gewinnbringenden Kontakte zu den berühmten Malern des 20. Jahrhunderts (/5.19/). Heute ist der Name seines Sohnes, des deutsch-amerikanischen Investors Nicolas Berggruen in aller Munde, vor allem im Zusammenhang mit dessen erfolglosen Aktionen zur Rettung des Karstadt-Konzerns. Immerhin hat es dieser in kein Klischee passende noch junge Mann mit seiner Gewinn maximierenden Berggruen-Holding verstanden, Millionen in Form von Lizenzgebühren aus dem Karstadt-Konzern herauszuholen. Das geschah, bevor er diesen Konzern wieder abstieß, wohlgemerkt, ohne in Karstadts Sanierung zu investieren (/5.20/, /5.21/). Und dennoch gehört dieses menschliche Phänomen, ein zwei Milliarden Dollar reicher Globetrotter ohne festen Wohnsitz, zu jenem Kreis der rund einhundert spendierfreudigen Milliardäre, die sich in der Bill-Gates-Stiftung verpflichtet haben, Gutes für die Menschheit zu tun (/5.22/).

Ich komme nochmals auf den Kunsthandel und dessen Auswüchse zurück. Wenn man sich die Liste der teuersten Gemälde (/5.23/) anschaut, dann entdeckt man an deren Spitze das Freud-Triptichon von Francis Bacon. Dieses aus drei Teilen bestehende Kunstwerk wechselte im November 2013 zum Preis von umgerechnet 106 Millionen Euro als das bisher teuerste Gemälde den Besitzer. Weder die auf diesem Triptichon entstellten drei Gesichter des sitzenden britischen Malers Lucian Freud, Enkel des Psychoanalytikers Sigmund Freud, noch die in verschiedenen Brauntönen gehaltenen Hintergrundfarben auf diesen Bildern (/5.24/) könnten einem normal veranlagten Betrachter eine besondere Freude bereiten. Nein, für einen potenziellen Interessenten dieses Kunstwerkes ist es allein der auf Auktionen hochgetriebene Preis, der wegen der Berühmtheit des Künstlers und des Seltenheitswertes des Kunstwerkes in den nächsten Jahren und Jahrzehnten noch steigen und damit einen beachtlichen Gewinn erzielen könnte. Nur dieser kapitalistische Mehrwertgedanke konnte den ungenannten Käufer zur Ausgabe dieser gigantischen Summe veranlasst haben.

Sucht man weiter unten auf dieser Liste das teuerste Gemälde von Picasso, so findet man den »Akt mit grünen Blättern und Büste«, ein Bild, das er im Jahr 1932 geschaffen hatte. Im Jahr 2010 wurde es für umgerechnet 80 Millionen Euro an Unbekannt verkauft (/5.25/). Dieses stilisierte Picassowerk könnte einen Normalmann, der sich von einer gutaussehenden Nudistin angezogen fühlt, wohl kaum erregen. Wenn sich aber ein Käufer dennoch dazu entschlossen hatte, dieses 1,32 mal 1,60 Meter große Bild zu erwerben, dann musste er sich vor Augen halten, dass er allein für eine anteilige Bildfläche von zehn mal zehn Zentimeter, also für die anteilige Leinwand und Farbe zusammengerechnet, den stolzen Preis von 379 Tausend Euro zu zahlen hatte. Und das musste er insgesamt 211 Mal tun, denn so groß ist das Bild. Wird mit diesem Zahlenspiel nicht deutlich genug, welch irrsinnige Auswüchse der von der kapitalistischen Denkweise getriebene Kunsthandel hervorbringt? Wie viel Leid und Not könnte man mit diesem Geld lindern, wie vielen armen Kindern könnte man damit eine menschenwürdige Bildung angedeihen lassen!!!

Nein, der Kunsthandel ist nicht mein Ding.

Ich bin mir in den vergangenen Jahren insofern treu geblieben, als ich meine bescheidene Betätigung in der Emaillekunst allein als eine Freude am Schaffen optimistischer farbenfroher Bilder erleben wollte und konnte, ohne jeden Zwang und etwaige Hast. Wenn ich dabei hin und wieder einmal ein Bild verkaufen konnte, so war es auch deshalb gut, um damit einige Materialkosten zu decken.

Mit dieser Denk- und Handlungsweise habe ich mich unbemerkt, aber stetig der Malweise des neuen Impressionismus genähert. Anregen lasse ich mich bei meinen künstlerischen Bemühungen immer wieder von der harmonischen Farbvielfalt des großen unerreichbaren spanischen Meisters Sorolla und seiner heutigen spanischen

Schüler. Ein ebensolches nachahmenswertes Vorbild dabei sind mir die konzentrierte Kraft und die fließende Dynamik in den Bildern des Impressionisten Robert Sterl, wie sie beispielsweise aus seinen Werken »Die Steinbrecher« oder »Die Schiffszieher an der Wolga« (/5.26/) hervorstechen. Mein Ziel ist es, mit Hilfe der Emaille Lebensfreude zu vermitteln, entweder in Form von vorwärtsdrängender kraftvoller Dynamik oder von beschaulicher, zum Verweilen einladender Ruhe.

Seit meinem Beginn intensiverer Beschäftigung mit der farbigen Emaille benutze ich dafür die so genannte Stegtechnik. Das sind Kupferdrähte, die zur Begrenzung, hin und wieder auch zur Dekoration, auf die voremaillierte Kupferplatte gebrannt werden. Im Verlaufe der Jahre wurden die Emailleschichten der neuen Bilder durch Mehrfachbrände immer dicker, was bei entsprechender Beleuchtung mittels Brillanz und Lichtspiegelung Effekte hervorrufen kann, die nur der Emaille zu eigen sind. Die Stege sind dann auf den Bildern oft nicht mehr zu erkennen. Und in dieser Richtung möchte ich noch so lange weiterarbeiten, solange mir dafür die Kraft und Freude erhalten bleiben.

In Spanien auf dem Cumbre steht mir dafür ein kleiner Brennofen zur Verfügung. Doch wenn ich drei Platten aneinander füge, so kann ich damit immerhin Bilder bis zur Größe von 52 mal 23 Zentimeter Größe anfertigen. Der Radebeuler Brennofen ist etwas größer und erlaubt es mir, Platten bis zu 30 mal 30 Zentimeter Oberfläche zu brennen. Auf diese Weise konnte ich bisher Bilder bis zu 120 cm Breite zusammenfügen.

Die umseitige Abbildung vermittelt einen Eindruck von meinem bescheidenen Atelier.

*Bei der Emaillierarbeit
im Radebeuler Mini-Atelier*

Aber allein im stillen Kämmerlein, ganz ohne fremde menschliche Rückkopplung, wie das Resultat auf andere wirkt, mag ich doch nicht werkeln. Karins Hinweise und Ratschläge sind mir sehr wertvoll und ich nehme sie ernst. Doch dies allein, dazu meine Internetadresse (/5.27/), reicht mir dennoch nicht aus. Dazu kommt, dass Karins Specksteinfiguren seit einigen Jahren eine nahezu vollendete künstlerische Ausdruckskraft erlangt haben. So konnte ich sie davon überzeugen, dass wir uns regelmäßig zu Pfingsten an der landesweit organisierten Aktion »Kunst offen in Sachsen« beteiligen.

Seit fünf Jahren sind wir bei dieser Veranstaltung zu dritt. Wir, das sind Joachim Hildebrandt, Karin und ich. De facto gehört aber Joachims angetraute und liebenswerte Ehefrau Inge ebenfalls dazu, und zu viert lassen sich die jeweils zwei Tage mit oft mehr als 100 Gästen durchaus angenehm gestalten. Joachim war früher als Ingenieur auf dem Gebiet der Medizintechnik tätig. Wohl schon deshalb ein leidenschaftlicher Bastler, lebt er seine künstlerischen Gaben in der Holzschnitzkunst und der Zinngießtechnik aus. Solche filigranen, gen Himmel strebenden und in sich elegant verschlungenen Kunstwerke aus

Joachim, Karin und ich zu Pfingsten 2014

Lindenholz habe ich bisher noch nirgends auf der Welt gesehen.

Die zwei Tage der offenen Tür in unseren Radebeuler Räumen mit vielen interessanten Gesprächen und Anregungen sind für uns vier immer wieder ein schönes und bereicherndes Pfingsterlebnis. Mit den Jahren hat sich daraus und aus den weiteren gemeinsamen Begegnungen eine bereichernde lockere Freundschaft entwickelt.

Doch ein weiterer Freundeskreis in unserer Heimat ist mir ebenfalls sehr wichtig.

Es ist eine Männerfreundschaft. Zu ihr gehört nicht nur Eberhard, den ich schon vor mehr als 50 Jahren kennengelernt hatte und als ehrlichen Freund sehr schätze, und neben ihm auch nicht nur Christian, mit dem ich nun schon seit 35 Jahren befreundet bin.

Auch Jürgen gehört dazu, ein promovierter Architekt, ebenfalls ein über 70 Jahre alter Senior. Er ist mit einem großen Weinberg belastet, den er bei seinem Eintritt ins Rentenalter unbedingt erwerben wollte und der ihm nun viel freie Zeit abverlangt.

In seinem Haus in Radeberg hängen einige seiner sehr beeindruckenden Aquarelle. Doch vor einigen Jahren hat er für sich entschieden, diesem eigenen Naturtalent keine Entfaltungschancen mehr einzuräumen. Schade, dass es so ist!

Der Fünfte im Bunde ist seit einigen Jahren Lutz, nun ebenfalls über 70 Jahre alt. Er war in jungen Jahren erfolgreicher Betriebsdirektor eines großen Unternehmens. Nach der Wende arbeitete er als Wirtschaftsberater und Insolvenzverwalter von gescheiterten Betrieben. In seiner sarkastisch-lustigen Art analysiert er treffsicher die aktuellen politischen und lokalen Ereignisse. Und warmherzig nimmt er Anteil an den Problemen anderer, obwohl er selbst nicht gesund ist.

Wir fünf, manchmal sind es allerdings nur vier, treffen uns monatlich an einem frühen Nachmittag zu einer Wanderung oder zu einem Besuch einer Ausstellung in Dresden oder in nahegelegenen Orten. Danach verbringen wir interessante Diskussionsrunden bei einem gemeinsamen Abendessen mit Bier und Wein. Ich bin immer dann dabei, wenn Karin und ich nicht gerade in Spanien weilen.

Diese Männerfreundschaft ist eine angenehme Bereicherung, gewiss nicht allein für mich.

Auf diese Weise habe ich aus den Insiderkenntnissen meiner Freunde viel Wissenswertes erfahren, was den Blick weitet bezüglich der Natur unserer Region und der Gesellschaft unseres Landes. Und während unserer lebhaften Diskussionen ist der rückwärtsgewandte Exkurs auf unsere jugendliche Sturm- und Drangzeit ebenfalls sehr interessant. Und dieser Exkurs ist stets kritisch, doch nie allein voller Kritik.

Nun, am Ende meiner Schilderungen angelangt, möchte ich der Leserin und dem Leser noch ein besonderes Anliegen vermitteln. Ich erlaube mir das deshalb, weil ich mit meinen fortgeschrittenen Jahren selbst spüren muss, dass meine Energie nachlässt und ich mir mehr Ruhepausen gönnen muss, dass es mir aber meine positiven Lebenserfahrungen wert sind, andere daran teilhaben zu lassen. Das Altern ist wie das Erklimmen eines Berges. »Je höher man steigt, desto mehr Kräfte sind verbraucht, aber desto weiter sieht man.«

Das, was ich da zu sehen bekomme, ist der Optimismus, auf die Fähigkeit der Jugend vertrauen zu können. Der Einfallsreichtum und der Elan der Jugend sind unersetzbare Quellen für Neues und Besseres. Deshalb hat sie auch die Voraussetzungen, die Probleme des 21. Jahrhunderts zum Wohl der Menschheit zu lösen.

Was die junge Generation dafür dringend braucht, ist eine höhere Bildung. Doch diese setzt wissenschaftliche Vorleistungen auf höherem Niveau voraus. Nur die wichtigsten der bisherigen Erkenntnisse der Menschheit sind von Bedeutung. Und diese sind pädagogisch aufbereitet und konzentriert so zu vermitteln, dass die Köpfe der jungen Menschen für ihre eigene künftige Kreativität freigehalten und nicht mit totem Wissen belastet werden.

Und es bedarf einer Chancengleichheit für die Jugend, unabhängig vom Geldbeutel ihrer Eltern. Gegenwärtig liegt diesbezüglich vieles im Argen. Die jungen Leute aus den ärmeren Schichten haben zwar theoretisch das gleiche Recht, aber praktisch nicht die gleichen Bildungschancen wie die Kinder der Reichen. Deshalb muss man den Reichen gerechte Steuern abverlangen, um den Ärmeren angemessene Stipendien gewähren zu können. Mehr Investitionen in die Bildung sind auch deshalb nötig, um gute Lehrerinnen und Lehrer ausbilden und bezahlen zu können. Die höhere universitäre Bildung sollte künftig mehr auf die Gebiete von Naturwissenschaft und Technik und die Völkerverständigung orientiert werden, denn dort liegen die Hauptprobleme des 21. Jahrhunderts. Und für diese Universitäten sind großzügige finanzielle Unterstützung und exzellente Arbeitsbedingungen für anspruchsvolle Lehre und herausragende Forschung zu gewähren.

Die jungen Menschen brauchen aber nicht nur eine höhere Bildung, sondern dazu auch sichere und familienfreundliche Arbeitsplätze. Nur so können ihre Kinder jene Wurzeln schlagen, welche die menschliche Psyche für das Leben braucht, das sind Zuneigung, Fürsorge, Toleranz, Nächstenliebe und Achtung vor dem Leben. Doch ebenso benötigen sie den Ansporn zu Fleiß und Ausdauer für hohe Leistungen in ihrem späteren Leben.

Und wenn diese Kinder dann älter und flügge werden, dann brauchen sie Flügel. Nur mit denen können sie erfahren, wie die Welt von oben ausschaut. Nur dann können sie jene Generalisten werden, die den zusammenfassenden Überblick über das Wesentliche im Leben haben. Und erst dann sollten sie sich in ihrer Wahlheimat niederlassen. Als Spezialisten auf jenem Gebiet, das ihnen am besten liegt, können sie sich dort ihrer Lebensleistung widmen, im Umfeld ihrer Lieben.

Im europäischen Rahmen ist viel zu organisieren, um die hohe Jugendarbeitslosigkeit in den südlichen Ländern Europas zu senken. Deutschlands Politiker sollten deshalb ihren harten Sparkurs korrigieren, denn er führt zum Kaputtsparen statt zu sinnvollen Investitionen. Auch sollte man sich daran erinnern, dass der Kriegsschuldenerlass für Westdeutschland seitens der betroffenen Länder auch mit eine Voraussetzung für das deutsche Wirtschaftswunder vor Jahrzehnten war. Dann fällt jenen Leuten auch ein, dass es folgerichtig im europäischen Solidaritätssinn jetzt um eine gerechte Hilfeleistung für die schwächeren Länder geht. In Deutschland geriet das in Vergessenheit. Den auf hohem Niveau unzufriedenen deutschen Bürgern sollte es daher wieder in Erinnerung gerufen und glaubhaft vermittelt werden, sowohl von unseren Politikern als auch von den Medien. Wozu haben wir denn die freie Meinungsäußerung, wenn es wie hier um die Gerechtigkeit geht?

Zum Glück haben die Wissenschaftler und Politiker der Südländer einen mitbestimmenden Einfluss auf die Europapolitik. Zu hoffen ist, dass das von der neuen EU-Kommission im Jahr 2014 beschlossene Investitionsprogramm (/6.1/) im notwendigen Umfang und rechtzeitig verwirklicht wird. Es dient der Modernisierung der europäischen Wirtschaft mit mehr Beschäftigung und der Verbesserung der europäischen Infrastruktur. Ein europaweit vernetztes Energiesystem zur effektiven Nutzung südlicher Solarenergie und nördlicher Offshore-Windenergie wird hoffentlich damit zur Wirklichkeit. Dann kann das bisherige kleingeistige Verhalten bezüglich der Nord-Süd-Trassenführung innerhalb der deutschen Grenzen noch korrigiert und zum Guten gewendet werden.

Die ärmeren Länder in der Welt, insbesondere in Afrika, brauchen mehr finanzielle, technische und organisatorische Unterstützung als bisher. Die zur leeren Worthülse verkommene »Hilfe zur Selbsthilfe« existiert nur in Ansätzen und mit der von Deutschland dominierten Wirtschaftspolitik Europas wird sie sogar behindert. Doch die Selbsthilfe ist eine Voraussetzung dafür, dass diese Entwicklungsländer ihre wirtschaftlichen und politischen Probleme selbst lösen zu können. Unter der Obhut von nichtstaatlichen Organisationen, die mit von afrikanischen Frauen geleiteten Kooperativen und Handelsketten, die bis nach Nordeuropa reichen, zusammenarbeiten, bestehen aus meiner Sicht die besten Chancen dafür.

Doch es bedarf auch der Solidarität gegenüber jenen entwurzelten Menschen, die durch Kriege, Hass, Habgier und Fehlpolitik aus ihren Heimatländern vertrieben wurden und nun eine neue Existenzgrundlage für ihre Familien im Ausland schaffen müssen. Das aber lässt sich nicht allein von nichtstaatlichen Organisationen bewerkstelligen. Es erfordert mehr materielles, organisatorisches und ideologisches Engagement vom Staat, um bei der Lösung dieser Aufgabe die Kommunen und die fürsorglichen Bürger zu unterstützen.

Das, was ich da weiterhin zu sehen bekomme, ist, dass es ein »Höher, Schneller, Weiter« nirgends mehr auf der Welt gibt. Diese Ideologie wurde uns im vergangenen Jahrhundert vermittelt. Als Jugendliche glaubten wir daran.

»Wachstum des Bruttoinlandsprodukts«, der Summe der jährlich geschaffenen Werte eines Landes, ist immer noch das überholte Bewertungskriterium beim volkswirtschaftlichen Vergleich der Länder untereinander. In Deutschland müssen seit dem Jahr 2014 sogar die Erlöse aus der Prostitution, dem Drogenkonsum und dem Zigarettenschmuggel hinzugerechnet werden, um ein angemessenes Wachstum nachzuweisen (/6.2/)! Jedoch sind die Ressourcen auf unserer Erde begrenzt. So wie sie heute ausgebeutet werden, brauchte man bereits anderthalb solche Erden, um die gegenwärtig existierende Menschheit zu versorgen. Im Jahre 2030 wären es zwei und im Jahr 2050 sogar zweieinhalb davon, wenn die Menschheit ihren gegenwärtigen Lebensstil beibehielte (/6.3/). Zur Steinzeit war es ein Element, das die damaligen Menschen nutzten. Zur Bronzezeit waren es vielleicht drei davon. Heute werden alle stabilen Elemente des Mendelejewschen Periodensystems genutzt, mehr gibt es nicht. Die Reserven liegen heute hauptsächlich nicht mehr unter der Erde, sondern in den Städten. Recycling ist deshalb die beste Rohstoffquelle, folglich eine der wesentlichen zu lösenden Aufgaben der Menschheit. Nicht nur die Autos, Computer und Handys sind folgerichtig so zu konstruieren, dass sie nach dem Ablauf ihrer Nutzungszeit verlustfrei zerlegt werden können. Doch das ermöglicht bestenfalls den Erhalt der Volkswirtschaften. Wie soll da noch Wachstum entstehen? Energiesparen und Umweltenergienutzung sind die realistischen Gegenpole zum Einsatz fossiler Energien, in weiterem Sinne also auch der Kernenergie.

Die friedliche Kernenergiespaltung ist nun einmal die existierende Übergangstechnologie bis zur ausschließlichen Umweltenergienutzung. Doch bis heute ist die Endlagerung der hochradioaktiven Abfälle, der unvermeidliche und letzte Bestandteil dieser Technologie, in keinem dieser 30 Länder gesichert, die Kernreaktoren betreiben, teilweise sogar neu errichten. Im Angesicht dieses Problems ist es daher eine Herausforderung, optimistisch zu bleiben. Doch vielleicht können es dennoch kreative kluge Leute schaffen, die Kernbrennstoff-Elemente so aufzubereiten, wiederzuverwenden und umzuwandeln, dass der bisher angehäufte hochradioaktive Abfall weltweit in maßgeblichem Umfang reduziert werden kann.

Wer aber heute damit spekuliert, dass mit der künftigen Nutzung der Kernfusion, die schon vor dreißig Jahren ganz nahe schien, die Energieversorgungsprobleme der Menschheit zu lösen sind, ist aus meiner Sicht ein Illusionist und spielt mit dem Feuer.

Wenn man aber bereits heute bei der Verbrennung der fossilen Primärenergieträger Kohle, Erdgas und Erdöl nicht nur die Kosten für deren Förderung und Transport, sondern zusätzlich den Aufwand für deren synthetische Wiedergewinnung zugrunde legen könnte, dann würde die hundertprozentige Umweltenergieversorgung der Menschheit in wenigen Jahren verwirklicht. Doch warum muss man auf dieses neue Bewertungsmaß so lange warten müssen, bis fast alle Bestände fossiler Primärenergieträger verbraucht sein werden? Ein Jahrhundert wird das nicht mehr dauern. Wissenschaftlich und ideologisch sollte man es deshalb bereits jetzt vorbereiten.

Im Zusammenhang mit den Auswirkungen der bisherigen und heutigen globalen Energieversorgung und -verschwendung stehen die Probleme der vom Menschen gemachten Klimaänderung. Das sind nicht nur der durch das Gletscherschmelzen verursachte Anstieg der Weltmeere mit der Umsiedlung der Menschen aus den betroffenen Gebieten, die ständige Zunahme von Naturkatastrophen mit zunehmenden volkswirtschaftlichen Schäden und das mögliche Vermindern oder gar Versiegen des Golfstroms, dem natürlichen Heizofen Europas. Es sind viele weitere heute noch ungelöste Probleme der Menschheit.

Nicht vergessen sollten wir dabei, die Hauptverursacher dieser Probleme waren und sind die Menschen in den reichen Ländern der Erde. Und dazu gehören auch wir Deutsche. Nicht, dass man den Gürtel sofort enger schnallen sollte, aber zum sparsamen, sinnvollen Wirtschaften mit vorsorglichem Blick auf die Zukunft gibt es künftig keine Alternative.

Für eine Spaßgesellschaft bleibt da wenig Raum.

Doch die Hauptaufgabe für uns Erdenbürger beim Bewältigen all dieser ungelösten Probleme ist, den Frieden zu bewahren und ihn behutsam dort zu stiften, wo dies bisher nicht gelang.

So ihr Lieben, nun macht das Richtige daraus!

Quellennachweis

1   Kindheit und Jugend

/1.1/   www.sophie-caesar.de

/1.2/   chroniknet.de/Schlagzeilen, 18.04.1935

/1.3/   de.wikipedia.org/wiki/Nationaal-Socialistische Beweging

/1.4/   das-blaetchen.de/2011/11/aus-der-antrittsrede-von-praesident-franklin-d-roosevelt

/1.5/   en.wikipedia.org/Bing Crosby: The Voise of Christmas

/1.6/   www.takemeback.to/18-April-1935

/1.7/   de.wikipedia.org/wiki/White Christmas

/1.8/   www.kurt-weill.de

/1.9/   www.compactmemory.de/library

/1.10/ de.wikipedia.org/wiki/Luftangriffe auf Dresden

/1.11/ www.altes-dresden.de/html/zerstörung.html

/1.12/ www.dhm.de/lemo/html//wk2/kriegsverlauf/dresden

/1.13/ www.politaia.org/kriege/13-14-februar 1945

/1.14/ Mundra, Erhard; Die Welt, S. 8 vom 12.02.1995

/1.15/ www.Landeshauptstadt Dresden, Erklärung der Dresdner Historiker-kommission vom 01.10.2008

/1.16/ www.dresden.de/Verwaltung & Rat/Stadtgeschichte, 13.02.12013

/1.17/ www.welt.de/Kultur/von Sven Felix Kellerhoff, 18.03.2010

/1.18/ www.werleshausen.de/geschichte/wanfried.htm

/1.19/ de.wikipedia.org/wiki/Lebensmittelmarke

/1.20/ de.wikipedia.org/wiki/Fritz Kühn

/1.21/ www.bechterew.de/?id=768

/1.22/ de.wikipedia.org/wiki/Erwin Rommel

2   Die stürmischen Jahre

/2.1/   de.wikipedia.org/wiki/Volljährigkeit

/2.2/   www.Geschichtspuls.de/art1233: Vor 50 Jahren Erstflug
        des DDR-Düsenjets 152

/2.3/   www.flugzeug-lorenz.de

/2.4/   www.archiv-sachsen.de

/2.5/   en.wikipedia.org/wiki/Elliott 803

/2.6/   de.wikipedia.org/wiki/Kombinat Robotron

/2.7/   www.WDR Köln; Planet Wissen, Raus aus der Stressfalle,
        Sendung 13.11.2013, 8.20 Uhr

/2.8/   www.kc85emu.de/scans/Mikroelektronik.htm

/2.9/   de.wikipedia.org/wiki/Rundfunk- und Fernmelde-Technik

/2.10/ de.wikipedia.org/wiki/Werner Hartmann (Physiker)

/2.11/ de.Wikipedia.org/wiki/Reinraum/

/2.12/ www.mdr.de/damals/archiv/artikel 85884.html, 17.06.2011, 11.51 Uhr

/2.13/ de.wikipedia.org/wiki/Maotai

/2.14/ FS-Sendung SWR am 02.11.2013 8.00 Uhr; Tele-Akademie:
        The Construktion of Happiness – Wie Glück entsteht,
        Vortrag von Prof. Czikszentmihaly aus dem Jahr 2008

/2.15/ Betz; Robert; Willst du NORMAL sein oder GLÜCKLICH?
        Wilhelm-Heyne-Verlag München, 2013

3 Besinnung und Lehre

/3.1/ www.faz/net/aktuell/politik/inland/flughafen.berlin-brandenburg/
die-geheime-maengelliste/12023659.html/ 13.01.2013

/3.2/ Gläser, Günter; Beitrag zur Erhöhung der Wirtschaftlichkeit von Heizwasser-Fernwärmesystemen durch direkte Abgabe von Gebrauchswarmwasser, Dissertation A zur Erlangung des akademischen Grades Doktor-Ingenieur, Fakultät für Maschinenwesen an der TU Dresden, 1979

/3.3/ de.wikipediea.org/wiki/Scunthorpe

/3.4/ Munser, Herbert; Fernwärmeversorgung, Deutscher Verlag für Grundstoff-industrie, Leipzig, 1979

/3.5/ www.dresdner-stadtteile.de/Sud/Kleinpestitz/Moreauschänke

/3.6/ de.wikipedia.org/wiki/Richard Mollier

/3.7/ www.goruma.de/Staedte/Moskau/sehenswuerdigkeiten.html

/3.8/ www.sueddeutsche.de/kultur/lenin-starb-vor-jahren-der-erste-pflegefall-der-weltrevolution-1.437619

/3.9/ en.wikipedia.org/wiki/Irkutsk

/3.10/ de.wikipedia.org/wiki/Transsibirische Eisenbahn

/3.11/ www.baikalreisen.com/baikalsee goloustnoe

/3.12/ de.wikipedia.org/wiki/Listwjanka

/3.13/ de.wikipedia.org/Liste-der-Städte-in-Algerien

4 Mit Karin in die Selbstständigkeit

/4.1/ Gläser, Günter; Bewertung von Heizwasser-Fernwärmesystemen, Dissertation B zur Erlangung des akademischen Grades Doktor der Ingenieur-Wissenschaften, Fakultät für Maschinenwesen an der TU Dresden, 1987

/4.2/ www.hdg.de/lemo/html/DieDeutscheEinheit/ImOsten/
GlasnostUndPerestroika.html

/4.3/ Gust, Helmut; 100 Jahre Fernwärme in Dresden, Drewag-Stadtwerke
Dresden GmbH, 2000

/4.4/ de.wikipedia.org/wiki/Montagsdemonstration-1989/
1990-in-der-DDR

/4.5/ www.bstu.bund.de/DE/InDerRegionDresden/Notizen/2011/10/01/
dresden-hauptbahnhof.html

/4.6/ www.focus.de/politik/deutschland/20-jahre-wende/tid-15770

/4.7/ www.zeit.de/1999/41/199941.stimmts gorbatch.xml

/4.8/ www.welt.de/article123464220/Der-Mann-der-versehentlich-die-Mauer-
öffnete.html

/4.9/ www.stephaneisel.de/start/; Zur Einführung der DM in der DDR

/4.10/ de.wikipedia.org/wiki/Treuhandanstalt

/4.11/ antilobby.wordpress.com/ostdeutschland/wer-gruendete-wirklich-
ddr-und-brd/die-annexion-der-ddr/

/4.12/ de.wikipedia.org/wiki/Kosten der deutschen Einheit

/4.13/ www.sozialpolitik-aktuell.de/tl.-files/...Datensammlung/PDF-Datei/
abbIV31.pdf

/4.14/ Statistische Ämter des Bundes und der Länder, Arbeitsmärkte im Wandel,
2012, S. 8

/4.15/ de.wikipedia.org/wiki/Einigungsvertrag

/4.16/ de.wikipedia.org/wiki/NATO-Osterweiterung

/4.17/ www.glasnost.de/hist/verein/90kohlgorb.html

/4.18/ www.2plus4.de/chronik.php3?fdate value=30.5.90+-03.06.&sort

---

/4.19/ www.hdg.de/...FolgenDerDeutschenEinheit/AbzugAlliierterTruppen.html

/4.20/ de.wikipedia.org/wiki/Nuklearwaffen in Deutschland

/4.21/ www.focus.de/wissen/mensch/entstehung...id 3620404.html

/4.22/ www.wdr.de/wdr wissen/themen/kultur:religion/aktuell//201206/interview kreatonismus

5   Reifere Lebensfreude, auch mit Emaille auf Kupfer

/5.1/   www.red2000.com/spain/region/2r-valen,html

/5.2/   www.welt.de/kultur/history/article1132483/Das-Ende-der-Mauren-in-Spanien.html

/5.3/   www.valencia-cityguide.com/tourist-attraction/monuments/palau-ede-les-arts-reina-sofia.html

/5.4/   www.donquijote.de/blog/der-flamenco

/5.5/   www.super-spanisch.de/spanien-guide/flamenco.htm

/5.6/   de.wikipedia.org/wiki/Pablo Picasso

/5.7/   www.salvador-dali.de

/5.8/   www.spain.info/de DE/reportajes/sorolla la luz de.espania.html

/5.9/   Sorolla. Genius del Arte, Susaeta Editiones S. A. Madrid

/5.10/ de.wikipedia.org/wiki/Bahnhof Valencia Joaquin Sorolla

/5.11/ Sanchez, M., Die Alhambra und der Generallife, Verlag Grefol

/5.12/ www.home.wolfsburg.de/gilewski/arbeitsweise.html.

/5.13/ www.seguinpoirier.com/expositions et publication

/5.14/ E. Brepohl: Kunsthandwerkliches Emaillieren. Fachbuchverlag Leipzig, 1983

/5.15/ G. Clarke, F. + I. Feher: Emailarbeiten, Otto Maier Verlag Ravensburg, 1967

/5.16/ G. Rittmann-Fischer: Gestalten mit Email, Callwey, München, 1991

/5.17/ www.doro-malerei.de

/5.18/ bildatlas-ddr-kunst.de/person/91

/5.19/ H. Berggruen: Haupt- und Nebenwege; Nicolai Verlag Berlin, 1996

/5.20/ www.faz.net/aktuell/wirtschaft/nicolas-berggruen-der-schoene-
blender-12729568.html

/5.21/ www.welt.de/wirtscaft/article 122437628/Nicolas-Berggruen-Gier-und-
Geben-in-einer-Person.html

/5.22/ www.welt.de/politik/ausland/article109328504/Fast-100-Milliardaere-
spenden-ihr-halbes-Vermoegen.html

/5.23/ de.wikipedia.org/wiki/Liste der teuersten Gemälde

/5.24/ www.welt.de/Feuilleton/Kunst und Architektur/13.11.2013

/5.25/ de/wikipedia.org/wiki/Akt mit grünen Blättern und Büste

/5.26/ de/wikipedia.org/wiki/Robert Sterl

/5.27/ www.bilder-aus-dem-ofen.de

6   Einsichten

/6.1/ www.Handelsblatt.com/politik/international/eu-kommission-bestaetigt-300-
milliarden-investieren/10873408-2.html

/6.2/ www.finanzen.net/nachricht/Deutsche-Wirtschaftsleistung-Sex-und-
Drogen-fuer-das-BIP-3800588

/6.3/ FS-Sendung Arte: Natur – Spekulationsobjekt mit Zukunft; 16.02.2015, 8.55 Uhr

Bildteil mit Anmerkungen

Thomas Gerlach

Kunst und Technik

Eine Betrachtung zu den Emailbildern von Günter Gläser

Freunde, daß der Mandelzweig sich in Blüten wiegt
Bleibe uns ein Fingerzeig, wie das Leben siegt.
Schalom Ben-Chorin, 1942

Alle Jahre wieder lässt sich Günter Gläser in Spanien auch von der existenziellen Wucht der Mandelblüte ergreifen. In zartem Weiß mit leichtem Rosa überhöht erstrahlen die noch winterstarren Hänge in der Leichtigkeit des Lebens. Es bleibe dahingestellt, ob ihm bei diesem Erlebnis tatsächlich die Verse des jüdischen Dichters mit ihrer noch viel tieferen Hoffnung durch den Sinn gehen: Er weiß um die symbolische Kraft sich selbst erneuernden Lebens, die vor allem in diesen frühen Blühern gefeiert wird. Sein Wissen und seine Ergriffenheit hat er in zahlreichen Emailarbeiten Bild werden lassen.

Günter Gläser ist Ingenieur. Was dieser Beruf für ihn bedeutet und welche Verbindung zur Kunst er darin findet und fand, hat er vorstehend ausführlich dargelegt. Es ist seiner Liebe zur Technik zu danken, dass er sich für seinen »Ruhestand« der nicht nur künstlerisch, sondern auch handwerklich sehr anspruchsvollen Emailkunst verschrieben hat. Erste Anregungen dazu und später auch tätiger Hilfe erfuhr er von dem Maler und Bildhauer Rudolf Sitte.

Die Emailbilder illustrieren besonders gut, dass und warum Techniker und Ingenieure ursprünglich als »Künstler« betrachtet worden sind. Wie der Duden bemerkt, leitet sich das Wort »Ingenieur« schlussendlich von lat. »gignere«, d. h. »hervorbringen, erzeugen« ab, das Wort »Technik« kommt von griech. »téchne«, d. h. »Handwerk, Kunst, Kunstfertigkeit sowie Wissenschaft«. Erst die Kunstgeschichte hat als akademische Fachwissenschaft seit Anfang des 19. Jahrhunderts die »bildende Kunst« mit zunehmender Deutlichkeit und Konsequenz von Technik und Wissenschaft unterschieden, indem sie für erstere die künstlerischen Absichten in den Mittelpunkt der Betrachtung stellte und stellt.

Die künstlerischen Absichten Günter Gläsers liegen auf der Hand. Es geht ihm zuallererst darum, für Gesehenes und Erlebtes einen eigenen künstlerischen Ausdruck zu finden. Die Lebensfreude der spanischen Landbevölkerung wird dabei ebenso zum Bildgegenstand wie der jahreszeitliche Wandel heimatlicher oder fremder Landschaften, der Farbenreichtum im Blühen von Orchideen, Korn- oder Mohnblumen und immer wieder der Mandel. Über fein gezeichnete Darstellungen der Jahreszeiten wird schließlich das Vergehen der Zeit selbst zum Sujet.

Bei allem ist seine Formensprache je nach Stimmungslage und Anliegen mal mehr, mal weniger gegenständlich-realistisch und von einem untergründigen aber liebevollen Humor getragen. Hin und wieder neigt er auch, wie etwa bei der Karikierung des Widerstandes der »sieben Schwaben« gegen »Stuttgart 21« zu satirischer Überzeichnung. Schließlich lässt er seinen Farben ihren Lauf in visionäre Freiheit, wenn er etwa das noch gegenständlich die Jahreszeiten beschreibende »Fließende Jahr« mit eilenden, strömenden Formen in das »Fliegende Jahr« hinein auflöst. Hier hat er seine Erfahrung mit der mit zunehmendem Alter immer schneller vergehenden Zeit Bild werden lassen.

Für seine Emailbilder stehen Günter Gläser mehr als zweihundert verschiedene Farbnuancen zur Verfügung, deren Eigenschaften und Ansprüche er über Jahre hinweg studieren konnte. Sie muss er mit denen der kupfernen Unterlage in Übereinstimmung bringen. Als Ingenieur moderner Prägung hat er hierzu das notwendige Zielbewusstsein. Sein unbedingter Glaube an den Gleichklang von technischem Fortschritt und menschlichem Wohlergehen ermöglicht es ihm, zuversichtlich vorauszublicken. Die Freude am Bestehenden und Überkommenen, an Tanz in historischer Tracht, an Musik und ländlicher Abgeschiedenheit steht dazu für ihn in keinem Widerspruch.

Menschliches Sein kommt aus der Tiefe der Geschichte und blüht im Heute. Kunst, Wissenschaft und Technik garantieren gemeinsam seine Zukunft, die schon in der gemeinsamen Herkunft der diese beschreibenden Worte beschlossen liegt, wie der Sieg des Lebens im immer wiederkehrenden Erblühen des Mandelzweigs.

Januar 2015

Lilli Vostry

Emaillebilder in allen Farben des Lebens

Farbe, Licht und Impression flirren, fließen, umtänzeln einander und hinterlassen sehr lebendige Eindrücke in den Emaillebildern von Günter Gläser. Seine sogenannten »Bilder aus dem Ofen« zeichnen sich vor allem durch ihre leuchtende Farbigkeit, Ausdrucksvielfalt und Experimentierfreude aus. Günter Gläser widmet sich mit Hingabe der heutzutage seltenen Emaillekunst, die konträr zu unserer schnelllebigen Zeit steht, weil seine Werke in einem eigenen Rhythmus – vorgegeben von Farben, Materialien, Form und Inhalt – allmählich und intensiv wirkend Gestalt annehmen. In seinen Arbeiten vereinen sich Akribie, Fingerspitzengefühl, künstlerische und handwerkliche Fähigkeiten.

Die Atmosphäre und Malmotive sind durchlebt und beeinflusst von impressionistischer Malerei, artverwandt mit Monet und van Gogh. Einfach und klar in der Form, schwelgen seine Natur- und Lebensbilder in der Stimmung des Moments. Ein rotes Mohnblütenfeld in der Toskana, ein zartlila Lavendelfeld gesäumt von Zypressen und gelb schlängelnden Feldwegen. Weite Himmel und Sonnenuntergänge im Gebirge in pastellenen und lodernden Farbtönen. Im sacht bewegten Linienspiel vernimmt man das Raunen und Wispern der Gräser und Pollen im Wind und das leise Rauschen der Wellen am Strand mit kreisenden Möwen und totem Fisch. Die Bilder erzählen von der Heiterkeit und Beschwingtheit, aber auch den Stürmen des Lebens. Lichtdurchflutet und mit ihrer Bewegtheit im Ausdruck fühlt sich Günter Gläser in seinen Bilderlandschaften verbunden mit dem spanischen »Maler des

Lichts« Joaquín Soralla, einem großen Künstler des 19. Jahrhunderts und bekannt für seine Landschafts- und Menschendarstellungen aus dem Mittelmeerraum. Dorthin reist Günter Gläser zusammen mit seiner Frau Karin, die mit Speckstein arbeitet und zugleich seine beste Ratgeberin ist, jedes Jahr für mehrere Monate in sein Sommeratelier in Benitachell bei Moraira in der Communidad Valencia, wo er sich erholt und Erlebtes festhält in stimmungsvollen Szenen, wie Tanzende und Musikanten in farbenfrohen Trachten vor südlicher Landschaft. Die Kunst der Emaillebildgestaltung hat Günter Gläser sich in den 1970er-Jahren bei dem Bildhauer und Hochschulprofessor Rudolf Sitte in Dresden abgeschaut. Zu seinen künstlerischen Vorbildern gehören außerdem Robert Sterl und Werner Haselhuhn.

Sein reichhaltiges Werk hat Günter Gläser in einer Bilderauswahl in diesem Buch in drei Themenbereiche gegliedert: »Aus der Fauna« zeigt verschiedene Mensch- und Tierbildnisse, »Aus der Flora« versammelt Pflanzen- und Blumenstillleben und »Freies mit Visionen« stellt symbolhafte Bilder mit Reflexionen zur Gegenwart, Zeit und Vergänglichkeit vor, darunter die Arbeiten »Carpe Diem«, »Gezähmtes Feuer«, »Herbstliche Fürsorge«, »Evolution« und »Frohsinn«. Im Bild »Das fliegende Jahr« wirbelt der Wind über eine formbewegte Landschaft im Wechsel der Jahreszeiten und als Sinnbild vergehender Lebenszeit. Da spiegelt das »Gezähmte Feuer« das Maßvolle und Ausbalancierte im Umgang mit der Natur. Da sprießt und entfaltet sich prachtvoller Blütenzauber, ranken offene und geschlossene Blütenkelche in der Vase und im Freien in luftig-leichter Malweise. Sonnenblumen, Orchideen und Tulpen, Mandelblüte und Eberreschen. Fliegende Blütensterne und fallende Herbstblätter, Erntezeit, davon ziehende Wildgänse und ein Buntspecht an einem verschneiten Baumstamm. Zu den konkreten Malmotiven gesellen sich abstrahierte Phantasieformen, mal weit aufgefächert und strahlenförmig, kreisend und strudelnd oder als wohlgeordnete Farbflächen. Hinter manchen Farbschwüngen in intensiven Schwarz- und Rottönen sind die Umrisse tanzender Paare erahnbar.

Als Malgrund verwendet Günter Gläser Kupferplatten. Wie ein entstehendes Öl-gemälde oft mit Zeichenkohle vorgezeichnet wird, werden beim Emaillebild aufge-legte Kupferdrähte eingebrannt, die sowohl als Begrenzung zwischen unterschiedli-chen Farben als auch als Schmuckelement dienen. Die Farbpulver werden entweder trocken mittels eines Siebes auf die Bildfläche gestreut oder als wasserverdünnter Farbbrei mit Hilfe von Pinseln und Spateln aufgetragen. Größere Formate werden aus mehrteiligen Kupferplatten zu haargenau passenden Bildmotiven zusammenge-fügt, nachdem sie mehrfach gebrannt im Brennofen fein abgestimmte Farbnuancen und schimmernde Lichteffekte erhalten haben. Günter Gläser äußert sich in seinen Bildern auch mit augenzwinkerndem Humor zum Zeitgeschehen wie kostspieligen Großbaustellen, die nicht vorankommen wie der neue Berliner Flughafen oder der umstrittene Bahnhofsausbau in Stuttgart, wo in einer märchenhaft-skurrilen Szene die sieben Schwaben kämpferisch und uneins samt Speer am Tunneleingang mit dem Schriftzug »Stuttgart 21« verharren. In Günter Gläsers Emaillebildern tummelt sich das Leben voll farbenfroher Leichtigkeit und Tiefsinn, treffen Besinnliches und Nachdenkliches aufeinander und schwingen im Betrachter lange nach.

Februar 2015

Aus der Fauna

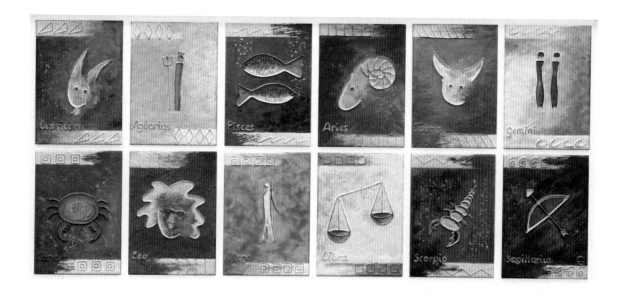

Oben:
12 Sternbilder   2010
Bildgröße: 12 Platten je   9 x 13 cm
Holzrahmen, Erle, geölt   65 x 34 cm

Rechts:
Widder und Steinbock   2011
Bildgröße: 2 Platten je   9 x 13 cm
Schattenfugen-Holzrahmen   33 x 27 cm

Jugend von gestern	2008
Bildgröße	9 x 13 cm
Schattenfugen-Holzrahmen	21 x 27 cm

Jugend von heute	2008
Bildgröße	9 x 13 cm
Schattenfugen-Holzrahmen	21 x 27 cm

Blumenmädchen mit Feuer   *2008*
Bildgröße   *20 x 28 cm*
Schattenfugen-Holzrahmen   *33 x 43 cm*

Ankunft der Zugvögel
Bildgröße
Schattenfugen-Holzrahmen

2007
28 x 20 cm
43 x 33 cm

Abflug der Zugvögel　　　　　　　　　　2007
Bildgröße　　　　　　　　　　　　　　　　28 x 20 cm
Schattenfugen-Holzrahmen　　　　　　　43 x 33 cm

Tanzpaar *(es)* — 2010
Bildgröße — 24 x 18 cm
Schattenfugen-Holzrahmen — 33 x 27 cm

Tänzerfreude *(es)* — 2010
Bildgröße — 24 x 18 cm
Schattenfugen-Holzrahmen — 33 x 27 cm

Tanzstimmung am Abend *(es)* — 2012
Bildgröße (4 Platten) — 71 x 22 cm
Schattenfugen-Holzrahmen — 89 x 44 cm

Tanzstimmung (es)	2013	**Die Musiker** (es)	2013
Bildgröße	22 x 15 cm	Bildgröße	22 x 15 cm
Holzrahmen	43 x 33 cm	Holzrahmen	43 x 33 cm

Tanz in den Herbst (es)	2011
Bildgröße (3 Platten)	54 x 22 cm
Schattenfugen-Holzrahmen	75 x 45 cm

Oben:
Mövenstreit 2013
Bildgröße (2 Platten) 35 x 22 cm
Schattenfugen-Holzrahmen 54 x 44 cm

Unten:
Wildgänse im Herbst 2012
Bildgröße (3 Platten) 79 x 30 cm
Schattenfugen-Holzrahmen 103 x 53 cm

Buntspecht im Winter
Bildgröße
Schattenfugen-Holzrahmen

2010
20 x 28 cm
33 x 43 cm

Bienen zur Erntezeit   2010
Bildgröße   *20 x 28 cm*
Schattenfugen-Holzrahmen   *33 x 43 cm*

Fischküsse 2015
Bildgröße 28 x 20 cm
Schattenfugen-Holzrahmen 43 x 33 cm

Oben:		Unten:	
Die sieben Schwaben	*2012*	**Stuttgart 21**	*2012*
Bildgröße (2 Platten)	*45 x 15 cm*	*Bildgröße*	*30 x 20 cm*
Schattenfugen-Holzrahmen	*65 x 36 cm*	*Schattenfugen-Holzrahmen*	*44 x 34 cm*

Endlich ein Start vom FBB
Bildgröße
Schattenfugen-Holzrahmen

2015
20 x 28 cm
34 x 44 cm

Aus der Flora

Mandelblüten   *2014*
Bildgröße: 2 Platten je   *12 x 11 cm*
Schattenfugen-Holzrahmen   *28 x 44 cm*

Ebereschen   *2014*
Bildgröße: 2 Platten je   *12 x 11 cm*
Schattenfugen-Holzrahmen   *28 x 44 cm*

Herbstwald   *2014*
Bildgröße: 2 Platten je   *12 x 11 cm*
Schattenfugen-Holzrahmen   *28 x 44 cm*

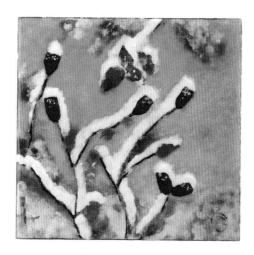

Winter am Berg   *2014*
Bildgröße: 2 Platten je   *12 x 11 cm*
Schattenfugen-Holzrahmen   *28 x 44 cm*

Baumblüte
Bildgröße
Schattenfugen-Holzrahmen

2007
20 x 28 cm
34 x 44 cm

Sonnenblumen

2008

Bildgröße

20 x 28 cm

Schattenfugen-Holzrahmen

34 x 44 cm

Oben:		Unten:	
Sonnenblumenfeld	2013	**Mohnfeld**	2013
Bildgröße (2 Platten)	35 x 22 cm	Bildgröße (2 Platten)	35 x 22 cm
Schattenfugen-Holzrahmen	34 x 44 cm	Schattenfugen-Holzrahmen	34 x 44 cm

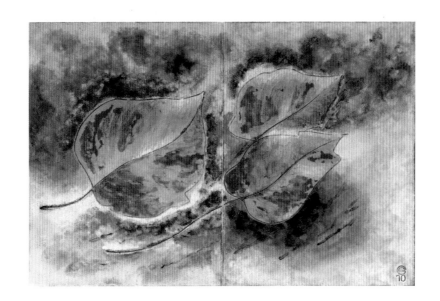

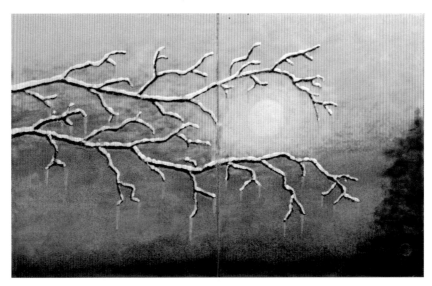

Oben:		Unten:	
Herbstlaub	2010	**Winterstimmung**	2011
Bildgröße (2 Platten)	40 x 28 cm	Bildgröße (2 Platten)	35 x 22 cm
Schattenfugen-Holzrahmen	54 x 44 cm	Schattenfugen-Holzrahmen	34 x 44 cm

Blütenzauberei
Bildgröße: 2 Platten je
Schattenfugen-Holzrahmen

2007
13 x 9 cm
28 x 33 cm

Ernteobst   *2008*
Bildgröße: 2 Platten je   *13 x 9 cm*
Schattenfugen-Holzrahmen   *28 x 33 cm*

Oben:		Unten:	
Tulpen im Wind	2010	**Tulpen bei Nacht**	2009
Bildgröße (3 Platten)	60 x 28 cm	Bildgröße (3 Platten)	60 x 28 cm
Holzrahmen, Erle, geölt	65 x 33 cm	Holzrahmen, Erle, geölt	65 x 33 cm

Frühlingsmorgen im Moor   2010
Bildgröße (4 Platten)   56 x 40 cm
Holzrahmen, Erle, geölt   62 x 46 cm

Sonnenhut im Wind   *2013*
Bildgröße (4 Platten)   *56 x 40 cm*
Alu-Rahmen für außen   *80 x 60 cm*

Heilpflanze Beinwell
Bildgröße (4 Platten)
Holzrahmen, Erle, geölt

2010
56 x 40 cm
62 x 46 cm

Oben:
Orchideen 1 2010
Bildgröße: 2 Platten je 13 x 11 cm
Schattenfugen-Holzrahmen 45 x 29 cm

Unten:
Orchideen 2 2010
Bildgröße: 2 Platten je 13 x 11 cm
Schattenfugen-Holzrahmen 45 x 29 cm

Oben:
Orchideen 3 2010
Bildgröße: 2 Platten je 13 x 11 cm
Schattenfugen-Holzrahmen 45 x 29 cm

Unten:
Orchideen 4 2010
Bildgröße: 2 Platten je 13 x 11 cm
Schattenfugen-Holzrahmen 45 x 29 cm

Mohnblumen   *2013*
Bildgröße   *18 x 23 cm*
Schattenfugen-Holzrahmen   *34 x 44 cm*

Oben:		Unten:	
Mohnblüten 1	*2012*	**Mohnblüten 2**	*2013*
Bildgröße	*30 x 20 cm*	*Bildgröße*	*23 x 18 cm*
Schattenfugen-Holzrahmen	*44 x 34 cm*	*Schattenfugen-Holzrahmen*	*34 x 28 cm*

Rote Nelken in Vase
Bildgröße
Schattenfugen-Holzrahmen

2010
20 x 28 cm
34 x 44 cm

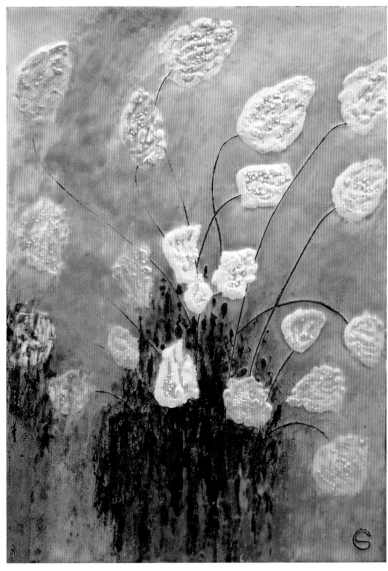

Wollgras-Fantasie 2010
Bildgröße *20 x 28 cm*
Schattenfugen-Holzrahmen *34 x 44 cm*

Magnolienblüten
Bildgröße
Schattenfugen-Holzrahmen

2013
18 x 23 cm
34 x 44 cm

Sonnenblumen
Bildgröße
Schattenfugen-Holzrahmen

2013
18 x 23 cm
34 x 44 cm

Oben:		Unten:	
Mandelblüte bei Pedreguer (es)	2013	**Mandelblüte bei Tarbena** (es)	2013
Bildgröße (4 Platten)	70 x 22 cm	Bildgröße (8 Platten)	108 x 48 cm
Schattenfugen-Holzrahmen	89 x 44 cm	Holzrahmen, Erle, geölt	114 x 54 cm

Oben:
Sommer in der Toscana (it)   2013
Bildgröße (3 Platten)   85 x 30 cm
Schattenfugen-Holzrahmen   103 x 53 cm

Unten:
Sommer in Deutschland   2010
Bildgröße (2 Platten)   57 x 24 cm
Schattenfugen-Holzrahmen   75 x 45 cm

Oben:
Herbst im Algonquinpark *(ca)*   *2013*
Bildgröße (4 Platten)   *70 x 23 cm*
Schattenfugen-Holzrahmen   *89 x 44 cm*

Unten:
Herbstwind   *2011*
Bildgröße (3 Platten)   *27 x 13 cm*
Schattenfugen-Holzrahmen   *45 x 30 cm*

Oben:
Sonnenaufgang auf dem Cumbre *(es)* *2010*
Bildgröße   *21 x 15 cm*
Schattenfugen-Holzrahmen   *34 x 28 cm*

Unten:
Sonnenuntergang hinter der Bernia *(es)* *2010*
Bildgröße (8 Platten)   *119 x 53 cm*
Holzrahmen, Erle, geölt   *126 x 59 cm*

In der Wüste
Bildgröße (2 Platten)
Schattenfugen-Holzrahmen

2012
28 x 40 cm
44 x 54 cm

Dresdner Waldschlösschenbrücke   2014
Bildgröße   26 x 18 cm
Schattenfugen-Holzrahmen   45 x 29 cm

Freies mit Visionen

Ansporn mit Nachdruck
Bildgröße: 2 Platten je
Schattenfugen-Holzrahmen

2011
22 x 15 cm
44 x 54 cm

Herbstliche Fürsorge
Bildgröße: 2 Platten je
Schattenfugen-Holzrahmen

2011
22 x 15 cm
44 x 54 cm

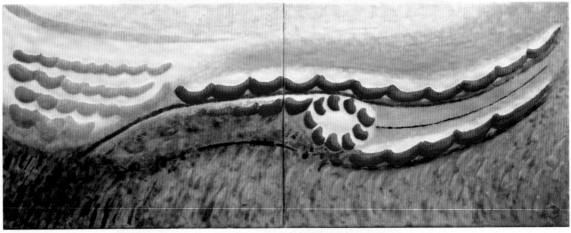

Oben:		Unten:	
Verehrung	2008	**Frohsinn**	2012
Bildgröße	13 x 9 cm	Bildgröße (2 Platten)	45 x 18 cm
Schattenfugen-Holzrahmen	27 x 21 cm	Schattenfugen-Holzrahmen	65 x 35 cm

Feuerwerk   2009
Bildgröße (2 Platten)   38 x 25 cm
Holzrahmen, Erle geölt   50 x 37 cm

Oben:		Unten:	
Zwillings-Vision	2008	**Fantasie-Spirale**	2009
Bildgröße	20 x 28 cm	Bildgröße (2 Platten)	20 x 28 cm
Schattenfugen-Holzrahmen	34 x 44 cm	Schattenfugen-Holzrahmen	34 x 44 cm

Oben:		*Unten:*	
Vulkan-Vision	*2009*	**Farbspirale**	*2009*
Bildgröße	*20 x 28 cm*	*Bildgröße*	*11 x 12 cm*
Schattenfugen-Holzrahmen	*34 x 44 cm*	*Schattenfugen-Holzrahmen*	*21 x 27 cm*

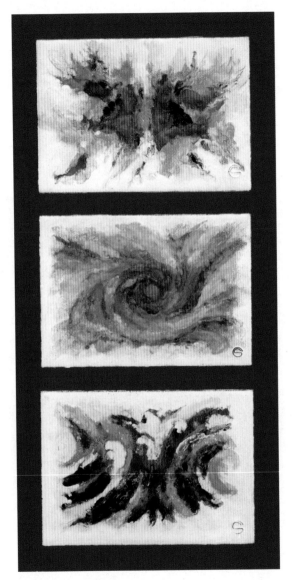

Fantasie-Ereignisse   2008
Bildgröße: 3 Platten je   13 x 9 cm
Holzrahmen, Erle, geölt   21 x 38 cm

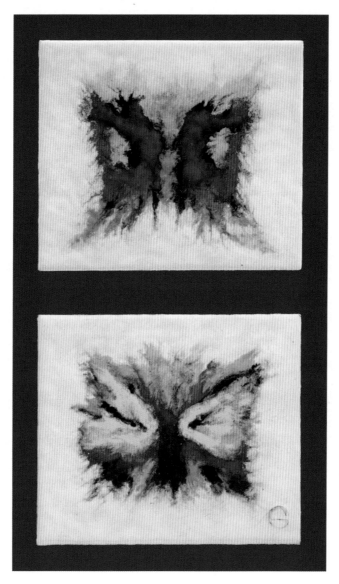

Duale Fantasien

Bildgröße: 2 Platten je
Holzrahmen, Erle, geölt

2014
13 x 11 cm
21 x 35 cm

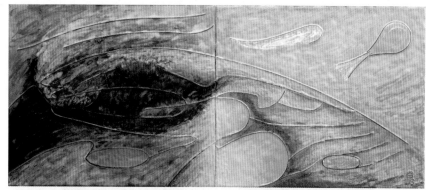

Oben:
Fantastische Evolution der Erde
Bildgröße (2 Platten)
Schattenfugen-Holzrahmen

2009
57 x 24 cm
76 x 45 cm

Unten links:
Vulkanausbruch
Bildgröße (2 Platten)
Schattenfugen-Holzrahmen

2012
28 x 40 cm
44 x 54 cm

Unten rechts:
Monsterwelle
Bildgröße (2 Platten)
Schattenfugen-Holzrahmen

2012
28 x 40 cm
44 x 54 cm

Gezähmtes Feuer   *2012*
Bildgröße (2 Platten)   *28 x 40 cm*
Schattenfugen-Holzrahmen   *44 x 54 cm*

Alpine Visionen   2014
Bildgröße   30 x 20 cm
Schattenfugen-Holzrahmen   44 x 34 cm

Visionen am Berg
Bildgröße
Schattenfugen-Holzrahmen

2015
30 x 20 cm
44 x 34 cm

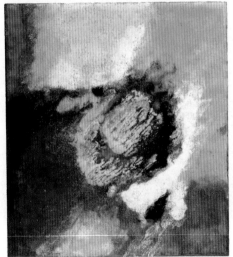

Oben:
Blumenfantasien   *2014*
Bildgröße: 2 Platten je   *12 x 11 cm*
Holzrahmen, Erle, geölt   *38 x 21 cm*

Unten:
Streberfantasien   *2014*
Bildgröße: 2 Platten je   *11 x 12 cm*
Holzrahmen, Erle, geölt   *38 x 21 cm*

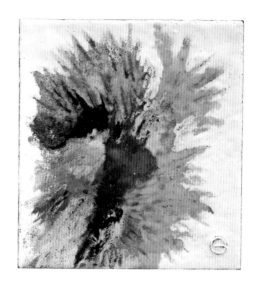
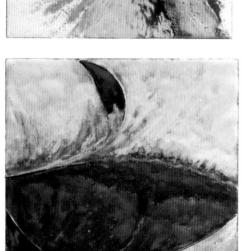

Oben:		Unten:	
Farbkristalle	*2010*	**Blumenfantasien**	*2010*
Bildgröße: 2 Platten je	*11 x 12 cm*	*Bildgröße: 2 Platten je*	*12 x 11 cm*
Holzrahmen, Erle, geölt	*38 x 21 cm*	*Holzrahmen, Erle, geölt*	*38 x 21 cm*

Oben:
Jahreszeiten in Nord und Süd   *2006*
Bildgröße: 4 Platten je   *9 x 13 cm*
Schattenfugen-Holzrahmen   *50 x 33 cm*

Unten:
Der Jahresgang in Nord und Süd   *2008*
Bildgröße (4 Platten)   *80 x 28 cm*
Schattenfugen-Holzrahmen   *85 x 33 cm*

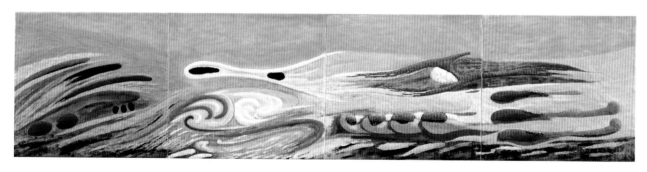

Oben:
Das fließende Jahr 2013
Bildgröße (4 Platten) *80 x 28 cm*
Aluminiumrahmen für außen *100 x 50 cm*

Unten:
Das fliegende Jahr 2013
Bildgröße (4 Platten) *120 x 28 cm*
Schattenfugen-Holzrahmen *143 x 53 cm*

Inhaltsverzeichnis